大隋雄主 杨坚

陈胜 ◎ 编著

内蒙古出版集团
内蒙古文化出版社

图书在版编目（CIP）数据

大隋雄主杨坚/陈胜编著.—呼伦贝尔：内蒙古文化出版
社，2015.12
ISBN 978-7-5521-1009-8

Ⅰ.①大… Ⅱ.①陈… Ⅲ.①杨坚（541～604）—传记
Ⅳ.①K827=41

中国版本图书馆 CIP 数据核字（2016）第 001901 号

大隋雄主杨坚

陈胜　编著

- -

内 蒙 古 出 版 集 团

出版发行　内蒙古文化出版社

（呼伦贝尔市海拉尔区河东新春街4付3号）

印刷装订　北京欣睿虹彩印刷有限公司

责任编辑　白　鹭

开　　本　710毫米×1000毫米　1/16

印　　张　17.25　字　数　246千

版　　次　2016年4月第1版

印　　次　2016年4月第1次印刷

书　　号　ISBN 978-7-5521-1009-8

定　　价　32.00元

- -

前　言

隋朝在中国历史的天空中，犹如一颗短暂而明亮的流星。短暂的寿命，使它在大多数王朝面前相形见绌；而诸多杰出而独特的历史贡献，又让它即使与汉唐盛世相比也毫不逊色。

提起隋朝，我们的心情总是矛盾而复杂的。它既为我们留下了大运河、大兴城、兴洛仓等光辉的物质成果，又留下了科举制、三省六部制、《开皇律》等不朽的政治文明成果。我们经常将隋朝与秦朝相提并论，因为它们都是那样的短暂而伟大。如果说汉朝的强盛与秦朝薪火相传，那么唐朝的繁荣也正是由隋朝扎实的基业发展而来的。隋朝真正将中国的封建时代引入繁盛，而这个时代的领路人和开创者正是中国历史上最伟大的帝王之一——隋文帝杨坚。

隋文帝的历史贡献很大，但他却长期不被世人所了解。因为他的名气被儿子隋炀帝杨广所掩盖了，即使杨广的是恶名，但总能引起人们更多地兴趣与关注。客观讲来，隋文帝虽不是完人，但他的丰功伟绩足以光照千秋。并且，在四个结束了长期分裂、实现大一统的帝王中，他既没有秦始皇嬴政那样的暴虐，又没有晋武帝司马炎那样的荒淫，也没有元世祖忽必烈那样的偏执（他曾实行民族分化）。

隋文帝不仅是隋朝的开国之君，更是肩负承上启下历史责任的一代雄主。他开创的事业，在很多方面奠定了后世历史发展的基本格局。即使在西方学者眼里，他也是"中国历史上最杰出的帝王之一"。在美国学者迈克尔·H.哈特1978年所著的《影响人类历史进程的100名人排行榜》中，杨坚排行第82位。

隋文帝使一个民族绝处逢生，使一个文明得以延续，使一个不再是国家的国家奇迹般的再次统一，他为一个民族的盛世打下根基。他结束了自西晋末年以来近300年的分裂割据状态，实现了自秦汉以来中国的又一次大一统。在他的领导下，当时的中国北方民族大融合，南方经济发展，为隋朝获得了"国计之富者莫如隋"的赞誉，为封建时代隋唐盛世的出现奠定了坚实的基础。辉煌的"开皇之治"时代，政治清明、社会稳定、经济繁荣、佛教活跃、国力强盛，各项事业蓬勃发展，那时的大隋已然享有世界声誉。杨坚创造了一个为后人津津乐道的繁盛时期，其治国才能和政绩也使得他在数百位古代帝王中卓然而立、独树一帜，备受推崇和敬仰。

从个人经历来看，隋文帝又是一个极富有传奇色彩的人物。他出身名门望族，由普通官员到权臣再到皇帝，走过了一段不平静又比较顺利的建国之路。他不是追求骄奢淫逸的人，个人作风历来广受好评；但同时他又是位具有多重性格的复杂人物和晚景苍凉的悲情帝王。他既勤俭治国、倡导孝道、鼓励佛教，又被认为是位刻薄吝啬的皇帝；他既以制定《开皇律》著称，却又留下了严酷的恶名。并且，独孤皇后的去世使他黯然伤神，性情发生很大变化，执政风格也前后迥异。他的死因更是扑朔迷离，一代开国皇帝在人间留下了诸多无奈与遗憾。

千古评说的帝王，风云变幻的时代，一段难忘的岁月，每每常令人感慨不已。

回溯过往，正本清源。隋朝的影响与作用不容低估，隋文帝杨坚的历史地位又岂能小视？

煌煌盛世，圣主贤臣；

旦夕惕厉，亿兆生民。

浮云苍犬，史海钩沉；

迷雾依稀，沉吟至今。

目　录

第三章　隋文帝锐意改革建章立制

第四章　隋文帝最后的日子与身后功过

第一章

隋文帝进位柱国篡周自立

出身贵族世家

在 6 世纪以来动荡的时局中，老百姓受尽苦难，但对于另外一群来自西北的军人集团而言则是如鱼得水、相逢恨晚。粗犷浑朴、团结向上的他们由此发迹，并将长期站在中国政治舞台的巅峰，享受万世荣耀、引领时代潮流，这就是历史上赫赫有名的——"关陇集团"。他们对北朝乃至对隋唐时期的历史发展，都产生了最深刻的影响，而这里面就有隋朝创立者杨坚的先祖。

北魏早期建都于平城（今山西大同），经常受到强大的游牧民族——柔然的骚扰（北朝民歌《木兰辞》描写的就是西魏同柔然之间的战争）。所以，北魏在其北部边境设置了沃野、怀朔、武川、抚冥、柔玄、怀荒 6 个军镇，来拱卫首都。但这 6 个军镇的实权派相互勾结、相互利用，逐渐形成了一股强大的势力，即"关陇集团"。"关陇集团"听起来像一家公司一样，但它实际上是一个具有 100 多年光荣历史的武士政治集团。这个名词最早是由著名历史学家陈寅恪先生提出来的，也叫"关陇六镇集团"或"六镇胡汉关陇集团"。最初，关陇集团的成员就是一群靠打仗发家的胡人，属于军事贵族。后来掌握了政权，就既从事军事活动，也涉及政治事业。两手抓，两手都很硬。李渊家族和杨坚家族，都是关陇集团的重要代表之一。北魏末年动乱不断，有人倒霉，自然就有人在战火中成长，接过时代的旗杆。和平年代可以卖弄文化，战争年代就只能靠刀枪了。于是，关陇军事贵族集团登台亮相了，接下来近 300 多年的中国历史将属于他们。

杨坚的家族是西魏、北周时期风光无限的实权集团、光荣家族，他的父亲杨忠是关陇集团中的佼佼者。作为 6 世纪典型的西北贵族，杨坚家族为北方的少数民族王朝效劳至少已经有两个世纪。并且杨氏通过与鲜卑族的名门望族进行深谋远虑的联姻，以确保他们的地位不衰、特权长存。西魏建立后，它的政权核心是以宇文泰为首的"八柱国"（意思是八个国家的栋梁和柱石，相当于今天的中央军委委员）。八柱国，是由原北魏的武将、鲜卑贵族和关陇地区汉族的豪门所组成的实权派。他们分别是：宇文泰（鲜卑族，北周开国皇帝宇文觉的父亲）、元欣（鲜卑族，西魏皇族，地位尊崇而无实际职权）、李虎（李渊的祖父）、李弼（瓦岗军首领李密的曾祖父）、赵贵、于谨、独孤信（鲜卑族，杨坚的岳父，也是李渊的外祖父）、侯莫陈崇（鲜卑族）。除了宇文泰和元欣，其余六柱国，各自统领 2 个大将军，共 12 个大将军，分别掌握军队。这 12 位大将军分别是：元赞、元育、元廓、宇文导、侯莫陈顺、达奚武、李远、豆卢宁、宇文贵（隋朝卓越的建筑家宇文恺的父亲）、贺兰祥、杨忠（杨坚的父亲）、王雄。这些大权在握的政治明星，先后创造了西魏、北周、隋、唐 4 个朝代辉煌的历史。他们的丰功伟绩，为子孙事业的昌盛和进步打下了坚实的基础。因此，《周书》记载："今之称门阀者，咸推八柱国家。当时荣盛，莫与为比。"

西魏的八位柱国大将军简表

姓　名	官职及爵位
宇文泰	大冢宰（即宰相）、都督中外诸军事、录尚书事、大行台、安定郡公
李　虎	使持节、太尉、柱国大将军、大都督、尚书左仆射（yè）、陇右行台、少师、陇西郡开国公
元　欣	使持节、太傅、柱国大将军、大宗伯、大司徒、广陵王
李　弼	使持节、太保、柱国大将军、大都督、大宗伯、赵郡开国公
独孤信	使持节、柱国大将军、大都督、大司马、河内郡开国公
赵　贵	使持节、柱国大将军、大都督、大司寇、南阳郡开国公
于　谨	使持节、柱国大将军、大都督、大司空、常山郡开国公
侯莫陈崇	使持节、柱国大将军、大都督、少傅、彭城郡开国公

　　杨忠虽然未能位列柱国，但是他能征善战、功勋卓著，因而在西魏、北周的统治集团内发挥了独特的作用，地位也不断攀升。北周建立后，杨忠就被任命为元帅，统辖杨纂、李穆、王杰、田弘、慕容延等十多员大将。在北周灭北齐的战争中，杨忠所部由北路进兵，先后攻占了北齐20多座军事重镇。因而在战后论功行赏时，杨忠被北周武帝封为使持节、大将军、大都督、陈留君开国公十二大将军、随国公，无比尊崇、无比荣耀。

　　宇文泰主政时，曾一改北魏孝文帝的汉化措施，恢复鲜卑旧姓，如皇族元氏被恢复为拓跋氏。在胡化政策下，拥有一个鲜卑姓氏成了无数汉人的梦想，因为那不仅意味着特权，更意味着和皇室的亲密关系。因此，本为汉人的杨忠被赐姓普六茹氏，李虎被赐姓大野氏。杨忠其实用不着和别人攀亲就已经很显赫了，因为他本来就出自著名的弘农杨氏。他儿子之所以最后能顺利地取代北周建立隋朝，和杨氏的世族地位有着极为密切的关系。弘农是西汉时设置的一个郡，管辖今河南、陕西交界的广大地区。从姓氏起源上讲，杨氏据说是周宣王姬静的儿子尚父的后代。尚父被封为杨侯，后代便以杨为姓。杨国被晋国消灭后，后人们便逃到了华阴（今陕西华阴）。杨氏从汉朝以来直到魏晋南北朝时期，都是声名显赫的名门望族。登基后的杨坚，声称自己是西汉太尉、名臣杨震（就是留下"天知，神知，我知，你知"典故的那位历史名人）的十四世孙。弘农杨氏人才辈出，三国的杨修、隋朝皇室，后世"初唐四杰"之一的杨炯、南宋大诗人杨万里等均源自这一家族。西魏时期，杨忠和独孤信一起投靠了权臣宇文泰，因为屡建功勋而且又帮助宇文觉建立了北周政权，所以不断地加官晋爵。而父亲杨忠和岳父独孤信，都为杨坚最终的成功奠定了基石。

　　二十四史中的帝王尤其是开国帝王，出生时都会有非同凡响的神奇"祥瑞"。似乎没有这样一个出场，就没面子，就不够气派，就不足以说明该王朝是天命所归一样。《隋书》就号称，杨坚出生时整个屋子都是红彤彤的，三天后又有紫气弥漫在整个庭院。这种说法显然夸张了，但杨坚倒确实有着一段特殊的成长经历。他独特的地方在于，他的神秘感是用佛教底蕴渲染出来的，而这在历史上是绝无仅有的。经过层层包装，隋朝的官方想说明：杨坚后来建立隋朝、统一天下，都是历史的必然，上天神佛赋予了他神奇的征兆和伟大的使命。在南北朝时期极度尊崇佛教的文化氛围中，这无异于是给杨坚披上了一层金光灿灿的神异外衣，而这将在他后来的政治生涯中发挥不可估量的作用。

杨坚是家里的长子，西魏大统七年（541 年）六月十三日，他出生于华州（今陕西大荔）。他的经历很传奇，出生后就被尼姑智仙带到般若寺中抚养，一直到 13 岁。他出生那一年父亲杨忠 35 岁，戎马倥偬里不觉已届中年。儿子的出生给他带来了莫大的喜悦和希望，为了祈求平安吉祥他们夫妇商议后决定将宝贝儿子寄养在临近的般若寺。因为南北朝时佛教极其兴盛，当时流行的说法是：将头胎儿女献于佛前，会得到神佛的保佑，儿女也会有美好的未来。

这个健壮的男婴，方脸高额、五官端正，看上去就是个将门虎子。家人给他取名"坚"，希望他长大后能像父亲一样坚毅果敢、出类拔萃。刚出生时，霞光映在小杨坚的脸上，他红扑扑的笑脸越发显得光彩照人。紫色的暮霭中，一切都充满着喜庆。杨家人欢欣鼓舞、奔走相告，都为这个"非同寻常"的小男孩的降生兴奋不已。据《隋书》记载，杨坚"为人龙额，额上有五柱入顶，目光外射，有文在手曰王，长上短下，沉深严重。"也就是说，他的长相非常奇特：

一、额头突出，并有五个隆起的部分从额头直插到头顶上；

二、下颌很长，而且很突出；

三、目光犀利，咄咄逼人；

四、掌纹形似"王"字；

五、上身长，下身短。

他的这个长相，不仅引得邻居惊叹，就连他母亲吕氏也被吓了一跳。宇文泰曾感叹道："此儿风骨，不似代郡（代郡在今山西代县一带，此泛指瀚海沙漠）人。"不仅如此，即便是几十年后他的长相也足以吓倒敌人。隋开皇三年（583）十一月，陈后主陈叔宝派遣散骑常侍周坟、通直散骑常侍袁彦等人出使隋朝。陈叔宝听说杨坚长相和常人不一样，就让袁彦画一张杨坚的画像带回来。但是，当陈叔宝看到杨坚的画像后惊恐不已，大呼了一声："吾不欲见此人！"并立刻命人将画扔了。虽然，古人的这些记载意在说明杨坚的高贵和神秘，但总让我们感到他像是个奇丑无比的丑八怪似的。对他成年以后的长相，《北史》赞美道："美须髯，身长七尺八寸，状貌魁伟，武艺绝伦；识量深重，有将帅之略。"这样一写，使他好似还有些关羽当年的神采呢。

《隋书》以及很多当时的文献都记载：杨坚出生那天，有位俗姓刘、法名智仙的尼姑从河东（今山西一带）风尘仆仆地赶来，深夜造访杨家。智仙对杨忠夫妇说道："此儿所从来甚异，不可于俗间处之。"杨忠夫妇在一番商议后，为了自家和儿子的未来只得做出痛苦的抉择，将儿子托付给神尼抚养，并将自己的宅院也改建成了佛寺。智仙又为杨坚取了个鲜卑语的小名"那罗延"，意为"金刚不坏"。当杨坚放到佛寺一段时间后，母亲吕氏毕竟按捺不住对幼子的思念，便悄悄地来到智仙房里，将儿子轻轻抱起、仔细端详。就在这时，吕氏眼看着儿子在瞬间头上长出了角，全身长鳞，变成了一条小龙。吕氏惊恐之下，一不小心把孩子掉到了地上。智仙正好从外面进来，赶紧把小杨坚抱起来，并埋怨道："何因妄触我儿，遂令晚得天下。"于是，此后杨家人轻易再也不敢过问儿子的情况。这样神异的传说，将为日后杨坚主宰天下笼罩一层庄严而神秘的色彩。

杨坚在佛寺中成长，对佛教耳濡目染，深受佛教文化熏陶。智仙在向他传授佛教知识的同时，还反复地提醒他：他不是凡人，而是护法金刚转世，将来注定会成为创造出一番大事业的一代伟人。慢慢地，杨坚也认为自己就是那罗延神王的化身，肩负上天赋予的拯救世人的使命。因此，他从童年时就逐渐形成了一种可贵的领袖气质、沉稳的性格和宏伟的抱负。智仙还殷切地期望，杨坚将来能担负起弘扬佛法的时代重任。佛教文化对杨坚的启蒙，对他的一生都具有深远的意义，只是当时的他根本不能意识到而已。

对于这位神尼，也是杨坚生命中的贵人，他在后来的回忆中亲切地称她

今河南安阳灵泉寺的那罗延神王拓片

为"阿阇梨"（梵文音译，意为"导师"）。这些传说在整个隋唐时期广为流传，其中有太多牵强附会，太多为尊者鼓吹的成分，但我们还是能从中提取到一些有用的成分。因为南北朝时佛教兴盛的确是事实，杨坚出生于佛寺也是事实。就这样，在智仙的精心调教下，杨坚在寺院里度过了诵经礼佛的 13 年。此时的杨坚，已经成长为一位英姿飒爽的伟岸少年。这才由家人将他接回，并送到了最高学府——太学继续学习儒家经典。

隋朝建立后，刻意编造的、宣扬杨坚是天命所归的那罗延画像和雕塑随处可见。实际上，真实的杨坚在青少年时期并不是很聪明。他的发迹，最重要的资本不是才干，而是高贵的出身。然而出身高贵的人也不少，甚至比杨家权势更显赫的权臣也不止一个两个，何以杨坚最终能够脱颖而出，开创了一番建国大业呢？他又是如何走到历史的前台呢？

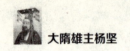

少年得志

虽说杨坚是靠着贵族家庭的关系，才得以在太学里进修，但他毕竟还不是道德品质、行为能力"双差"的纨绔子弟。太学是当时为贵族和高官子弟设立的高等学府，少年时期的杨坚由于成绩不好，经常会被一些同学讽刺为不学无术。但他还是有一定度量和自知之明，他曾经自嘲地说自己"不晓书语"。《资治通鉴》记载，开皇元年（581 年）已经称帝的杨坚在和他的故旧荣建绪对话时，曾提到"朕虽不晓书语，亦知卿此言不逊！"

杨坚长相特殊，腰长腿短，为人严肃而沉默寡言。因此，在太学学习期间，他给人留下的印象就是沉默寡言、态度冷漠，甚至他的近亲也不太敢接近他。他还有一项"特异功能"，就是一听到别人走路就知道是谁，大家对他都很惊奇。同时，和同阶层的其他年轻人一样，杨坚很早就受到了骑术和战术的训练，并且因为他有非凡的胆识和准确的判断力，而逐渐受到宇文泰及其接班人的欣赏。

杨坚的学业虽然很一般，但因为他父亲的关系，所以他在进入太学的第二年就得以步入仕途。也就说，杨坚在 14 岁时就开始做官。还真应了那句话，"老子英雄，儿好汉"。西魏大统二十年（554 年），14 岁的杨坚被父亲的好友、京兆尹薛善提拔为功曹（相当于秘书），从此开始了他的为官生涯。接下来，借助家族背景、自己的能力和胆识，他将平步青云。

为官第二年（555 年），他就因父亲的功勋而被授予散骑常侍、车骑大将军、仪同三司的高级官职，并被封为成纪县公。下一年，他又荣升骠骑大将军加开府，并得与北周柱国、大司马独孤信的女儿独孤伽罗成婚。557 年，北周建立、宇文觉即位后，杨坚又升任右小宫伯（皇帝侍卫长的副手），并进封大兴郡公。右小宫伯这个职位官职不高，但是靠近权力中枢，所以升迁很快。这是个人人眼红的美差，又怎么会落到17岁的杨坚身上呢？其实这要源于权臣宇文护与皇帝的权力之争。宇文护这么做，既会赢得杨家人的感激，又等于替自己在皇帝身边安插了眼线，可谓双赢。武成二年（560年）四月宇文邕即位，20岁的杨坚升任地位稍高一些的左小宫伯，与皇帝的关系又更近了一步。第二年他的大女儿杨丽华出生，这位可爱的女婴将为父亲提供更大的机遇。

25岁时，杨坚出任随州（今湖北随州）刺史，并进位大将军，文职、武职一身兼任。他的顶头上司是襄州（今湖北襄阳）总管宇文直是宇文护跟前的红人，却没把杨坚放在眼里。对于杨坚诚挚的拜谒一副爱理不理的，只是派部下庞晃礼节性的回访了一下。然而，庞晃是宇文泰早年的部下，颇有见识。他一见到杨坚，就被其卓尔不群的气质所打动，他相信杨坚将来一定会大有作为的。一来二去两人竟相见恨晚，就此结为密友。

《隋书·庞晃传》记载，在一次聚会中，庞晃直言不讳地对杨坚说道："公相貌非常，名在图箓。九五之日，幸愿不忘。"这番类似于秦末陈胜"苟富贵勿相忘"的话语，明确预言杨坚将来会做皇帝。但就是这句常人听来大逆不道的话，酒醉半酣的杨坚竟也坦然地接受了，并未做任何辩驳与解释。欣喜之余，杨坚还把自己的两名婢女送给了庞晃。事实证明，庞晃真的为杨坚的帝业提供了很大的帮助。

随后杨坚被调回长安，但大权在握、党同伐异的宇文护看到他好像不是多么顺从，决然不会成为自己的心腹，就对其大加排挤，并将他晾在了一边。杨坚这时又适逢母亲生病，所以乘机蛰伏，在病榻前尽孝三年。他本是在为自己找台阶下，却也在不经意间，在朝野留下了仁孝的美名。不幸的是，他母亲这边的事情刚忙完，父亲杨忠却忧劳成疾，在天和三年（568年）病故了，时年62岁。父亲的去世，使他失去了一个最重要的保护伞和领路人，接下来的路就得靠他自己走了。但不管怎么说，毕竟他在二十多岁时就已经是一位有成就的、攀名门为亲的高级将领。他曾统率一支军队与北齐作战，并立有战功；他还担任过文官，几次得到赏识他的皇帝的赏赐。杨坚得宠的标志之一是他的女儿被选为太子妃。建德二年（573年）九月，北周武帝宇文邕为太子宇文赟（yūn）纳杨坚的长女杨丽华为妃。那一年宇文赟15岁，杨丽华13岁。这一恩宠将直接把杨坚从与世无争的舒适生活，拉到权力斗争的旋涡之中。当然，也为他赢得了更多接触最高权力中枢的机会。

杨坚的地位骤升也引起了其他人的嫉妒，有人就想借机除掉他。但杨氏家族以及独孤家族的势力对他起了关键的保护作用，加上杨坚的长女又是太子宇文赟的妃子，所以，杨坚虽有危险，但终究没有对他构成致命威胁。听到了关于杨坚出生的种种传闻，又看到他还真的有些能力，当年把持北周朝政的宇文护在世时就"宁可信其有不可信其无"了。于是，心系宇文家族安危和皇权稳固的宇文护，对杨坚日渐忌惮，并多次想方设法要除掉杨坚。然而，杨坚就是命大，每遇危难总有贵人相助。宇文护有了这个念头，还没等实施就都被杨忠的老部下，也是杨家人的朋友大将军侯伏侯寿所劝阻。

父亲去世后，杨坚继承了随国公的爵位，再加上他女儿做了太子妃，所以他受到的礼遇越来越高，掌握的实权也越来越大。因此，在宇文护之后，仍有很多人对他十分不放心，甚至想置他于死地而后快。建德四年（575年）五月，北周的齐王宇文宪言对皇帝宇文邕说："普六茹坚相貌非常，臣每见之，不觉自失。恐非人下，请早除之。"本来宇文邕就对杨坚心存疑虑，听宇文宪说完后，更加不放心了。因此当即表态："此止可为将耳。"意思是只能让杨坚做一般的将领，而不能给予其更大的职权和更高的地位。

给杨坚的前途做了"规划"后，宇文邕还是放心不下，暗里又派人请著名相士赵昭为杨坚看相。皇帝想让相士看看杨坚有没有天命、会不会威胁到自己的统治，但是他不知道赵昭和杨坚的私交其实很不错！于是，当着宇文邕的面，赵昭假装认真地端详了杨坚的脸，然后毫不在意地说："不过做柱国耳"（皇上请不必多虑，杨坚的相貌极其平常，无大富大贵可言，最多不过是个大将军罢了）。这样，又使杨坚渡过了一次险关。出了皇宫后，赵昭却回过头郑重地对杨坚说道："公当为天下君，必大诛杀而后定。善记鄙言。"这句实话，才是对杨坚前途的准确预言，后来一一应验。恐怕杨坚也确实铭记着赵昭的提醒，几年后对宇文皇族展开屠杀，进而执掌天下。

没过多久，宰相（内史）王轨又劝谏宇文邕说："皇太子非社稷主，普六茹坚貌有反相。"言下之意，杨坚迟早要反，不如趁早除掉。因为宇文邕对相士赵昭的结论已经确信无疑了，就不高兴地说："必天命有在，将若之何？"（要是真的天命所定，那有什么办法啊？）这次杨坚再次化险为夷，但他得到此消息后也不免深为惊恐，从此更加低调，深居简出、韬光养晦。

即便如此，宇文邕还是不断在犹豫是否该立即除掉杨坚。于是，他又向自己的亲信钱伯下大夫来和求教。来和也是著名术士，见皇帝亲自询问自己也不好不表态，就也说杨坚不是一般人，但是精明的他也暗中想给自己留条后路，就又补充了一句："杨坚这人是可靠的，如果皇上让他做将军，带兵攻打陈国，那就没有攻不下的城防。"他这句关键的话，又为杨坚免除了一场杀身之祸。但据《隋书·来和传》记载，他事后给杨坚说的可是"公眼如曙星，无所不照，当王有天下，愿忍诛杀"。

担惊受怕的杨坚，也请高人为自己看过相，他也急切地想知道自己到底有没有天命，会不会在劫难逃啊？《隋书·来和传》记载，当时一些著名的道士张宾、焦子顺、董子华等，都一致认为："公当为天子，善自爱。"这才使杨坚稍微安心了一些，但还是得时刻提防，力求自保。既然"天降大任于斯人也"，也就必然会多给自己设置一些考验吧。

机遇与挑战总是并存的，几经较量后谁也没有抓住杨坚什么把柄，那这件事就暂时存疑、搁置吧。因此，虽然北周皇室和一些大臣都对杨坚抱有怀疑和防范，但适逢北周意欲吞并北齐、朝廷亟须用人之际，像杨坚这样有胆有识的人才，不仅没有被除掉，反而得到了更多、更大的发展机会。建德四年（575年）七月北周讨伐北齐，杨坚任偏师水军统帅，得以领兵出征。九月，由于战场协调和后勤补给等各方面的问题，周军最终决定撤退。杨坚焚毁军舰从陆路回长安，既保存了实力，又没有为敌人留下武器装备和战略物

资。建德六年（577 年），北周灭北齐最后的战斗打响了。北齐的最后一只抵抗力量——据守冀州的任城王高湝（jiē），被杨坚和宇文宪击败，高湝本人被俘。37 岁的杨坚因功被封为柱国、定州总管（军政长官，定州在今河北），后又调任南兖州（治所在今安徽亳州）总管。

宣政元年（578 年）六月，宇文邕雄心勃勃地准备分兵五路北伐突厥，但没等出兵就病逝了。他的儿子宇文赟即位，这就是历史上的北周宣帝。杨坚的长女被封为皇后，他也因此得以回京，并晋升为柱国大将军、大司马（相当于国防部长），并由此成为北周最有权势的大臣之一。这一年杨坚 38 岁，正值盛年。北周原为仿周礼而设置了"六官制"，即天官大冢宰、地官大司徒、春官大宗伯、夏官大司马、秋官大司寇、冬官大司空。宇文赟即位后，进行了行政机构改革，新设置了四个辅政大臣：大前疑、大后丞、大左辅、大右弼。大象元年（579 年）正月，杨坚出任大后丞，半年后又升任大前疑，地位跃居百官之首。

但杨坚地位的不断攀升，很快又引起了宇文赟深深的怀疑和警觉。为了免除后患，他思虑再三终于决定要对岳父杨坚下手。大象二年（580 年），22 岁的宇文赟下定决心要处死他的杨皇后，以断绝杨坚前进的道路和野心。他甚至曾直言不讳地对杨皇后说："我一定要消灭你们全家。"但是，他最终还是没架得住丈母娘独孤氏的连哭带闹和软磨硬泡而作罢。然而，没过几天宇文赟就后悔了，他又想直接借故杀了杨坚，但又因实在找不到借口而放弃。他命内侍在皇宫埋伏杀手，并再三叮嘱说："只要杨坚有一点无礼声色，即杀之！"然后，他把杨坚召进皇宫议论政事，实际上是要逼他摊牌。杨坚几经化险为夷心中早有准备，因此不管宇文赟怎样言辞激烈、怎样呵斥，他都始终毕恭毕敬、神色自若。一场生死谈话下来，宇文赟始终没挑出杨坚的毛病，更没找到杀掉老丈人的机会和借口。

最后，老谋深算的杨坚一看形势不妙，就想出了一条两全之策，他通过老同学、内史上大夫郑译向女婿皇帝透露："自己早就有做地方官的想法，希望皇帝成全。"这招主动请求将自己外放做官以明心志、以求自保的举动，正合宇文赟的心意。他看老丈人还挺乖巧的，那就放他一马吧。岂料这一放手，北周王朝再无翻身和改错的机会。宇文赟当即任命杨坚为扬州总管。这样宇文赟放心了，杨坚也安心了。但其实这也就是杨坚在万不得已的情况下想的明哲保身之计，他的示弱其实是在寻找和等待一个绝好的时机，而那将是一个"重新洗牌"的好时机。

矫治遗诏杨坚执政

那么，杨坚到底有没有反心呢？当然有了。早在建德六年（577 年）杨坚即将赴任亳州总管时，他的亲信庞晃就曾劝他借机起兵，建立帝王之业。杨坚握着庞晃的手，感慨万千地说："时机还不成熟啊！"但他当时想取代周室而自立的愿望，却已然溢于言表了。北周武帝宇文邕是位强势帝王，杨坚虽有野心，但也不得不时时收敛，以免天机泄露而招致杀身之祸。然而，宇文邕却在 36 岁的盛年去世，从而给杨坚留下更大的发展空间和更多突破束缚的机会。

宇文赟即位前，父亲对他的管教极为严格，甚至曾派人密切监视他的言行举止，只要他犯错就会受到严厉的惩罚。因此，宇文赟内心对父亲充满怨恨。父亲死后，他不仅毫无悲伤之情，甚至还摸着自己脚上被责打留下的杖痕，大声对父亲的棺椁吼道："你死得太晚了！"旁人听着新皇帝这样大逆不道的昏话不由得瞠目结舌、胆战心惊，没有人知道该如何接话，于是只好闭嘴、闭耳装作没听见。但不孝还不是宇文赟最大的问题，比不孝更可怕的是，不成器的宇文赟天生就是个败家子儿。他不仅不懂坚守基业，将已经统一北方的大周在自己有生之年发扬光大，反而变本加厉地糟蹋自己的江山社稷，肆意欺侮百官和黎民百姓。他好像要鼓足干劲，把自己被父亲压抑多年的贪

北周宣帝宇文赟（578—580 年在位）

欲、色欲、权力欲和暴力欲等都集中爆发出来一样，好像只要少干一件坏事就会辜负自己的大好年华似的。

到宇文赟接班后，虽然他对老丈人存有警惕，但是他的政治魄力和智慧毕竟有限，因而一直没能找到排开心结的时机。再加上他执政的 1 年多里，政治日益腐败、社会出现动荡、国力逐渐衰落，他实在无暇顾及杨坚。宇文赟不仅政治才能和他父亲相差甚远，而且治国理念混乱、滥施刑罚、生活腐朽，使各阶层都有很多人日益对北周朝廷心生不满，从而离心离德。《隋书·刑法志》记载，宇文赟治理下的朝廷是："朝亦醉，暮亦醉，日日恒常醉，政事日无次。"为了镇压人民的反抗和排除异己，北周还制定了异常严酷的《刑经圣制》。它不仅对老百姓实行高压，即便对自己的官员也极不放心、不轻饶。宇文赟经常会秘密派亲信监视群臣，大臣即使谁犯有微小的过失，也有可能被治罪乃至处死。他甚至在即位的头一年，就迫不及待地诬陷并杀死了自己的亲叔父、35 岁的北周名将宇文宪。随后，又借机诛杀了其 5 个儿子和与宇文宪有私交的几位高级官员王兴、独孤熊、豆卢绍等。提醒过宇文邕要提防杨坚，并且预言宇文赟品德低劣、不够仁孝、不适合继承皇位的王轨，也在第二年（579 年）被其杀死。这样折腾几次下来，原本蒸蒸日上的北周铁桶江山，没用几年就危机四伏、濒临崩溃了。宇文赟确实昏庸腐败的可以啊，这个"超级败家子"带给百官和黎民的是噩梦，但带给杨坚的将是意外的惊喜。

宇文邕在世时，在他的严格管教下，宇文赟只好暂时假装老实。然而老爹一旦去世，世界上就再也没有一个力量能拘束他了。宇文赟即位后就立即沉迷于酒色，是历史上最荒淫无耻的专制君主之一。他在全国大选美女，以充实后宫。他甚至还同时册封了 5 位皇后：天元大皇后杨丽华、天大皇后朱满月、天中大皇后陈月仪、天左大皇后尉迟炽繁、天右大皇后元乐尚，其中以陈月仪和元乐尚最受宠爱。史称"五后并立"，一举打破了十六国时期前赵刘聪"三后并立"的纪录。俗话说"好事不出门坏事传千里"，"创业难守业更难"。宇文赟是既荒淫残暴又懒惰成性，他仗着自己年轻肆意作践自己的身体，又凭借轻易得来的皇位肆意祸害他老爹留下的帝国。宇文赟经常沉溺酒色不理朝政，大兴土木为自己营建安乐窝，满朝文臣武将却敢怒而不敢言。他非但不听忠臣劝告，反而觉得这皇帝当得太不称心如意，使他放不开手脚享乐。经过一番深思熟虑，他终于想出了一个逍遥自在的"妙招"：将皇帝让给年仅 6 岁的长子宇文阐（原名宇文衍）。做了太上皇的宇文赟自称天元皇帝，因此历史上也称他为"周天元"。躲入后台的他，终日在后宫与嫔妃宫女们吃喝玩乐、荒淫度日。而辅助他处理国家大事的、他所信赖的做太子时旧部郑译，却在私底下和杨坚过从甚密。虽然宇文赟在群臣中没什么威信，但他的架子还是蛮大的。为了制造神秘感，大臣朝见时必须事先吃斋三天、净身一天。宇文赟的昏暴，给了杨坚以笼络人心的机会和成就梦想的舞台。

大象二年（580 年）五月初四，40 岁的杨坚被任命为扬州总管，但他借口自己有脚病，并没有立即赴任。精明的杨坚，还不甘心就此轻易地离开权力中枢、离开长安，他在等待一个重大的、东山再起的机会。皇天不负有心人，命运之神很快就要关照他了。但他的幸运，正是宇文赟和整个北周王朝的不幸。天作孽犹可为，自作孽不可活。果然，宇文赟伴随生活糜烂，接踵而来的就是健康状况的恶化。因此，杨坚在仅仅等了 6 天就等到了好消息："天元皇帝"病情加重。看来神通广大的杨坚，早已提前得知皇帝龙体欠安的消息了啊！很快，以忠诚仁孝闻名的杨坚就迫不及待地进宫，对病入膏肓的宇文赟进行"护理。"在他的"精心侍奉"下，纵欲过度、嬉游无度的宇文赟很快于二十四日驾崩，年仅 22 岁。虚算起来他在位两年，但是掐头去尾、满打满算，他凶暴肆虐地待在宝座上的时间，只有短短 9 个月。但他做下的坏事，可绝对不止一箩筐。

　　精明的杨坚等人并没有立即公布消息，由于他一直在皇帝身边，所以得以趁机用假诏书夺取了军政大权，以及京城部队的指挥权，等一切准备就绪后，才安排小皇帝宇文阐即位。等杨坚以最快的速度布置好了一切、完全掌控局势以后，这才对外发布了皇帝去世和新皇帝正式即位的消息。宇文皇族这会儿，一下子还反应不上来呢。即位的是宇文赟7岁的儿子宇文阐，孤儿寡母、幼主强臣，给了野心家千载难逢的机会。一年后，曾经显赫一时的北周帝国就要寿终正寝了。

　　宇文赟死后，他7岁的儿子不可能应付得了这么纷繁复杂的局面，甚至不能亲自处理重大国事。父亲去世的两个月后，小皇帝宇文阐迎娶了北周二号权臣——大后丞司马消难的女儿司马令姬做皇后。但司马消难却丝毫发挥不了牵制杨坚的作用，因为杨坚早已大势已成、尾大不掉了。这个司马消难的经历颇为传奇，他本在北齐为官，后来受朝臣诋毁与宗室叛乱牵连而被迫逃到北周。在北周历任要职，和杨坚的父亲杨忠是亲如兄弟的好朋友，杨坚也以叔父的礼节对待他。但杨坚准备颠覆北周时，司马消难起兵反抗。失败后，司马消难又流亡陈朝，并在那里做了有名无实的高官。所以，多灾多难、历经四朝的司马消难，被人称为"北齐的弃臣，北周的忠臣，陈朝的遗臣"。虽然杨坚的女儿杨丽华并没有为宇文赟生过儿子，而只生过一个女儿宇文娥英。但是，由于杨坚在权势、经验、资历、人脉、准备等方面的全面优势，所以他得以在风云变幻的时局中成功地浑水摸鱼。也就是说，新皇帝被一个父亲的岳父，但不是宇文阐自己姥爷的人给"绑架"了。即便是宇文阐自己的岳父司马消难，也得靠边站了。面对这样的危局，宇文皇族上哪儿说理去呢？恐怕将来也只会落得一个，和当年自己折磨拓跋皇族那样的凄惨下场吧。

　　宇文赟病死的当天，杨坚的战略盟友郑译、刘昉等人就假传遗诏，令杨坚辅政。在众位大臣的联名推举下，"天元皇帝"的国丈杨坚以假黄钺、左大丞相、都督中外诸军事的身份辅政，统领百官。一切军国大事都由他做主，小皇帝宇文阐只不过是个摆设罢了。而之前，由于宇文赟的猜忌成性，宇文皇族的骨干大都被打发到了封地。由此，造成中央权力的真空和皇亲国戚

"朝中无人"的局面。就这样，在缺乏有力竞争者的氛围中，杨坚由此逐渐实际掌控了北周帝国的军政大权，成为整个北中国的幕后主人。杨坚做了丞相、执掌朝政以后，迅速改组了中央政府，启用一批有政治远见的大臣，如李德林、高颎、庾季才等。而此时的杨坚也没有忘记郑译、刘昉的功劳，很快郑译就成了丞相府的长史、刘昉则成了司马，一文一武帮助杨坚处理政务。紧接着，杨坚又宣布废除周宣帝宇文赟的苛政，删订法律恢复了正常法制，并厉行节俭。此举既可以稳定社会秩序，又可以拉拢人心、树立自己的威信。他还让自己的长子杨勇当了洛州（今河南洛阳）总管、东京小家宰，总管原属北齐地区，以加强控制局势、稳固自己的地位和外部形势。九月二十九日，北周为顺应新形势，废除了左、右大丞相制仅设大丞相一职，并由杨坚担任大丞相。十月初十，杨坚又被加上了大家宰的职务。此后他集大权于一身，成为北周帝国最有权势的人。随着权力的巩固，杨坚本人也在这年年底晋封为隋王，封地竟广达 10 个郡。隋国可设置丞相以下的各级官职，全部依照旧制。杨坚"再三推辞"，但北周静帝都不答应。

《隋书·庾季才传》记载，大定元年（581 年）正月，杨坚的亲信也是北周的科学家、政治家（骠骑大将军、开府仪同三司、临颍伯）庾季才，进言道："这个月戊戌这一天早上，青气像楼阙一样，在城门上出现。不久变成紫色，逆风向西飘行。《气经》说：'天不能无云而雨，皇王不能无气而立。'如今王气已经显现，应该顺应它。二月，太阳从卯位进入酉位，处在天的正中间，称为二八之门。太阳是皇帝的象征，皇帝登基，应该在二月。这个月的十三日是甲子，甲是六甲之始，子为十二辰之初。甲数九，子数也是九，九是天数。这一天是惊蛰，是阳气壮发的时候。过去周武王在二月甲子定天下，周朝持续了八百年；汉高帝在二月甲午即帝位，汉朝持续了四百年。所以知道甲子、甲午是登基的好日子。这个月甲子，应顺天命登基称帝。"杨坚认为很有道理，决定就按他说的办。良辰吉日都已经看好了，接下来就是个形式问题了。而这个形式不仅必不可少，而且极其重要，是丝毫不可马虎的。

581 年二月，一场北中国酝酿已久的历史剧变，即将发生。杨坚家真是好事连连，而北周宇文室将一步步淡出人们视野，被扫入历史的故纸堆。二月初二，宇文阐下令杨坚恢复杨姓。初三，文武百官到杨坚的府第敦劝其接受皇上的封赐，杨坚这才"无奈地"接受。初四，杨坚建隋王府、设百官。初六，宇文阐下诏让高祖戴皇冠，建制天子旌旗，出入令人开路清道，乘坐金根车，用六匹马拉车，备五时副车，设置旄头云旗，乐舞用八佾（yì），在宗庙悬挂钟；王妃为王后，长子为太子。杨坚又是推让再三才接受。初九，杨坚又加授玺绂、远游冠，并被任命为相国（专为他设置的高级职务），地位在诸侯王之上。他可以带剑穿鞋上朝，入朝时不必快步疾走，朝见时不必通报姓名，不用向皇帝下拜，并享受"九锡"的待遇。"九锡（同'赐'）"是中国汉朝、魏晋以来的一些朝代，给臣子的九种最高赏赐。据《后汉书》章怀注记载，九锡包括：一锡车马，再锡衣服，三锡300人的护卫军（虎贲），四锡乐器，五锡可以将殿基凿为上升的台阶（纳陛），六锡朱漆的大门（朱户），七锡弓矢，八锡斧钺，九锡黑黍所酿的香酒（秬鬯 jù chàng）。这些物件通常是天子才能使用，其赏赐形式上的意义远大于使用价值。九锡有时是皇帝真心赠予功臣的一种荣誉，但大多数情况下只是野心家的一种遮羞布和过渡的阶梯而已。没有政治野心的贤臣，你给他九锡他也不会要的，比如诸葛亮。而接受九锡者，之后大多篡位建立了新王朝：如王莽建立新朝，曹操的儿子曹丕建立曹魏，司马昭的儿子司马炎建立晋朝，石勒建立后赵。南朝的宋、齐、梁、陈，其开国皇帝刘裕、萧道成、萧衍、陈霸先也都曾接受过九锡。高欢的儿子高洋建立了北齐，杨坚建立了隋朝，李渊建立了唐朝，朱温建立后梁等。

因此，杨坚一下子成了全天下职务最多、权势最大和最忙碌的人。这时的杨坚已然位极人臣，离皇帝只有半步之遥了。将他的所有职务和待遇加在一起，我们惊讶地发现：在中国历史上的所有臣子中，他的地位已经超过了不可一世的曹操。和他类似的，只有后来的李渊和朱温。而能超过他的就只有代替天子处理朝政，被尊为"假皇帝"（"假"是代替的意思）或"摄皇帝"的王莽了。接下来，杨坚就要大踏步地取代北周了！

封建时代，一个王朝的建立一般不外乎有 4 种情况：

其一，通过兼并战争，实现全国或局部统一，如秦朝和元朝等；

其二，通过农民起义建立，如西汉和明朝等；

其三，通过民族征服战争，如北魏和金等；

其四，通过宫廷政变或军事政变等，如隋朝和北宋等。

稍后，自然少不了文武百官前来劝杨坚早日称帝，以顺应天道人心。虽然事情的结果是强权者设计好的，但表面文章还是要做足。而要体面地取代北周，还有一出"禅让"的好戏没唱呢！似乎只有加上这个环节，才会显得十足完美、不留遗憾啊。古代帝王之间，一方和平自愿地将最高权力转让给另外一方，这就是"禅让"。这是中国历史上独有的一种权力游戏，也是一种羞答答的权力抢劫。与金戈铁马般的武力搏杀不同，禅让能够在传国玉玺交接的一刹那让一个帝国结束，同时诞生另一个帝国。在那一瞬间，一位帝王黯然神伤地交出玺绶，一名臣子顷刻之间成为新时代的天子。身份瞬间置换，山河随即变色。中国古代从第一个皇帝秦始皇到宣统宣布退位，除了两汉及元、明、清等少数几个王朝外，其余的王朝大多是以禅让的方式获得政权的。我们既能从中看到高风亮节，也能看到道貌岸然；既能看到神情怡然，又能看到咬牙切齿。我们既关注辉煌灿烂的禅让大典，更不能无视其背后的斗争与阴谋。

古代的禅让，只是一个美丽的传说。真正意义上的"禅让"恐怕只存在于远古时期的尧、舜、禹之间。除了这些先王贤君道德高尚外，据韩非子《五蠹》中说那个时候当个领导人，不光无利可图而且还很辛苦，所以大家都让来让去。传说中做过尧、舜、禹老师的许由，就多次拒绝把王位禅让给自己。据说，尧曾想把位子传给许由，遭到了他的严词拒绝，并且他还逃到了登封的箕山隐居起来，再也不愿意与世俗社会交往。尧后来又派人找到他，想请他出任九州岛岛长官（差不多相当于总理），他跑到颖水边洗耳，表示不愿意听这种话。许由的高风亮节感动了古往今来的很多人，他不贪图王位，却给我们留下了一个响当当的成语叫"许由洗耳"。到了大禹的时候，随着财富和权势的增多，人的私心也显著增多。可能为此，大禹多次从噩梦中惊醒：我今天的一切来之不易，要是随随便便给了别人，我这一辈子岂不是白忙活了？仔细想想，这些好东西还是留给儿子比较踏实。自此以后，夏朝建立，国家诞生，这就是"家天下"了。历史是向前发展了，但人再也不那么纯洁可爱了。这都是私有财产惹的祸呀！以后，再也没有谁心甘情愿地把到手的权位拱手让给什么血缘上不相干的人了！"禅让"原本是一种仁者的美德，但却被后世的阴谋家们剽窃了，成了一块强者的遮羞布。仁慈永远是强者的特权，实力才是这一套游戏的主导语，禅让和受禅都是实力对比的结果。事实上，实力的天平早已倾斜至受禅者，禅让者往往"非禅不可"，否则摆在他面前的只能是死路一条。

很快，以宇文阐名义草拟的禅位诏书就新鲜出笼了。当然这都是杨坚的"笔杆子"们，秉承他的意思而替小皇帝炮制和代劳的。其文曰：

> 元气肇辟，树之以君，有命不恒，所辅惟德。天心人事，选贤与能，尽四海而乐推，非一人而独有。周德将尽，妖孽递生，骨肉多虞，藩维构衅，影响同恶，过半区宇，或小或大，图帝图王，则我祖宗之业，不绝如线。相国隋王，睿圣自天，英华独秀，刑法与礼仪同运，文德共武功俱远。爱万物其如己，任兆庶以为忧。手运玑衡，躬命将士，芟夷奸宄，刷荡氛昆，化通冠带，威震幽遐。虞舜之大功二十，未足相比，姬发之合位三五，岂可足论。况木行已谢，火运既兴，河洛出革命之符，星辰表代终之象。烟云改色，笙簧变音，狱讼咸归，讴歌尽至。且天地合德，日月贞明，故以称大为王，照临下土。朕虽寡昧，未达变通，幽显之情，皎然易识。今便祇顺天命，出逊别宫，禅位于隋，一依唐虞、汉魏故事。

宇文阐此心耿耿、满带赤诚，感恩戴德、诚惶诚恐。但"民心所向"的杨坚，还是接连推辞了三次，没有接受。宇文阐没办法，只得又派自己的叔祖——太傅、上柱国、杞国公宇文椿（其父为宇文导，宇文椿后为杨坚所杀）代表自己，亲自前往隋王府宣读大周皇帝的命令与请求。其册文曰：

咨尔相国隋王：粤若上古之初，爰启清浊，降符授圣，为天下君。事上帝而理兆人，和百灵而利万物，非以区宇之富，未以宸极为尊。大庭、轩辕以前，骊连、赫胥之日，咸以无为无欲，不将不迎。邈哉其详不可闻已，厥有载籍，遗文可观。圣莫逾于尧，美未过于舜。尧得太尉，已作运衡之篇，舜遇司空，便叙精华之竭。彼褰裳脱屣，贰宫设飨，百辟归禹，若帝之初。斯盖上则天时，不敢不授，下祇天命，不可不受。汤代于夏，武革于殷，干戈揖让，虽复异揆，应天顺人，其道靡异。自汉迄晋，有魏至周，天历逐狱讼之归，神鼎随讴歌之去。道高者称帝，录尽者不王，与夫文祖、神宗，无以别也。

周德将尽，祸难频兴，宗戚奸回，咸将窃发。顾瞻宫阙，将图宗社，藩维连率，逆乱相寻。摇荡三方，不合如砺，蛇行鸟攫，投足无所。王受天明命，睿德在躬，救颓运之艰，匡坠地之业，拯大川之溺，扑燎原之火，除群凶于城社，廓妖氛于远服，至德合于造化，神用洽于天壤。八极九野，万方四裔，圆首方足，罔不乐推。往岁长星夜扫，经天昼见，八风比夏后之作，五纬同汉帝之聚，除旧之征，昭然在上。近者赤雀降祉，玄龟效灵，钟石变音，蛟鱼出穴，布新之贶，焕焉在下。九区归往，百灵协赞，人神属望，我不独知。仰祇皇灵，俯顺人愿，今敬以帝位禅于尔躬。天祚告穷，天禄永终。於戏！王宜允执厥和，仪刑典训，升圆丘而敬苍昊，御皇极而抚黔黎，副率土之心，恢无疆之祚，可不盛欤！

宇文阐怕杨坚还不同意，接着又派大宗伯、大将军、金城公赵煚（jiǒng）奉上皇帝玉玺，带着文武百官到杨府劝进。杨坚呢，在连续虚情假意的推辞了几次后，姿态也摆足了、面子也挣够了，再推辞就是却之不恭了。因为，过分谦虚就等于骄傲啊。他这才按着大家的意思，"勉强"接受。一边是杨坚众望所归，另一边是北周皇帝真诚的"真心"禅让，乍一看还真是其乐融融、皆大欢喜呢。

581年二月十三日，杨坚在临光殿身着皇帝盛装，登上心仪已久的宝座，接受周室宇文阐的禅让，改国号为隋，年号开皇，定都长安，并宣布大赦天下。杨坚就是历史上的隋文帝（谥号），也称隋高祖（庙号）。他命人在南郊设坛，派使臣烧起柴火祭祀告天。《隋书》记载：那一天，京城有祥云出现。因为杨坚继承父亲的爵位是随国公，后来又晋封为随王，因此新王朝按理该定名为"随"。但杨坚觉得这个字有个和"走"同义的偏旁不太吉利，于是国号就成了"隋"。这一年杨坚41岁，正是最意气风发的时候。杨坚就是隋朝的开国皇帝，他的父亲杨忠被尊为武元皇帝，庙号为太祖，母亲吕苦桃则被追封为元明皇后。

隋文帝杨坚（541—604年，581—604年在位）

随后，杨坚封长子杨勇为太子，次子杨广为晋王，三子杨俊为秦王，四子杨秀为越王，五子杨谅为汉王；封自己的二弟杨爽为雍州牧、卫王，三弟杨瓒为滕王，四弟杨嵩为道王，五弟杨爽为卫王，六弟杨整为蔡王……而当年在宇文邕面前保全过杨坚的来和，被任命为仪同三司，并进封子爵。预言他"公当为天子，善自爱"的道士张宾、焦子顺、雁门人董子华等3人，也由此"鸡犬成仙"：张宾做了华州刺史，焦子顺做了开府仪同三司，董子华做了上仪同三司。新朝显贵，各得其所啊。

亡国者宇文阐则被降为介国公，食邑 5000 户，作为隋朝的宾客。北周诸王，全部降位为公爵。立国 25 年的北周，终于以这样比较体面的方式宣布灭亡，而这距宇文阐的爷爷宇文邕气势如虹地灭掉北齐，仅仅才 4 年而已！这个过程，虽经杨坚精心地层层"包装"，但本质上就是一场在禅让外衣掩饰下的宫廷政变而已。3 个月后，宇文阐被杨坚派人秘密处死，谥号静帝。他的弟弟莱王宇文衎（kàn）、郢王宇文术等人，随后也被杨坚处死。世人都知道，北周的灭亡其实和这位享年不满 9 岁的宇文阐小朋友没什么关系；北周的灭亡势在必行，但由他来扮演亡国之君实属偶然。因此，史书上也没对他做太多苛求。《周书·静帝本纪》就无奈地记述到："呜呼，以太祖之经启鸿基，高祖之克隆景业，未逾二纪，不祀忽诸。斯盖宣帝之余殃，非孺子之罪戾也。"看来从古至今，大家都知道这是怎么一回事啊。王朝更替、弱肉强食，就像新陈代谢一样是不可阻挡的自然规律。强者屹立于权力之巅，弱者归于尘土，本就不是某一个人的力量所能够造就或弥补的。

那段时间，各种"祥瑞"纷至沓来，似乎一切迹象都在宣告：大隋乃天命所归。《隋书·高祖本纪》记载：三月初二，在高平、太原、长安分别猎获赤雀、苍鸟和白雀各一只。宣仁门发现槐树连理，众枝向内伸展。初五，白天出现太白星，初六再次出现。初十，周至县进献连理树，被移栽到宫廷。四月初三，白天出现太白星、岁星……

隋朝的建立，绝非一般意义上的宫廷政变或朝代更替，其具有划时代的意义。它打破了北朝以来以武将为主体的政治体制，预示着以关陇集团汉族贵族为核心的新政权的建立，宣告着那场空前规模民族大融合暂时告一段落，更标志着一个新的、大一统盛世王朝将健步朝我们走来。

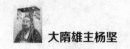

强悍而聪慧的贤内助

北朝名臣独孤信（503—557年）在镇压北魏六镇起义时，凭借军功登上政治舞台。他曾协助宇文泰开创霸业，位列西魏八柱国，北周时为大司马、卫国公。因其容貌俊美风流，时人称之为"独孤郎"。其妻崔氏出自汉族政治世家清河（今河北清河东南）崔氏，这个家族人才辈出，在魏晋南北朝和隋唐时期都是首屈一指的门阀士族。其世代重视道德修养和儒家文化，为北魏统一黄河流域立下过汗马功劳，在唐朝仍有12人做过宰相。556年，独孤信敏锐地觉察到好友的儿子、时年16岁的杨坚仪表非凡，将来的前程不可限量。于是，就把自己刚满14岁的第七女独孤伽罗许配给了他。谁也不曾料到，37年后这个女孩将会掌控中国历史的走向。这位鲜卑美女，就是日后著名的独孤皇后（谥号为文献皇后）。深谋远虑的独孤信确实目光如炬、思虑长远，他给几个女儿都找到了极好的归宿。此前，他的大女儿（？—558年）嫁给了宇文泰的长子宇文毓也就是后来的北周明帝，其后被追封为明敬皇后；四女儿（生卒不详）嫁给了李虎的儿子李昞，而李昞的儿子就是后来唐朝的开国皇帝李渊，她后被追封为元贞皇后。能使三个女儿在不同的朝代做皇后，独孤信的

独孤信的多面印

眼界确实不得了啊！因此，其家族在北周、隋、唐三个王朝基本都是风光无限、受尽恩宠，他也被誉为"威震四方的三朝国丈"和"天下第一岳父"。

少年时期的杨坚气宇轩昂，性格深沉稳重，外表木讷而内心有大气魄。因为其从小在寺院长大，所以又养出了一股与众不同的威仪风姿。杨坚与独孤伽罗的婚事，在当时是一桩门当户对的贵族联姻，也是一桩羡煞旁人的美好姻缘。但是，当成婚不久的新娘独孤伽罗还沉浸在初为人妇的娇羞之中时，政治的冷酷阴影便笼罩了她；少年得志的杨坚此时初入仕途又得配佳人，意气风发、踌躇满志正想有所作为，命运却也和他开了个大玩笑。因为，就在他们结婚前夕（556年），西魏权臣宇文泰去世，他的侄子宇文护受命辅政。在宇文护的主导下，宇文家族取代了西魏元氏政权，而政治态度倾向西魏且位高权重的独孤信的立场却很微妙。因此，就在这小两口结婚1个多月后，独孤信在宇文护的威逼下不得以自尽，其妻儿也受牵连被流放到蜀地多年。而杨家也因为不肯依附宇文护，再加上与独孤信联姻的关系，致使杨坚备受猜忌、政治前途暂时黯淡。他不仅连续8年没有得到升迁，甚至有几次还面临杀身之祸。

对独孤氏而言，家门巨变是不幸的。然而，这场残酷的政治斗争的阴影却不仅没有影响这对小夫妻的感情，反而使他们更加珍惜对方，相敬如宾、同气连枝。在那个多事之秋，杨坚对妻子更为怜爱有加，他努力用双肩护住无助的妻子并发誓爱护她一辈子。少男少女两情相悦的倾心钟情、建功立业欲有作为的共同志向，把杨坚夫妇的心紧紧联在了一起。《资治通鉴》记载：情到浓时，"高祖与独孤后甚相爱重，誓无异生之子"。也就是说，杨坚与爱妻相约白头、永不变心，并对其发誓：今生今世不和别的女人生孩子。其后隋文帝也果然信守承诺，他们夫妇后来相继育有五子五女，携手经历了近半个世纪的人生风雨。在隋文帝风云诡谲的一生中，爱妻始终是他最亲密的爱人、知己、智囊、贤内助和精神支柱。

宇文护专横而冷酷，在政治高压的氛围里，杨坚和妻子相互扶助、相互鼓励，想尽各种办法以期逃避宇文护怀疑的目光。独孤氏也一直保持低调谦恭的作风，为丈夫广结善缘、树立良好形象，并尽量为丈夫消祸。所幸，由于北周对外斗争形势严峻，北有突厥骚扰侵犯、东有北齐虎视眈眈、南有南朝趁火打劫，而杨坚的父亲杨忠又以骁勇善战著称，宇文护还不得不拉拢和依靠这位老将来维护北周的国家利益。因此，杨忠靠战功在北周一直拥有很高的地位，他的另外两个儿子相继和宇文皇室联姻，次子杨整娶了宇文泰外甥的女儿尉迟氏，第三子杨瓒娶了宇文泰的女儿顺阳公主。杨坚夫妇在父亲的大树羽翼之下，暂时得以保全。直到15年后（572年），也就是杨忠去世4年后，隐忍多年的北周武帝宇文邕突然发动政变，铲除了权臣宇文护，杨坚夫妇终于才可以松一口气了。由于杨忠父子不曾依附宇文护，而且鉴于杨忠崇高的地位和声望，再加上杨家长期被打压没有朋党，因此宇文邕特意礼聘杨坚的长女杨丽华作为其长子、皇太子宇文赟（yūn）的太子妃。虽然，宇文邕对杨坚也不是完全放心，时不时也有猜忌。但是，在杨坚夫妇的巧妙应对下，杨坚虽几次受谗言攻击身陷险境，但宇文邕始终不相信杨坚有什么不轨企图。

受父母的影响，独孤氏既具有北朝妇女当家做主参与维护家族利益的自觉性，又有深刻的汉文化印记，文化功底深厚、学识渊博。《隋书·独孤皇后传》记载，她"雅好读书，识达今古"，"见公卿有父母者，每为致礼焉"，是一位识大体、顾大局的女中豪杰。《北史·周摇传》记载：杨坚在担任定州（今河北定州）总管时，独孤氏曾因牵挂丈夫千里迢迢去探亲。由于她是太子妃之母，一路受到了杨坚同僚们盛情款待。但途经晋州（今河北晋州）时，晋州总管周摇对她的招待却比较简朴。周摇还说道："公廨甚富于财，限法不敢辄费。又王臣无得效私。"独孤氏并没有因为自己受到薄待而感到冒犯，反而对周摇正直无私的为官品质大加赞赏，并对丈夫说了他的很多好话。杨坚由此十分敬重周摇，隋朝建立后周摇出任幽州总管，统领六州五十镇的军政事务，为大隋固守边关。从这件事我们就能看出，独孤氏具有一个政治家大度明理、公正明辨的胸襟和品质。

独孤氏心中一直有一种渴望展现才华、成就一番不输男儿事业的志气，而生长于顶级权贵家族又让这位聪慧的美女视线超出闺阁，时刻关注这个特殊时代的天下局势与命运，并力促自身集团利益的最大化。宇文邕在灭掉北齐、统一北方后不久病逝，他儿子宇文赟即位，杨坚的女儿杨丽华就成了皇后。宇文赟上台后，一反其父励精图治的作风，荒淫而暴戾。为了抓紧权力，命其岳父杨坚辅政。而杨坚虽然跻身到了最高权力中枢，但这位女婿实在过于凶狠残暴，他在收拾了一批宗室和大臣后，竟然又把目光投向了岳父。他先是打破常规相继册立了其他4个皇后，与原配皇后杨丽华并列，继而又想赐死杨丽华。在杨家命运悬于一线的危急时刻，又是独孤氏出面斡旋，她以其鲜卑妇女的坚毅风范毅然闯宫，向女婿皇帝表忠心、作保证，连头都磕破了。最终保全了丈夫和女儿，也使杨氏家族免于受株连的厄运。

而正在杨坚处境艰难、正试图外放做官保全性命时，纵欲过度的宇文赟却在即位仅两年后暴病而亡。这时小皇帝宇文阐年方九岁，无力操控全局，于是北周最高权力出现真空。宇文赟的暴毙，几乎是命中注定地让杨坚得到了勇立潮头的机会。杨坚夫妇在政治险恶的惊涛骇浪中积累了丰富的斗争经验，通过一番紧密部署，在宇文赟的宠爱刘昉、郑译的配合下，杨坚得以顺利地控制住了小皇帝、控制了北周的权力中枢。而此时杨坚也遭遇个人、家族命运与国家命运的生死抉择：到底是架空皇帝，做一个掌握实权的权臣；还是趁机取而代之自立为帝。就在他为何去何从犹豫不决之际，独孤氏对丈夫进言："大事已然，骑兽之势，必不得下，勉之！"妻子一句话点破了杨坚的处境，给了杨坚最大的支持和鼓舞。他顿下决心改朝换代，在这个关键时刻独孤氏巾帼不让须眉，再次表现出了果敢善断的政治家气魄。就这样，几个月后一个新的、伟大的王朝——隋朝应运而生。

隋朝建立的第三天，38岁的独孤氏被册封为皇后。从此，隋文帝夫妻呕心沥血地为大隋帝国的强大发展倾注了毕生的精力心智与心血，独孤皇后也成为中国历史上罕见的、对君主终生保持强烈影响力的后妃。独孤氏知书达理、聪明过人，其才干不在隋文帝之下。《隋书·独孤皇后传》称其："政有所失，随则匡正，多有弘益……谦卑自守，世以为贤"。并且，隋文帝夫妇亲密无间，每次隋文帝上朝独孤皇后一定和他同辇而行直到大殿。等到丈夫下朝她早已在等候，夫妻高兴地一起回宫，形影不离。隋文帝对爱妻既宠爱又信服，几乎是言听计从，宫中同尊他们为"二圣"。所以，隋文帝时代的政治决策，很难分得清哪些是隋文帝的主意，哪些是独孤皇后的主意。独孤皇后和一向提倡节俭的丈夫珠联璧合，共同营造了隋初简朴的宫廷风气。据《北史·文献皇后传》记载，开皇初年，突厥向隋朝出售一筐明珠，要价800万钱。有人劝独孤皇后买下来，她却说："非我所需也。当今戎狄屡寇，将士疲劳，未若以八百万分赏有功者。"此举一下子赢得满朝归心，为新生的隋朝树立了良好的政治形象。

隋文帝是一个雄才大略的皇帝，也是一个深爱妻子的男人。因为独孤家族对隋文帝及其父杨忠都有恩惠，再加上独孤氏的性格刚烈，更因为隋文帝深深爱着她而不断对其忍让。所以隋文帝对妻子有所敬畏，算得上是历史上有名的"惧内皇帝"了。他甚至还让妻子亲自参与制定了隋朝后宫制度，无限度地纵容着独孤皇后作为女人和妻子的小心眼和小性子：不准他有嫔妃。因此，隋文帝时代大部分时间六宫虚设、旁无姬侍。《隋书·后妃传》记载："文献皇后功参历试，外预朝政，内擅宫闱，怀嫉妒之心，虚嫔妾之位，不设三妃……又抑损服章，降其品秩"。这样一套近乎苛刻的后宫制度，在那个时代显得是那么的不合理，但又是那么的合乎情理。但为了显示皇帝的威严，在她去世后隋文帝及其子杨广时代都不得不重新修订了后宫制度。但话又说回来，正因为有妻子的管束和提醒，隋文帝才没有像有些皇帝那样荒淫败国。俗话说："共患难易，共富贵难。"权力容易引导出人性阴暗的一面，使人妖魔化和异化。然而，隋文帝夫妇掌控至高权力，却做到了终生毫无保留信任彼此，全无猜忌。遥想千年之前，勤政辛劳一整天的隋文帝下朝时，看到早已等着他回去用膳的爱妻温柔甜美的笑容时，也情不自禁以微笑相对。这仅仅是隋文帝夫妇旰食宵衣之余一个温馨甜蜜的生活小片段，那一刻的情景凝止了千年的柔情。

近代德国哲学家黑格尔在《美学》中，有一段关于爱情的话非常适合独孤皇后："爱情在女子身上特别显得最美，因为女子把全部精神生活和现实生活都集中在爱情里和推广成为爱情，她只有在爱情里才找到生命的支持力；如果她在爱情方面的遭遇不幸，她就会像一道光焰被第一阵狂风吹熄掉。"隋文帝夫妇少年夫妻老来相伴，彼此感情非常深厚。然而，晚年的隋文帝也没克服得了人性弱点，他们的感情也出现过危机。《隋书·后妃传》记载：开皇十九年（599年），年近花甲的隋文帝私下宠幸了宫女尉迟氏（尉迟迥的孙女）。隋文帝的出轨，让一直骄傲而自信的独孤皇后遭到毁灭性打击。56岁的她悲愤交加之下，悍然下令处死了尉迟氏。恼羞成怒的隋文帝为此负气离家出走，独自骑马到了深山中。在高颎等人找到他时，这位开国皇帝感慨道："吾贵为天子，而不得自由！"高颎则劝解他说："陛下岂以一妇人而轻天下！"就这样，隋文帝才在半夜快快地回宫。这起"仁寿宫桃色事件"发生后，独孤皇后用残酷暴烈的手段对待尉迟氏，使自己成为中国古代的著名妒妇。虽然在隋文帝看来，这件事可能只是其晚年生活的一味调剂，他对爱妻还是一如既往的疼爱和信任。但他却没想到自尊心强烈的独孤皇后内心受到重创，从此心灰意冷。3年后，身心逐渐萎靡衰弱的独孤皇后，生命之光如风中之烛奄然熄灭。空留丧偶后痛苦不堪的隋文帝，两年后弥留之际的他方觉幡然醒悟、深深自责，但已悔之晚矣。

《隋书》里经常可以见到，对隋文帝"雅听妇言"的强烈批评。独孤皇后显然深度地参与了国家管理，并且其不仅在后宫辅政，还把触角直接伸到了政治前台。但她并无个人权力私欲，她并不是"武则天型"的野心家和阴谋家。独孤皇后作风低调、甘居幕后，而且能以身作则、严于律己，母仪天下，堪称贤内助。对于"开皇之治"的辉煌政绩，独孤皇后此功不可没。但她也不是始终清醒，始终不偏不倚，始终能扶助丈夫正确决策。高颎父亲原来是独孤信家的宾客，高颎的才干和品德也都很得独孤皇后赏识。所以，她才会向丈夫大力举荐他，并使其受到重用。而高颎才华横溢富有卓识远见，他地位的稳固，对隋朝的繁荣稳定具有重大的意义。因此，独孤皇后后期干政的恶果之一，就是其因一己之私进谗言致使宰相（左仆射）高颎被疏远、免官，并使杨素日益得势。开皇末年，独孤皇后在废长子皇太子杨勇、立次子晋王杨广的储君决策问题上，也发挥了关键性作用。魏征在批评隋炀帝杨广的时候，就捎带着批评了独孤皇后。然而，我们并不能因为隋朝最后灭亡在杨广手中，就以此作为贬斥独孤皇后的依据，杨广的过失还得他自己来承担！日本汉学家宫崎市定在《隋炀帝》中分析到："隋文帝的皇后独孤夫人嫉妒心很强。在中国古代的道德规范中，嫉妒是妇人最大的恶德，严重时会成为被丈夫休掉的理由。因此，中国的史学家没有一个人同情独孤皇后，甚至有人将其嫉妒心强归结为导致隋朝灭亡的原因之一。"

独孤皇后和高颎、杨素、苏威、李德林等人，并称为隋文帝的"第一代主要顾问"。但显然独孤皇后作为隋文帝一个聪慧的、虔诚的，有妒忌心的、爱管闲事的知己，发挥了独特而重要的作用。隋文帝和独孤皇后同甘共苦40多年，其真挚炽热的爱情，历经千年沉淀依然柔情动人。《剑桥中国隋唐史》对他们深厚伉俪之情，这样评价道："隋文帝的夫妻关系在中国历史中很可能是独一无二的。一个后妃在君主的大部分执政期间对他有如此强烈和持续的影响，这实在少见。"但是在史书上，和隋文帝的煌煌帝业比起来，他们夫妻两人的公众形象可能很尴尬：一个是以"惧内"出名的开国明君，一个则被贴上了"悍妒"标签。那么，作为帝国一把手的隋文帝，又有着什么样的性格特征呢？他的人生经历很丰富、很复杂，历史上对他的评价也是众说纷纭，这又和他的性格有关系吗？

喜怒无常过于杀戮的隋文帝

我们对于历史的探幽索微，不能满足于历史事件的表象，而应当将触角伸向人物的社会心理后面，深刻地剖析导致他们心理病案的所有隐秘。而在专制主义盛行的时代，帝王的性格对君臣关系、政策导向，乃至国家命运等都有极大的影响，因此我们分析帝王的性格就显得尤为重要。

当代学者赵良在《帝王的隐秘》中，对秦始皇的评价是："嬴政内心一直处于极度紊乱状态，直到晚年，他都没建立起健全的理智，尽管现实主义的策略使他在对东方六国的征战中节节胜利。可他征服不了自己，他在精神上是个失败者，于是，情感的紊乱和他性格的缺陷造成了大一统帝国后期频繁的动乱。"这段论述极其精辟，而且将其移用到隋文帝身上也基本适合。隋文帝建立起的功业，几乎可以和秦始皇相媲美。并且他们的性格和执政经历也有诸多相似之处，均是早期睿智英明，后来昏聩颠顶；均是早期谨小慎微，后期为所欲为；均是早期虚心进取开创大业，后期自恋自满、刚愎自用；均是早期珍惜国力，后期讲求奢华。嬴政想长生不老而迷信神仙方术，隋文帝则崇尚佛教不能自拔；嬴政早年受制于吕不韦和嫪毐，隋文帝前期深受独孤皇后影响；他们还都不贪恋女色等等。当然，他们不同之处也很多：秦始皇给人留下的影响更残暴一些，但对历史的贡献也更大一些等等。因此，他们都在历史上威名赫赫，但却经常都会被后人给予矛盾复杂，甚或是截然相反的评价。

关于隋文帝的性格，《隋书·高祖本纪》记述道："深沉严重，虽至亲不敢狎"、"性威严，外质木而内明敏"。但《隋书·高祖本纪》同时也写道：他"逮于暮年，执法尤峻，喜怒不常，过于杀戮"等等。因此，隋文帝是以理性权威型人格为主，兼具多重性格。正因为这样，他做过的很多事情都是前后矛盾，不好理解的。他的性格很复杂，但在执政前期，在独孤皇后的辅助下、在繁重艰巨的建国大业中，他性格里的一些"劣根性"受到了压抑；而独孤皇后去世后，再加上国力强盛、承平日久，他的暴力倾向、非理性因素便不可遏抑的爆发了，于是就有了罢黜贤良、大兴土木、严刑峻法等。

开国皇帝也不一定都是表里如一的强势帝王。隋文帝甚至在心理上，就并不是一位真正的强者。《隋书·礼仪志》就记载："初，帝既受周禅，恐黎元未惬，多说符瑞以耀之。其或造作而进者，不可胜计。"也就是说，他在即位之初，唯恐老百姓不心悦诚服，就多次拿祥瑞、大型工程来造势。所以，一些史学家也认为，他营造空前宏伟的大兴城，就潜藏着旁人不易察觉的动机。而这个动机就是，他渴望高大、渴望神圣，就想以强大的气场来使臣民敬仰、臣服。

隋文帝既是一位热衷权势的雄主君王，又是一位温柔而专一的丈夫。而"温柔"是比较中听的说法，它实际上经常也可以被视为懦弱和惧内。自结婚那天起，他就被小独孤伽罗收拾得服服帖帖，并且一生都不忍拂她的意。这件让很多人无法想象的事情，恐怕只有用爱才能诠释吧。要不然，作为一位开国皇帝他有什么好怕的呢？敬重、敬畏之下，那位明慧娇艳的独孤皇后，其风采和魅力也就很能引起人们的遐想了。但说他专一吧，他也曾亲近尉迟氏，也许一代帝王受压抑已久的一次不太成功的释放吧。谁料老婆竟比他还厉害，就手杀死了年轻貌美的尉迟氏。能被皇后气得离家出走，恐怕他也是历史上的唯一。不管世人再怎么解释，再怎么替他打圆场，确实还是窝囊了些。

隋文帝是位以节俭爱民著称的皇帝，但是他经常也会表现得很苛刻，到晚年甚至显得刻薄；并且，也没把节俭爱民的优良传统坚持到底。从小生长于寺庙之中的隋文帝，素衣素食、生活节俭，做了皇帝后衣着也十分朴素。他深知节俭的重要性，经常教育儿子们要节俭，口头禅就是"国家没有因为奢侈腐化而能长治久安的"。他虽贵为天子，但却食不重肉，更别说吃什么珍禽异兽。他自己不用金玉饰品，宫中的妃妾更不允许有华美的装饰。他命人将化妆品按定量分配给宫女，宫内没有他妻子需要的、作为普通礼物的毛领，甚至没有准备他需要的一些药品。这些都是千百年来，儒家学者所津津乐道的。因此，隋文帝时代前期剥削较少，民众能够安居乐业，户口和财产剧增，再加上其他一些促进生产的措施，在很短的时间内，就呈现出百业兴旺、经济繁荣景象。隋文帝不仅活着的时候简朴，即便他的陵寝也不张扬。他作为开国君王，但在他的一再叮嘱下陵墓的规模远远不如秦汉皇陵。据西汉墓葬制度规定，皇帝即位的第二年，就开始每年从全国税收中抽取三分之一营造皇帝陵墓。那个时候的帝王陵园占地广阔（700亩），有4个墓道，能通过6匹马驾的车子。死者身穿金缕玉衣、口含玉蝉，陪葬有金银珠宝、稀奇古玩……因为厚葬，所以又不得不在里面设置了暗箭、伏弩等机关以防盗墓。而现代学者经过遍阅籍典，以及遍访隋文帝泰陵（又称太陵）周边乡里，均没有发现有关泰陵随葬的例证。而当地百姓也都口耳相传，说泰陵无宝可盗，又说历代军阀、土匪徘徊至此均未有收获。

而与此形成鲜明对比的是，隋文帝大灾之年不开仓放粮，营建华丽的仁寿宫，大肆推崇佛教。史书在记载他勤俭的同时，也没有回避他晚年的吝啬，例如南宋袁枢在《通鉴纪事本末》中记载：开皇十四年（594年）关中大旱，隋文帝竟然不肯开仓赈济，而"令百姓就食山东。比至末年，天下储积可供五十年"。也就是说抠门的隋文帝，宁可让百姓到山东去要饭，也不在大灾之年开仓放粮，并且他的粮仓里可是堆满了几十年都吃不完的粮食！在他的领导下，隋朝将天下的物资过于集中管理，逐渐加重了百姓的负担。仓库里堆放的粮食都溢了出来，可就是不用来赈灾。这样就不由得让人怀疑，隋文帝的"体恤民情"到底有几分诚意？俨然就是一个家财万贯的土财主和守财奴而已，和后世小说中的吝啬鬼们——《儒林外史》中的严监生、《死魂灵》中的泼留希金、《欧也妮·葛朗台》中的葛朗台之流——没什么两样。更严重的是，隋文帝后期提倡严刑峻法，官吏们也因为畏惧而不敢私自放粮赈济百姓，以至于粮仓在天灾人祸中不能及时发挥功能。因此，各地充实的粮仓与一般民众的生活水平形成反比，更使粮仓成了日后反隋起事者的首选攻击目标。这些粮仓不仅成了现实盛世气象的摆设，而且加速了隋朝的灭亡。例如，大业十三年（617年）二月，瓦岗军攻破兴洛仓（又称洛口仓，在今河南巩义）以后，就立刻下了开仓放粮的命令。因此，百姓纷纷加入义军，1个月后就进逼东都洛阳。

隋文帝晚年的安逸享乐，和建国初期的爱惜民力、轻徭薄赋比起来，也已然判若两人。开皇十三年（593年）二月，他又下令在岐山北（今陕西凤翔南）营建仁寿宫，由宇文恺负责设计施工（将作大匠），封德彝负责监督（土木监）。工程选址确定后，万千民夫便走上工地，削去山头、填平山谷，开始了这项浩大的营建。而宰相杨素为了讨好皇帝，把工期定的很短。于是急切之间，在严酷的管理和监督下，民夫受到鞭挞、虐待而死的多达数万人。而残忍的杨素，竟然命人将民夫的尸骨直接埋在地基底下。这座真正是建在百姓血汗和尸骨身上的豪华宫殿，仅用两年便告建成。对于杨素的这种酷吏做法，隋文帝最初并不高兴。《资治通鉴》记载到，隋文帝见到如此壮丽的宫殿大怒道："杨素殚民力为离宫，为吾结怨天下。"但独孤皇后却出面为其开脱，认为"这正是杨素的忠孝之处，为我们想得很周到，让我们得以在此间安享晚年"。随后，隋文帝竟然就很快释然、转怒为喜，不仅没责罚杨素，反而还赏赐给他百万钱、丝绸 3000 段。既然他这么褒奖酷吏，那下面的官员也就都知道怎么才能投皇帝所好了，而老百姓所受的欺凌与剥削也就一日多似一日了。开皇十八年（598 年），隋文帝又下令在大兴与仁寿宫之间修筑了 12 座行宫，以供他往来途中休息娱乐。

同时作为一名狂热的佛教徒的隋文帝，对宣传和发展佛教不遗余力，留下了很多"大手笔"。仅在他即位的前两年，就在全国各地兴建舍利佛塔 83 座之多，其中以开皇二年（582 年）扩建的大兴善寺最为著名。他还多次下令百姓按人头摊派出钱营造佛像，替大兴、洛阳的佛寺写经四十六藏，共计 13 万卷，修治旧经达 400 部。

《隋书·高祖本纪》在结语中称，隋文帝"天性沉猜，素无学术"。也就是说，他从小就养成了深沉而猜忌的性格。既然他深谙"韬晦之计"，这也就决定了他会在不利时防备被别人吃掉，有利时又会谋划吃掉他人。具体看来，他在即位之前是以防备、隐蔽为主的，所以他成功地躲过了宇文护、宇文宪、王轨、宇文邕、宇文赟等人的猜疑和谋害。那么等他做了皇帝，就断然不会允许别人效仿原先的自己。晚年的隋文帝猜忌之心越来越重，他甚至不相信自己的儿子们。他喜怒无常，经常不按照法律判刑。而他信任的杨素，也是个凭借个人情感办事、处事不公的人。他易于发怒，有时在狂怒以后又深自懊悔，这显然与他个人的自危感有关，而这实际上是一种追求最高权势的变

保存至今的大兴善寺

态心理。《开皇律》以其审慎、省刑的原则著称于世，但晚年隋文帝却开始对刑法提倡严苛重刑，对功臣故旧也心怀猜忌，大杀开国功臣与将领；他日益刚愎自用，企图独裁专治天下，使得他与大臣关系越来越远。因此，《剑桥中国隋唐史》称他"是非常严厉和令人生畏的人，既无吸引力，又不热诚，更谈不上宽厚"。开皇之治到隋文帝时代后期逐渐衰退，而他后期的作为也成为整个隋朝衰退乃至灭亡的原因。

左卫大将军（相当于禁卫军第一军军长）王雄因为权势过重，而被剥夺军权，任命为有名无实的司空。光被贬官或架空，还算是比较幸运的。隋文帝甚至经常会在大殿上用棍棒责打百官，有时一天内会多次发怒施刑，虽然这并不符合他天子的身份。他曾因为行刑者没有用力责打不合自己心意的官员，而认为他们是手下留情，一怒之下竟下令将行刑者斩首。尚书左仆射（宰相）高颎、治书侍御史柳彧等人上前劝谏，并发出帝王应仁慈宽厚的呼吁，但他对此类建议却充耳不闻，仍然不加限制地、普遍的施行酷刑。左右都督田元则直接向他指出："陛下杖大如指，捶人三十者，比常杖数百，故多死。"隋文帝听后很不高兴，但他还算没成为昏君、暴君，在权衡了利弊得失后，他还是下令暂时撤去了宫殿里的杖棒。需要受刑的人，也移交司法机关处理。但后来有一次，楚州（今江苏淮安）行参军李君才上书说："皇上崇信高颎过甚。"盛怒之下的隋文帝，竟下令将李君才用马鞭活活给打死了。随后，殿内又恢复了设置杖棒。好像没有这些吓唬人的东西，他心里就不踏实，大臣们也就会不守规矩似的。

《资治通鉴》记载，开皇十七年（597 年）的一天，他发现官员上朝时官服不整齐，就责问当值御史："你身为御史，为什么纵容他们如此随便？"说完就下令处死御史，谏议大夫毛思祖进行劝谏也被当场处死。将作寺丞因为征收麦秸晚了一些，武库令（军械库长官）因为官署庭院长满杂草，外出巡查的使者因为接受了地方官赠送的马鞭、鹦鹉等并非十恶不赦的事情，被隋文帝知道后，他都会亲临现场监督行刑官将这些有问题的官员处死。他曾派屈突通前往陇西视察养马情况，得知当地竟然瞒报了 2 万多匹马。他又是怒气冲天，当时就要处决太仆卿慕容悉达及负有责任的其他马政官员 1500 人！屈突通也没想到皇帝会下如此狠手，于是立刻劝阻道："人命至重，陛下奈何以畜产之故杀千余人？臣敢以死请！"经过他再三苦苦劝谏，隋文帝才决定不杀这些人。这些与他当初制定《开皇律》时，废止前朝严苛法律、减轻刑罚的立法精神已经相去甚远。他的喜怒无常、性格多变，由此也可见一斑。这般残酷，常常会让后世读史的人联想到秦始皇嬴政或明太祖朱元璋。

隋文帝是位务实的皇帝，但他同时又"雅好符瑞，暗于大道"，"深信佛道鬼神"。"符瑞"指祥瑞的征兆，这些神神怪怪、不可捉摸的东西，经常被认为是皇帝"受命于天"的象征。因为臣民都知道大隋开国皇帝喜好这个，因此在他当政期间各地伪造符瑞来邀宠的人数不胜数。其中以上仪同三司（文散官，从一品）萧吉和著作郎（负责编修国史，从五品）王劭最为典型。这个萧吉还颇有些来头，他是南朝梁武帝萧衍的侄孙（哥哥的孙子）。这个人博学多才，尤其精通阴阳、历算和养生术。为了取悦皇帝，他于开皇十四年

（594年）上书奏称："今圣主在位，居天元之首，而朔旦冬至，此庆一也……又甲寅、乙卯，天地合也，甲寅之年，以辛酉冬至，来年乙卯，以甲子夏至。冬至阳始，郊天之日，即是至尊本命，此庆四也。夏至阴始，祀地之辰，即是皇后本命，此庆五也。至尊德并乾之覆育，皇后仁同地之载养，所以二仪元气，并会本辰。"这一番马屁拍下来，隋文帝十分舒坦，当场命人赐他绸缎500匹。王劭也是位善于钻营的"有心人"，他一会儿吹嘘皇帝有"龙颜戴干之表"（龙颜指帝王的相貌；戴干指头部有肉突起，如干戈对立。据说五帝里的颛顼就是这副尊贵的长相），一会儿采民间歌谣、引图书谶纬。而他每次献符瑞，都会加官晋爵或获得大量赏赐。由他撰写的《皇隋灵感志》堪称隋朝建国后的"符瑞大全"，隋文帝看后拍案叫绝，命令颁布天下。各地朝集使（各地每年遣使进京报告政治经济状况的官员），也要闭目诵读。晚年的他更是什么都信，不管什么山神、土地、河神，只要他认为能保佑自己的，他都信。都迷信到这种程度，无怪乎史书会说他"不学无术"呢。

隋文帝前期主张调和儒、佛、道各派思想，并把传统的儒家学说提升到了治国不可或缺的地位。于是，隋初各地纷纷广建学校，关东地区学者众多，儒学一时兴盛，教育事业蒸蒸日上。但实际上，隋文帝对标准的儒家道德说教是很不耐烦的，当年李德林劝他不要再处决仅存的北周诸王时，他就曾大声怒斥道："君书生，不足与议此！"到了晚年，隋文帝又开始崇尚刑法，公开助佛反儒。仁寿元年（601年），他片面地认为天下学校多而不精，学生太多、太懒散、质量太差，因而下令：废除全国所有学校，只保存京师国子学，名额仅限70人！太学博士刘炫等人上书苦谏，但他无动于衷。与此同时，他却又下令营造寺塔5000余所。废学校、建庙宇这样的荒唐举动，恐怕也只有他才能做得出来吧。隋文帝晚年的这些助佛反儒的举动，最终还使得不少儒生后来都参加隋末民变！这不是把知识精英树作敌人，又推向别的敌人，还能是什么呢？再说，他的这些过激措施，和秦始皇的焚书坑儒又有什么本质不同呢？

虽然，有这么多矛盾之处，他又处于这种精神状态和复杂性格，有如此

多的局限性，但总体看来隋文帝仍不失为一位坚强和有成就的统治者。他酷爱工作，也会把大量文牍从大殿带回寝宫审批。从他的工作作风和他对政策、对法律、对儒生和官员的态度可以看出，他受了法家传统和佛教信仰两者兼而有之的强烈影响。因此，他的性格是多方面的，也不是一成不变的。其中，有些言行可以和传统的价值观、行为准则联系起来，有些可以用他生活的时代和社会环境来解释，有些涉及他追求最高权势的变态心理，有些则是他品质中特有的。

隋文帝有时对时局看得很透，所以他当机立断、成功地实施了改朝换代；但是他对自己的儿子们却缺乏深入的了解，他甚至不知道自己百年之后，究竟哪个儿子最能将自己的事业发扬光大？因此，他始终在为寻找最合适的接班人发愁，并且最终似乎也没有找到他庞大帝国的最佳守业者。

第二章

隋文帝巩固政权的斗争和大一统

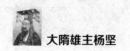

纷乱的时势

公元316年西晋灭亡以来，中国陷入了一个漫长的分裂时期。强大的西晋政权崩溃后，中国北方立即出现了政治权力的真空，这使得原先臣服于西晋的周边各族蜂拥而起。为了抢夺中原地区广袤而富庶的土地和不计其数的人口，匈奴、鲜卑、羯、氐、羌等族权贵纷至沓来，凭借自己的快马利刃，先后建立起了各式各样的政权。许多中原汉人，特别是上层人士纷纷南逃。隋朝统一前的270多年间，南方相对稳定、基本保持了局部统一，经历了东晋、宋、齐、梁、陈5个朝代的更替；北方，则乱成了一锅粥，先后出现过数十个政权，除了前秦、北魏和北周的短暂统一外，其余时间均有多个乃至十几个政权同时存在，令人眼花缭乱。

东晋十六国形势图

西晋政权倒台后，中原地区已经无法组织起统一而有效的军事抵抗。以农耕为业的汉民，也无法抵挡各族骑兵暴风骤雨般的冲击。那些互不统属、野心勃勃的异族统治者，在混乱而辽阔的中原大地肆意驰骋、逐鹿问鼎，制造了更大的混乱和动荡，以及骇人听闻的杀戮。劫掠财物和人口、圈占土地，是他们的共同目标。

但是，在弱肉强食的丛林法则下，这些志得意满的少数民族权贵，任谁也无法取得公认的正统地位。强大的皇权和中央政府被打破后，强权就是真理，实力就代表了一切。这样一来，战争就成了衡量"是非"的唯一途径。于是，无休止的战争经常会毫无征兆的爆发，神州大地狼烟四起，百姓苦不堪言。汉人的社会地位也是一降再降，贱视、歧视汉人的风气，在魏晋南北朝时期的北方极其盛行。甚至，与"汉"有关的词语很多也成为骂人的话语。据日本学者桑原骘藏所著的《历史上所见的南北中国》一书研究，"痴汉"、"汉子"、"卑劣汉"、"恶汉"、"无赖汉"等这些我们今天的一些习惯用语，在魏晋南北朝时都是带有侮辱汉人意味的贬义词。

在此后的一个多世纪中，北方屡次遭到异族争夺领土的激烈斗争的蹂躏。农民不断被征去服兵役和劳役，掠夺财物和屠杀居民之事屡见不鲜，种族内部的暴力和仇恨也成了北方独特的情况。在这个可怕的时代，有些留在北方的明智的士绅们，由于其能以擅长的政治和文学艺术才能，主动、乐意地为征服者们效劳而得以幸存。他们往往通过与异族统治精英通婚，学习他们的语言和采用他们的某些生活方式，来维系自己脆弱的地位。许多农民已处于半农奴的状态，并承受着横征暴敛的负担，好像所有人都在朝不保夕的环境中生活。但是，随着少数民族政权的巩固和汉族经济生产的恢复，到了5世纪后期，歧视汉人、抵制封建化就成了社会发展的严重障碍。为了稳固自己的统治，一些富有远见的少数民族统治者日益切身地感受到，吸收汉文化和重新整顿社会秩序的重要性。于是，开始通过封官、联姻等各种方式，积极拉拢汉族上层人士。以扩大自己政权的统治基础，实现国家的脱胎换骨和形象重塑。其中，北魏孝文帝拓跋宏所主持的改革，就是这一时期顺应历史潮流的变革的典型。

6世纪中期的中国，局势逐渐明朗。鲜卑人建立的北魏，通过一系列稳定局势、增强国力的措施，开始跃居地区性强国。继而消灭夏、北燕、北凉等政权，于太延五年（439年）统一了北方。那时的北魏，统治区域北至蒙古高原，西至今新疆东部，东北至辽西，南大致以淮河、秦岭为界与南朝相对峙。

孝文帝拓跋宏时代（471—499 年），全面的汉化措施开始推行：废除鲜卑族的迷信，而代之以汉人尊奉的信仰和习俗；参照南朝的典章，修改北魏政治制度；进行土地改革，实行均田制；恢复儒家思想为国教；禁止在宫廷使用鲜卑语；以汉服代替鲜卑服；改鲜卑姓为汉姓；鼓励鲜卑贵族与汉族豪门联姻。但所有措施中最重要的也许是，太和十七年（493 年）北魏从草原边境的故土（平城，今山西大同）迁都洛阳，因为这里才是充分反映中原王朝权力的圣地。经过一系列的改革后，鲜卑拓跋部的政治、经济、文化等方面得到了长足的发展，北方的民族融合也得到了加强。

但通往文明开化的道路绝对不会是一帆风顺的，而且鲜卑族的守旧势力

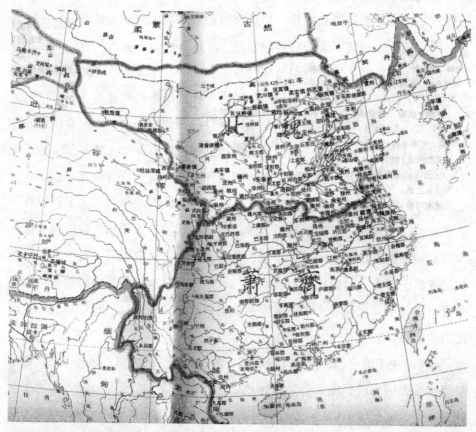

北魏和南朝萧齐的对峙

也在时刻警惕着这一趋向。虽然，孝文帝不惜于太和二十一年（497年）杀死了自己的嫡长子、太子，同时也是守旧势力的代言人——17岁的拓跋恂。但是，由于北魏政权的大部分高级职位和许多特权仍保留在鲜卑贵族之手；再加上北魏社会在传统上，向来对武艺和军功的重视，远远超过了文职和文学才能；百余年民族压迫所形成的根深蒂固的民族成见，也在这场脆弱的改革中不断激化。虽然汉化，已经是事关政权稳固的、不可阻挡的历史潮流。但在缺乏文化传统的鲜卑贵族眼里，看到的只是昔日被视为卑贱的汉人纷纷登上政坛；那些加强中央权力的措施，又使得他们的既得利益受到了损害。于是，孝文帝的这一系列汉化措施，在他死后（499年）便立刻引起了顽固派的强烈反应和反弹。一批依恋故土和祖制，并对洛阳的汉化政体深为不满的贵族，联合起来发动叛乱，这就是北魏末年著名的"六镇之乱"（523—525年）。"六镇之乱"又称"六镇起义"，六镇是指怀朔镇（今内蒙古固阳）、武川镇（今内蒙古武川西）、抚冥镇（今内蒙古四子王旗）、柔玄镇（今内蒙古兴和）、沃野镇（今内蒙古五原北）和怀荒镇（今河北张北）。这些军镇，原本是北魏为抵御北方柔然入侵和镇压人民起义而设置的，但是到北魏末年倒成了其政权崩溃的策源地。接下来，北魏发生了一连串的暴动和流血政变，中国北方在短暂的宁静后，又进入到了一个乱世。

挑起这场叛乱的人成分极其复杂，其主力是职业军人，他们是驻扎在长城一带的戍卒。这些戍卒说是军人，但实际和被流放的囚徒差不多。六镇贵族和将士的待遇，普遍低于迁到洛阳的新贵；其社会地位也急速下降，最后一场反对汉化的军民大起义便爆发了。这个复杂的集团，在怨恨情绪的推动下，于正光四年（523年）发动叛乱，但他们的领袖是匈奴人破六韩拔陵。孝昌四年（528年），在平乱战争中壮大起来的鲜卑贵族、北魏的车骑将军尔朱荣，在河阴（在今河南孟津东北）大肆屠杀北魏王族和1000多名汉族显贵，其中甚至还包括当朝胡太后，北魏政权由此完全失控。所幸，尔朱荣最终由于骄横跋扈，于永安三年（530年）被孝文帝的侄子孝庄帝元子攸（496年，北魏文帝拓跋宏将拓拔姓改为元姓）所杀。享年38岁的尔朱荣，身负卓越的

军事才能，但又因其暴行而在历史上骂名滚滚，向来被归入奸雄的行列。其后，他的部将高欢在一连串的政治暗杀和军事征伐中趁势崛起，并逐步实现了对北魏朝廷的操控。

高欢通过收编六镇余部和镇压青州（今山东青州）农民起义，实力不断增强，地位不断提升。同时，他又竭力调和胡汉关系，依靠鲜卑族和汉族的豪门大族，扩充政治实力。中兴二年（532年），高欢一举消灭了尔朱荣的残余势力，并拥立孝文帝的孙子、23岁的元修为帝。元修就是历史上的北魏孝武帝，高欢则以大丞相的身份完全把持了北魏朝政。永熙三年（534年），高欢又暗杀了控制陕西大部、河南西部的大军阀贺拔岳。贺拔岳的领地和军队，被他的部将宇文泰所继承。这一年的七月二十八日，元修由于不满高欢的专断跋扈而与其决裂，并趁高欢带兵从晋阳（今山西太原）南下时，带领部分人马从洛阳西奔长安，投靠了妹妹冯翊公主的未婚夫宇文泰。在高欢看来，元修出走对他没什么损失，不过是少了一个眼中钉而已。没过多久，高欢就以元修"弃国逃跑"为由而废黜了他的帝号，另找到了一位合适的代理人——孝文帝的曾孙、11岁的元善见，这就是历史上的东魏孝静帝。随后，高欢挟持孝静帝迁都到了邺城（今河北临漳）。有道是"天无二日，国无二君"，由于出现了两个自称正统的皇帝，北魏帝国在这一年正式分裂，这就是东魏（534—550年）和西魏（535—557年）。这两个政权的皇帝虽然名义上是都是元氏皇族，但控制权却在各自的权臣高欢和宇文泰手中，并且东、西两魏之间还不断地进行相互攻击。

高欢拥立孝静帝不过是玩弄权术，从而为自己的家族登上帝位铺路而已。他和宇文泰所设计的夺权历程都与曹操差不多，都是大权在握，积极为篡位做准备，但是他们有生之年都没有称帝。相比较而言，东魏的汉化程度要高于西魏。但是，由于高欢和他的继承者们都比较暴虐，因此东魏和后来的北齐，社会问题都显得更为突出一些：土地兼并问题严重，民族矛盾尖锐，统治集团内部矛盾重重，而且屡败于西魏。547年（东魏武定五年、西魏大统十三年）高欢病死，其地位由长子高澄所继承。3年后，聪明过人而又性格暴烈的高澄，意外地被自家的厨师兰京给刺死了，时年 29 岁。这时的孝静帝已经 27 岁了，他天真地以为高澄已死，自己终于可以亲政了。但高澄的弟弟高洋却没有耐心再玩这种"猫捉老鼠"的游戏了，他索性一不做二不休废黜了孝静帝，自己称帝。550 年五月，东魏灭亡，北齐建立，高洋就是历史上的北齐文宣帝，年号为"天保"。东魏只有短短的 16 年，并且只有一位皇帝——孝静帝元善见，但却有 4 个年号（天平、元象、兴和、武定）。元善见在禅位后的第二年，就被高洋派人毒死了。

逃到长安的元修，原本以为宇文泰作为自己的妹夫，一定会善待自己，自己也一定会过上几天安稳的好日子。谁料这竟是个奢侈的想法，宇文泰和高欢没什么两样，都是心狠手辣的野心家。就在元修抵达长安的 4 个月后（534年闰十月二十五日）他便被宇文泰以"淫及从姊妹，有伤风化"为由而处死。元修的个人生活确实糜烂，因为他最初是和高欢的长女结婚，夫妻间彼此都没有感情。于是，他竟然和自己的三个堂姊妹姘居，并将她们都封为公主。这种丑事当然有伤风化，但因此而杀死皇帝，却也是骇人听闻的。只能说是世道混乱，皇帝的性命也不值钱了。元修死后被宇文泰下令随便埋进草堂佛寺，十几年后才得以正式下葬。除掉元修后，宇文泰又拥立了孝文帝的另外一名孙子元宝炬为帝，他自己则总揽朝政。西魏由此建立，元宝炬也就是历史上的西魏文帝，年号"大统"。

宇文泰实际掌权长达 22 年，西魏在他的领导下，注重发展经济、进行军事

宇文泰（507—556 年），鲜卑族

改革、推崇儒学，国力日渐强大。他还采取了"和北攻南"的政策，交好北方的突厥和柔然，对南朝则采取攻势，先后进占了益州和荆、雍等地（今四川和长江中游的大部分地区）。几十年下来，西魏的经济逐渐恢复，人民安居乐业，而且在作战中多次大败东魏。556 年，宇文泰病死，其嫡长子（总排行第三）宇文觉继承了他的各项职务，但实权却操纵在了他的侄子宇文护手中。第二年，宇文护逼迫西魏恭帝拓跋廓（元宝炬第四子，554 年元氏皇族又恢复了拓跋的古老姓氏）禅让，由宇文觉称大周天王，建立了北周，定都长安（今陕西西安），宇文觉就是北周孝闵帝。生性刚毅果敢的宇文觉，对宇文护的专权跋扈深为不满，策动政变企图自己恢复天子的权威。岂料政变不成反被杀害，年仅 16 岁。可怜的宇文觉在位时间短暂，连个自己的年号还没有呢，就遭遇不测。接着宇文护又拥立了宇文觉的大哥宇文毓（yù），这就是北周明帝。3 年后，宇文毓被宇文护毒死。宇文护又拥立了宇文毓的四弟宇文邕，这就是历史上著名的北周武帝，年号"保定"。这样就使得宇文泰的 13 个儿子中，有 3 个（宇文觉、宇文毓、宇文邕）都做过皇帝，这也是历史上的一大奇观。宇文护把自己的几个堂兄弟几乎试了个遍，就想找到一个合乎自己"胃口"的代理人。不过他自己始终没有称帝，这也是个历史之谜。这世道真是太险恶了呀！强臣欺主的景象，一而再，再而三地频繁上演。

北周武帝宇文邕是位雄才大略的智者，他被稀里糊涂地扶上皇位时虽然年仅 17 岁，但他却知道如何争取权力，更知道如何保护自己。《周书·武帝本纪》记载，还在他小时候，父亲宇文泰就说过："成吾志者，必此儿也。"《周书·明帝本纪》也记载，他大哥北周明帝宇文毓遇害前也曾预言："能弘我周家，必此子也。"大智如愚的宇文邕表面上委曲求全，使宇文护放松对自己的戒心，实际上却一直在寻找机会铲除这个祸害。在隐忍了 12 年后，建德元年（572 年）三月宇文邕设下计谋处死了宇文护，正式重夺政权、临朝听政。这才是真正的君子报仇十年不晚啊！

此后北齐、北周两国为控制华北和统一北方，展开了生死斗争。几十年间，被阶级和财富差别激化的种族对抗在中国北方特别明显。战争、地方动乱和惨烈的屠杀，使汉人和鲜卑人都感到生命和财产危在旦夕。北周的宇文护专权毒辣固然不好，但他却真是有些治国才能的。在他执掌政权的15年间，继承了宇文泰富国强兵的政策，使北周政权更加巩固，国力日益强盛。北周武帝即位后，通过灭佛运动和其他各项社会改革，又为他的帝国积聚了大量的财富和劳动力，使其与北齐拉开了明显的差距。

北齐地处黄淮流域的大平原上，是6世纪中国生产力水平最高、最富饶的地区。其境内人口众多，当时几乎拥有中国人口的2/3。但正因为其经济水平较高，所以社会上层的生活非常奢侈，荒淫的暴君层出不穷。高洋的长子高殷自幼聪明而儒雅，但这却与其父的狂暴形成了鲜明对照。高洋怎么看这个儿子都不顺眼，就强迫他亲手斩杀囚犯，想借此让他凶狠起来。这样的家教令人瞠目结舌，哪有不教自己孩子学好的父母呢？这样的畸形教育，培养出来的不是暴君才怪！果然，北

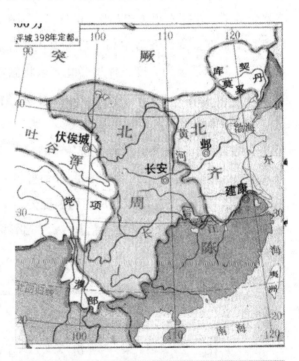

北齐、北周和陈的对峙（572年）

齐的历代君主一个比一个残暴、荒淫。在他们眼里，除了物欲、色欲和权力欲外一无所有。当人成了猎物，人的世界和动物世界就没有了明显的界限。一个王朝的皇帝和权贵都是如此，它的气数也就快尽了。这个短命而奇特的王朝是中国历史上口碑最差的王朝，被后人称为"禽兽王朝"。台湾学者柏杨则称，北齐的皇帝都患了"大头症"。就在北周宇文邕除掉权臣宇文护的这一年（572年），北齐也发生了一件大事——那就是北齐元勋、二十几年间多次

打败北周的大将斛律光，被齐后主高纬诱杀并诛灭九族。时年58岁的斛律光，终究没能死在戎马一生的沙场上，而是在朝廷的内讧中含恨而终。高纬这种自毁长城的愚蠢行为，很快就会遭到报应的。北周是在传递正能量，北齐则是搬起石头狠狠地砸自己的脚，这种效果很快就能见分晓。

就是在这样的情况下，洞悉时局的宇文邕决定御驾亲征，一举完成统一北方的大业。在宿敌北周的猛烈攻击下，纸醉金迷、腐败透顶的北齐很快就岌岌可危了。建德六年（577年）正月，北周军攻入北齐都城邺城，北齐王公以下官员全部投降，齐后主高纬带着100多名亲信仓皇向东逃窜。做了胜利者的宇文邕倒是极为大度，他追赠北齐名将斛律光为上柱国、崇国公，并指着诏书说："此人若在，朕岂能至邺！"不知道惶惶如丧家之犬的高纬，听到这段话该做何感想？！

逃跑的路上，高纬慌忙将皇位传于自己8岁的儿子高恒，然后带着高恒等人准备投降南方的陈朝。但他们刚逃到青州（今山东青州），就被追击的周军俘虏了。被俘后的高纬被北周封为温国公，不久便被诬陷"谋反"而赐死，终年21岁。二月，周军又攻下信都（今河北冀州），生擒了北齐的任成王高

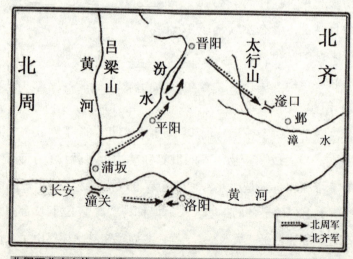

北周灭北齐之战示意图

湝、广宁王高孝珩等。随后，宇文邕又派军平定了东部各地的反抗势力。北齐灭亡，北周统一了中国北方。

北周帝国统一了北方之后，下一个目标当然是统一全国。但不幸的是，上天并没有给宇文邕和他的帝国成就这番功业的机会。在统一北方的第二年宇文邕溘然病逝，皇位由他的荒唐儿子宇文赟（yūn）继承。因为宇文邕已经统一了北方，这倒是给他的亲家杨坚省了不少事，这恐怕就是传说中的"为他人作嫁衣裳"吧。那么这个杨坚又是什么来头呢？宇文邕为北周开创的大好局面，又为什么会转瞬即逝呢？

巩固胜利成果

如果将宇文泰、独孤信、杨忠等人看作是北周创业集团的第一代人物，那么杨坚就算是第二代。杨坚充分利用了北周皇帝的失误、统治集团内部的矛盾和良好的内外形势，从权力中枢发动了宫廷政变。从历史的发展趋势来看，以杨坚为首的新政权将逐步推动中国走出分裂动荡，步入统一和繁荣昌盛。但是，由于胜利来得太过容易，也使它继承了一些旧王朝的弊病，从而不得不在巩固政权时，付出沉重的代价。杨坚掌权后，当务之急就是要牢牢地控制京师、控制朝政。这既是"挟天子以令诸侯"的需要，又能为自己营建稳固的根据地，从而为改朝换代搭桥铺路。而要想完全掌握国家机器，他就不仅要尽快组建自己的领导班子，而且还要从速清除异己、镇压反抗势力。

从西魏到北周，宇文家族对这个帝国已经有了数十年的苦心经营。再加上宇文泰、宇文护、宇文邕等杰出的家族领袖和政治首脑，进行了强力的引导与培植。因此，杨坚初掌大权时，在北周朝野仍有一些实力派拥护正统的宇文氏小皇帝，而并不买杨坚的账，就更别提拥护什么改朝换代了。所以，代周自立前后，杨坚要巩固自己的胜利成果、实现对朝野的全面控制，绝非一朝一夕所能够实现的。在一系列的"反叛"（这个问题要看你站在谁的立场上看了）当中，最令杨坚头疼的就是北周老将尉迟迥的军事对抗和宇文家族中的少壮派了。

杨坚以外戚身份当上右大丞相、控制了北周的朝政以后，就开始了篡夺北周大权的计划。但这个计划却引起了一些北周老臣的嫉妒、不满乃至武装反抗，首先高举反旗的就是北周的相州（今河南安阳，属于原北齐故都邺城）总管尉迟迥。他所采取的军事行动，史称"尉迟迥之乱"。尉迟迥（516—580年），代地（今山西大同东北）人，鲜卑族，是西魏、北周时期文武双全的猛将。他还是北周奠基人宇文泰的外甥，其母为宇文泰的姐姐、昌乐大长公主，其妻为西魏文帝元宝炬之女金明公主，其孙女是宇文赟的五位皇后之一——天左大皇后尉迟炽繁。其真可谓出身豪门，尊贵无比。并且，尉迟迥能征善战，乐善好施、爱兵如子，在军队中享有崇高威望，宇文家族历代皇帝对他也都十分信任。西魏时（553年），他曾奉命入蜀平定南朝萧梁的萧纪，为西魏征服了四川。因功被任命为大都督，统领益、潼等十八个州的军事，并奉命镇守蜀地。北周初年，他被拜为柱国大将军、蜀国公。武成元年（559年），北周宣帝宇文毓即位后，他曾出任四辅臣之首的大前疑。后来又出任相州总管，为北周镇守华北要地。

在尉迟迥看来，自己无论从军功、资历还是声望上看，都要远在杨坚之上。凭什么非得是他杨坚辅政呢？尉迟迥这边是越想越不服气，那边他的妻子王氏也在使劲地给他打气。更何况京城长安也很快传来了对他不利的消息，杨坚很可能要设计除掉自己，而这还真不是空穴来风。杨坚深知一些前朝旧臣，不会与自己同心同德。为防止其叛乱，他于大象二年（580年）五月二十七日派亲信、也是当世名将韦孝宽，来取代尉迟迥的职务。更令尉迟迥恼怒的是，杨坚派来传旨的使者破六韩衰竟然给相州总管府长史（相当于尉迟迥的秘书长）晋昶带来密信，让其做内应，以防不测。65岁的老将尉迟迥把前前后后的情况了梳理一下，简直肺都快要气炸了，再不动手就只能坐以待毙了。于是，赶在韦孝宽到任以前，雷厉风行的尉迟迥便先杀了朝廷的使臣，并于六月十二日召集手下将士誓师造反。尉迟迥声称，他作为宇文氏的亲戚和忠仆，将肩负先皇和列祖列宗赋予的神圣使命，从野心家杨坚的手中拯救大周王朝。

《周书·尉迟迥传》记载，尉迟迥登上北门城楼对将士们讲道："杨坚以凡庸之才，藉后父之势，挟幼主而令天下，威福自己，赏罚无章，不臣之迹，暴于行路。吾居将相，与国舅甥，同休共戚，义由一体。先帝处吾于此，本欲寄以安危。今欲与卿等纠合义勇，匡国庇人，进可以享荣名，退可以终臣节。卿等以为何如？"（杨坚以平庸之才，借皇后父亲的权势，挟制幼主，号令天下，作威作福，赏罚不分，其背叛君主的行迹，已暴露无遗。我身为将相，与君主有舅甥之亲，同甘共苦，本应一体。先帝把我任命到这里，本来就寄托着安危大计。如今打算与各位集合义士，匡复国家，保护百姓，进可享受荣华名望，退可保全为臣节操。各位认为怎样？）在他的疾呼下，当时现场一片沸腾、士气高涨；在他的精心鼓动下，将士们都想跟随他们的将军再建新功，赢个封妻荫子。于是，尉迟迥自称大总管，并设置官府。当时赵王宇文招已经入朝，留下小儿子宇文干铿在这里，尉迟迥就拥戴他以号令天下。尉迟迥的侄子尉迟勤当时任青州总管，也听命于他。尉迟迥所管辖的相、卫、黎、毛、洺、贝、赵、冀、瀛、沧各州，尉迟勤所管辖的青、胶、光、莒各州，全都跟随尉迟迥起事，拥有军队数十万。有些仍然拥护北周的将领也在各地响应尉迟迥，如荥州（今河南荥阳）的宇文胄，建州的石荟孙心，沛郡（今安徽淮北）的席毗罗，兖州的席毗罗的弟弟叉罗等。尉迟迥又向北交结北齐残余势力高宝宁，还积极联络突厥；向南联络陈国，请求其出兵援助，并将儿子送到陈朝作人质，甚至答应事成之后割让长江、淮河一带的土地。真是"为成大事不择手段"啊！干出如此丧权辱国的勾当，他还敢提"匡扶周室"，不知北周武帝宇文邕在九泉之下会做何感想？

尉迟迥起事后，杨坚所面临的形势一下子就严峻了起来。尉迟迥的地盘处于华北平原的心脏，他在那里能够动用的资源是惊人的。并且在地方强大的门阀氏族中，他还有一批强有力的或潜在的追随者，因而事态一步步扩大。北周的一些封疆大吏中也在观望中，走向了和杨坚实际领导的中央政府对抗的道路。七月二十五日，郧州（yún，今湖北安陆）总管、小皇帝宇文阐的岳父司马消难对尉迟迥进行声援，要共举勤王大业。八月初七，益州（今四川成都）总管王谦也凭借他管辖下的 18 个州起兵。豫州（今河南汝南）、襄州（今湖北襄阳）、荆州等地的少数民族，也乘机作乱。但也有不少不响应尉迟迥的地方总管，例如幽州（今北京）总管于翼就不仅拒绝起兵响应，而且倒向了杨坚，从而截断了尉迟迥与北方各民族的联系。徐州总管源雄也对尉迟迥的号召不予理睬，并且出兵击退了陈朝毕义绪、曹孝达等部的进攻。亳州总管贺若谊则出兵消灭了叛乱的申州（今河南信阳）刺史李惠，从而割断了尉迟迥和司马消难所部的联系。利州（今四川广元）总管豆卢勣（jì，后为杨坚第五子杨谅的岳父）坚守本州，阻挡了王谦的北进，也为杨坚大军进入四川敞开了道路。

杨坚的确被人步步紧逼，但他却掌握了几个相当有利的条件：

其一，他占据的关中平原长期以来是远征的跳板，兵精粮足、雄关漫道，进可攻退可守。

其二，他掌控着北周朝廷，既可以借用皇帝的名义、中央的名义平叛，又可以调动全国的物资和兵源。并且，在他的统一领导下，中央政府的军队目标明确、保障有力。

其三，尉迟迥等人只有地方的少数追随者，且各怀鬼胎，缺乏协调作战的战略和机制。

平叛战争首先是一场政治战，而非军事战。这场叛乱对杨坚是一次重大的考验，很多支持他的人都为其捏了一把汗。然而，他却胸有成竹、料敌先机，迅速控制了京师重地，又通过各种手段对李、于、窦、韦、宇文、王、梁、杨等关陇河东的豪门大族进行拉拢，牢牢地控制了关中和河东（今山西）地区。从而，抓住了赢得全局胜利的关键。这种政治远见和娴熟的斗争技巧，都是他领袖气质的自然流露，也是尉迟迥所没有的。未经交手，胜负好似已见端倪。

在那个政权更迭频繁的时代，老百姓与普通士兵和北周朝廷都没什么特殊感情。他们只想过上平静安稳的日子，又怎会轻易就为几个意气用事的老将军卖命呢？所以，尉迟迥等人提出的"匡扶周室"的空洞口号，实在很难得到朝野上下全面的响应。更何况，人们凭什么相信这些提出号召的人，就是出自公心要匡扶天下正义，而不是为了实现自己个人的野心呢？再说，谁能肯定北周就是代表正义和人民的利益呢？它的种种暴行，天下臣民都已经领教过了。因此，在这场平叛的过程中，除了尉迟迥是拼了命的和中央军过招外，其他战场几乎都是"秋风扫落叶"。

六月初十，杨坚派韦孝宽为行军元帅讨伐尉迟迥。六月二十六日，又任命老将梁睿为行军元帅讨伐王谦。七月十六日，又命杨素领兵讨伐宇文胄。七月二十五日，派王谊领兵讨伐司马消难。紧接着，杨坚又任命韦世康为绛州（今山西新绛）总管，以保卫关中的安全。韦孝宽所部进发到武陟（今河南武陟）后，与盘踞武德郡（今河南沁阳东南）的尉迟迥之子尉迟惇所部 10 万人隔着沁河对峙。杨坚帝又派智囊高颎（jiǒng），前来督战和助威。尉迟惇布阵 20 里，指挥军队稍向后退，想等韦孝宽军渡过一半时再发动进攻。韦孝宽乘对方后退之机，鸣鼓齐进，尉迟惇大败。韦孝宽所部乘胜追击，一路抵达邺城城下。八月十七日，尉迟迥与儿子尉迟惇、尉迟祐又出动全部兵力共 13 万人，在城南列阵。尉迟迥另外统领 1 万人，全都头戴绿巾，身穿锦袄，号称"黄龙兵"。尉迟勤率兵 5 万从青州赴援，其 3000 骑兵率先赶到。尉迟迥久经战阵，虽然年迈但仍穿着甲胄上阵。他部下的士兵，都是关中人，作战勇猛异常。韦孝宽等人初战不利，只能后退。但邺城的男女百姓前去观战的有数万人，聚成了一道人墙。韦孝宽军行军总管宇文忻说："事急矣！吾当以诡道破之。"于是先朝围观的民众射箭，民众四散逃亡，冲散了尉迟迥军的阵形，惊叫之声震天动地，场面十分混乱。宇文忻又传令士兵齐声高呼："贼败矣！"于是，韦孝宽部的士气再次高涨，趁着对方大乱猛烈攻击。尉迟迥军大败，退保邺城，韦孝宽部将其团团包围。韦孝宽的部将梁士彦率先攻破北门进城，尉迟迥见大势已去自杀身亡。尉迟勤、尉迟惇等向东逃跑，也被追兵所杀，山东各地叛乱相继被镇压。其余部众，1个多月以后都被处死。

尉迟迥被杀10天后，郧州总管司马消难连夜南逃，而且竟然带着他管辖下的九州八镇直接投靠了陈朝。杨素攻克荣州（今四川荣县），宇文胄在逃亡的路上被追兵所杀。十月，梁睿率领步骑20万进讨王谦，王谦命属下据险而守。但梁睿连战连克，势不可挡。王谦派部将达奚惎、高阿那肱、乙弗虔等率军10万进攻利州（今四川广元），并掘开江水灌城。利州城中士兵不过2000，但总管豆卢勣昼夜督战，成功抵抗敌军40天。等到梁睿援军抵达，叛军退兵，梁睿所部进逼成都。叛军战败，叛将达奚惎、乙弗虔打开城门投降。狼狈不堪的王谦带着麾下30名亲兵逃往新都（今四川成都北），但被当地县令王宝捉拿。十月二十八日，梁睿处决了王谦和高阿那肱，四川平定。至此，这场由尉迟迥起兵引发的叛乱终于被平息，历时68天。

尉迟迥之乱是杨坚即位前的关键一战，这一战的胜利大大加快了他改朝换代的步伐。历史学家通常把尉迟迥的失败，归咎于其主要参谋的无能和他起用前北齐将领的败笔。而事实上，这次叛乱既得不到官僚阶层的支持，也得不到民众的支持。而且北周经历宣帝宇文赟的暴政之后，已经失去了以往的号召力和凝聚力。而中原百姓，也对新的鲜卑征服者没什么特殊的感情。所以，尉迟迥的失败是注定的。北周时汉人大量进入军队，到后期北周的将领

唐朝书法家蔡有邻的《尉迟迥庙碑》（局部）

更是以汉人居多，政治实权也转移到汉人手中。这种力量对比和政治态势的转变已经完成，杨坚的崛起也就是水到渠成、顺理成章的事情了。杨坚得到这两批汉人文武官员的支持，是其成功代周的关键。十一月二十五日，一代将星韦孝宽去世。当代历史学家韩升先生认为："他（韦孝宽）以生命中的最后一搏，完成了为新王朝鸣锣开道的使命。也许没有人认识到，他的去世暗示着一个时代的结束，而崭新的王朝已经出现在地平线上。"这句评论很准确，北周鲜卑人集团再也组织不起有力的抵抗了，接下来神州大地固有的统治秩序和文化传承将逐渐被恢复。

南北朝时期，基本上每一次王朝更替，都伴随着对前代皇族的"大清洗"。甚至同一个王朝内的皇位继承，也经常伴随着杀戮。父子兄弟、叔侄亲人之间的骨肉相残，频率之高、手段之残忍，都是司空见惯而又让人不寒而栗的。《宋书·孝武十四王传》记载，南朝刘宋的始平王刘子鸾在受死前，就曾发誓"愿身不复生王家"（生生世世不再生于皇家）。这一幕幕的人伦悲剧不间断的上演，每每让人耳不忍闻、目不忍睹。那个时代，父子兄弟之间尚且如此，那翁婿之间就更少情分可言了。杨坚当政后，对女婿的子侄兄弟真可谓斩尽杀绝。

杨坚掌控了北周的军政大权后，立刻致力于稳定政局，他迅速建立了新的领导班子，吸收了一批有才干的人。然后，他很快就向威胁他地位的宗室各王展开了凌厉的攻势。他效法宇文皇族当初屠杀西魏元姓皇族的前例，对宇文皇族进行多次屠杀，极力排除其势力。北周宣帝宇文赟刚刚去世时，他的弟弟、汉王宇文赞在朝中任上柱国、右大丞相，和杨坚的地位不相上下，是其掌权的一大障碍。但宇文赞却只是个荒淫好色的家伙，对政治谋略一窍不通。为保证自己的政令统一，杨坚便派心腹刘昉对他说："你不必再这样劳累地参与政事。以后皇位肯定是你的，你只管回家等着就行了。"宇文赞一来年轻，二来也没什么谋略，就轻易地相信了这番鬼话。后来的实际情况是，宇文赞"裸退"后没多久，他的厄运就来了。几个月后（581 年），宇文赞和他的儿子宇文道德、宇文道智、宇文道义等，均被杨坚秘密处死。可怜的宇文赟还在想着皇位的美事呢，结果连全家人的脑袋都给等丢了。杨坚能给他的没有"免费的午餐"，只有血淋淋的屠刀。

除掉了碍事的汉王宇文赞，宇文氏皇族里已经成年而且在地方有些势力的还有6个王。他们是：赵王宇文招、陈王宇文纯、越王宇文盛、代王宇文达、滕王宇文逌（yōu）、毕王宇文贤等。其中前5人是宇文泰的儿子，宇文贤则是宇文泰的嫡长孙（即周明帝宇文毓的长子）。这几位都是比较有见识的亲王，并都有一定的功业，属于是硕果仅存、鹤立鸡群式的人物。也正因为如此，宇文赟当政时对其就甚为忌惮，老早就把他们远远地打发到了封地上。现在，他们当然又成了杨坚的眼中钉。如果他们联合起兵，杨坚还是很难对付的，因为他们的号召力和破坏力都要比尉迟迥大得多。因此杨坚是绝对不会给他们那样的机会的，为防止其在外尾大不掉甚或反叛，就必须对其"先下手为强"。

这几个王的封国除了滕国在今河南新野，其余都在原北齐境内。等他们听闻皇帝宇文赟去世的消息，捧着杨坚签发的假诏书星夜赶回长安奔丧时，已经到了大象二年（580年）的六月初四。这时已经半个多月过去了，杨坚早就完全控制了京城的局面。他们无异于羊入虎口，兵权和印信被收缴，也是无可奈何。3天后，大部分宇文赟的嫔妃被迫削发为尼，只有皇太后和杨坚之女被赦免。然而，这些北周亲王也不是省油的灯，他们看到大权旁落都恨得咬牙切齿。于是他们上下奔走、积极串联，发誓要捍卫危如累卵的宇文氏政权。然而，他们低估了政治斗争的残酷性和杨坚的智慧。其实自从他们进京时起，就已经处于杨坚的严密监视之中了。果不其然，六月初十杨坚以"谋害执政"的罪名，处死了毕王宇文贤全家，给其他五王来了个下马威。接下来，杨坚要将他们玩弄于股掌之上，再各个击破。七月二十六日，杨坚突然造访赵王府。两天后，赵王宇文招、越王宇文盛两家便被以"刺杀执政未遂罪"满门抄斩。入冬以后，随着各地叛乱的平定，杨坚便更加肆无忌惮了。他竟然懒得再去费脑子，就以相同的罪名于十月初十和十二月二十日，又处决了陈王宇文纯、代王宇文达和滕王宇文逌三家。

这几起惊天而又荒诞"刺杀未遂案",显然都是杨坚为巩固权势而制造的冤案。在这一连串的事件中最关键的是,杨坚造访赵王府。但是,从历史记载来看,有明显的矛盾之处和罗织罪名的痕迹。《周书·赵僭王传》《隋书·元胄传》等都记载,杨坚当时是被赵王邀请到他的寝室喝酒的。但问题是,当时各地叛乱此起彼伏,杨坚整日要忙于军国大事,哪有闲工夫和一个没什么交情却有仇恨的人饮酒作乐呢?!《隋书·高祖本纪》倒是记载得极为详细:"五王阴谋滋甚,高祖赍酒肴以造赵王第,欲观所为。赵王伏甲以宴高祖,高祖几危,赖元胄以济。"赵王宇文招、滕王宇文逌企图密谋暗杀杨坚,于是把杨坚邀请到寝室饮宴。宇文招命儿子宇文员、宇文贯以及王妃弟弟的鲁封等身带佩刀站在左右,帷席之间都暗藏了兵器,在室后埋伏了壮士打算乘势刺杀杨坚。不料,在杨坚身边心腹元胄破门而入的掩护下,谋杀没能成功。但这种说法也有明显的硬伤:杨坚既然主动要到赵王府观察五王的作为,又怎么会毫无戒备呢?并且当时在场的是滕王宇文逌,为什么事后要株连无辜的越王宇文盛呢?看来这个所谓的惊心动魄的故事,只是对"鸿门宴"的简单仿写罢了。

开皇元年(581年)二月十九日,已经登基的杨坚再次挥舞屠刀大开杀戒,把北周宇文皇族的子嗣全部屠杀。儒臣李德林一再规劝,却遭到杨坚一句"君书生,不足与议此!"于是,北周太祖宇文泰的孙儿谯国公宇文干恽、冀国公宇文绚,北周闵帝宇文觉的孙子纪国公宇文湜(shí),北周明帝宇文毓的儿子酆国公宇文贞、宋国公宇文寔(shí),北周武帝宇文邕的儿子秦国公宇文贽、曹国公宇文允、道国公宇文充、蔡国公宇文兑、荆国公宇文元,北周宣帝宇文赟的儿子莱国公宇文衍、郢国公宇文术等13人都被处死。并且,这次屠杀事件距宇文阐禅位才刚刚过去6天!杨坚竟是如此的急不可耐啊,文采飞扬、温文尔雅的禅位诏书墨迹未干,杨坚对善待宇文皇室的承诺就食言而肥了。恐怕,这就是政治的丑恶和人性的弱点吧。两个多月后的五月初九,杨坚又暗中派人杀死了已经退位的介国公宇文阐(年仅9岁),之后又假惺惺的表示"大为震惊",并对这个无辜的孩子进行了隆重地悼念和安葬。北

周宗室势力被消除后，杨坚的皇帝之路平坦了许多。

在此前后，还有一件事也很值得玩味。杨坚等人秘不发丧和假传圣旨的主张，最初被颜之仪（著名的《颜氏家训》的作者颜之推的兄长）反对。颜氏家族清正廉洁，深受各朝赏识与重用，北齐亡后归属北周仍不失高位。刘昉自知不能使其屈服就代他签字，结果北周各王在接到假诏书返京后，军权就完全被杨坚控制。其后，杨坚向颜之仪索取皇帝的符节和玉玺，又遭拒绝。杨坚大怒，便想杀了颜之仪，只是顾虑到他在民间声望很高，便把他贬到西边当郡守。这件事既显示了颜之仪的气节，又反映了杨坚的些许无奈，他总不能把所有对他有些意见或怨气的人都杀光吧。其中，深层次的原因还在于，琅琊颜氏家族是久负盛名的望族，并且一介文人颜之仪也不能对杨坚的统治造成威胁罢了，否则任谁也难逃厄运。

总之，经过打与拉两手策略的较量，杨坚用了不到 1 年的时间，终于解除了中央和地方的反对势力，彻底控制了北周的政权，做皇帝仅仅是一个时间和形式的问题了。从他专政到称帝，前后不过 10 个月时间，因此清代学者赵翼才会在《廿二史札记》中感慨道："古来得天下之易，未有如隋文帝者，以妇翁之亲，安坐而登帝位。"然而隋朝建立后，周边的形势还是不容乐观：南陈是宿敌，北方的突厥虎视眈眈。宇文邕死在了征伐突厥的路上，这个历史的重担也就必然地落在了同样雄才大略的杨坚（他已称帝，后文我们就按惯例称其为隋文帝吧）身上。

隋初和突厥的战争与和平

千百年来，蒙古高原一直是游牧民族生活和活动的历史舞台。很多少数民族都是在这个后台"化好妆"后，走到了中国历史的前台进行表演。现代历史学家翦伯赞先生在《内蒙访古》中写道："这些游牧民族一个跟着一个进入这个地区，走上历史舞台，又一个跟着一个从这个地区消逝，退出历史舞台。这些相继或同时出现于内蒙地区的游牧民族，他们像鹰一样从历史上掠过，最大多数飞得无影无踪。"

一旦落后的民族得到亮相的机会而逐鹿中原，便造成草原大漠权力的空虚。就会有一支或几支原本更加落后野蛮的民族，来填补这个空缺。犬戎、匈奴、鲜卑、柔然、突厥、回纥、契丹、女真、蒙古等等，都是你方唱罢我登场，甚至你还未唱罢我就想登场。一个游牧民族学习中原地区先进的文化和制度后融入中华民族，其在北方草原的霸主地位就会被更落后的民族所取代。然后，落后的民族又会南下袭扰，几经较量再融合。如此这般，周而复始，中原政权真是难得消停。就是在这样的演进与更替中，更多的新鲜血液补充了进来，推动了历史的发展和社会的进步，我们的文化更加丰富，文明也更加灿烂。因此放眼看去，你现在是找不着秦汉以来所谓正宗的"汉人"了。自你我先祖的时候起，随着历史的变幻，我们的身体里早就流淌着多民族的血液了。话虽如此，但是如何妥善处理与周边少数民族关系？中原强大的时候还好说，至少掌握较大主动权。但中原地区处于劣势时，边患问题就更加棘手了。这也是对统治者的政治智慧的重大考验与挑战。

突厥是今天中亚民族的主要成分之一。其本是北亚游牧民族，他们的祖先应该带有塞种及匈奴的血统。塞族人，也称塞人、尖帽塞人或萨迦人。据《北史·突厥传》记载："突厥者，其先居西海之右，独为部落，盖匈奴之别种也。又曰突厥之先，出于索国，在匈奴之北。"《周书·异域传》记载，突厥"居金山（即阿尔泰山）之阳……金山形似兜鍪，其俗谓兜鍪为'突厥'，遂因以为号焉。"也就是说，突厥人的祖先来自于咸海一带，是戴尖帽的塞族人，是匈奴的一支。南北朝时由叶尼塞河南迁今天新疆的博格达山。5世纪中叶，突厥依附于强大的柔然，给他们打铁为其炼铁奴。迁徙到金山南麓（今新疆阿尔泰山）后，因金山的形状像战盔（兜鍪〈móu〉，俗称突厥），所以便以此命名自己的部落。

6世纪时，突厥在首领阿史那土门的统治下，向西魏进贡。后来又合并了铁勒部5万余户，实力日益壮大。柔然本来已经够厉害了，北魏皇帝一连几次御驾亲征，都没能把柔然怎么样，更谈不上取得什么决定性的胜利，但更厉害的还在后边呢。突厥于552年大败强敌柔然汗国，势力迅速扩展至整个蒙古高原，在鄂尔浑河流域建立起了以漠北为中心的突厥汗国，阿史那土门称伊利可汗。555年，伊利可汗的儿子木杆可汗又大举进攻柔然汗国，柔然兵团溃散，其可汗郁久闾邓叔子，投奔当时的西魏。木杆可汗向西魏施用压力，坚持索取郁久闾邓叔子的人头。迫于突厥强大的军力，西魏丞相宇文泰不得不对其表示臣服，并将郁久闾邓叔子以及随他一起投降的部属共3000人，交给了突厥使节。很快，这些人就在长安城外全部被突厥使节屠杀，立国154年的柔然汗国就此灭亡。此后突厥汗国几经扩张实力更加雄厚，其控制的区域极为辽阔，势力最强盛时疆域东到外兴安岭，西到咸海，北到今贝加尔湖，南临阿姆河。甚至唐朝初年，还在给突厥进贡呢。

突厥骁勇善战，全民皆兵，能上马作战的士兵约有百万。人人以战死为荣，骑兵战术以高速的运动战为显著特色，常常使包括汉族在内的其他各族闻风丧胆。东北的室韦、契丹，西北的吐谷浑、高昌等国都被它打怕了，服服帖帖地拜倒在突厥大可汗的脚下。其给中原汉人留下印象最深的，就是它那支来去如风、骁勇善战的骑兵部队。这支骑兵往往能以寡敌众，令对手不寒而栗。由于不习水性，突厥骑兵往往在冬季河水结冰之后向南进犯。而且，刚刚经过秋季膘肥马壮，正是骑兵出击的好时节。同时，塞北隆冬季节，天寒地冻，草枯泉涸，通过掠夺南边的农业地区，也好解决草原上人畜的生存问题。总之，无论是装备水平还是战术素养，突厥骑兵在当时都是非常先进的，进犯中原也是经常性的、轻而易举的。以至于，东突厥的毗伽可汗十分自豪地宣称："我父汗的军队像狼一样勇猛，而他的敌人都如同羊。"

随着突厥由原始民主制向奴隶制过渡，突厥贵族不断南下掠夺中原王朝的人口和财富，与当时北齐、北周政权时战时和。北齐与北周政权并立的时代，双方均威慑于突厥汗国强大的军事实力，也互相为了消灭对方，争先恐后地向这个强大的"打铁匠"（突厥人曾经为柔然贵族锻造铁器，因此被称为"锻奴"）纳贡、送美女，以换取其支持或中立。所以，木杆可汗骄傲地说："我在南方有两个孝顺儿子，我想要什么，他们就会送什么。"隋王朝统一中国后，仍不能马上摆脱它的威胁。突厥在此后的数十年中，都是关乎中原政局和帝国命运的重要平衡性力量。突厥则常常借机以和平或战争手段，获得大量的经济利益。隋朝刚建立，突厥就趁其立足未稳发起大举进攻，准备给隋文帝来个下马威。但隋文帝毕竟是一代雄主，他运筹帷幄、冷静处置，综合运用军事、政治、和亲等多种手段，对其进行分化瓦解。

突厥固然强大，但也存在致命的内在问题。突厥汗国缺乏中原王朝那样的中央集权体制，汗国元首可以称可汗，其他大部落的酋长也称可汗。因此，在汗国之内经常同时存在着两个或多个可汗。即便有一个大可汗，他的地位也是不稳固的，更不是独尊的、唯一的。因而，突厥经常会不可避免地发生内斗，并且最终因内斗太多而导致汗国瓦解。突厥汗国立国后不久，这种意料之中的内斗就接连不断地发生了。隋朝初年突厥分为5部，并且各有各的可汗。其分别为：阿史那摄图称沙钵略可汗、阿史那毗罗称第二可汗、阿史那大逻便称阿波可汗、阿史那玷厥称达头可汗、步离可汗。各汗分居四面，而以沙钵略可汗最为强大。隋文帝取代北周建立隋朝以后，对待突厥的礼数日渐轻薄。于是突厥各部的心理落差增大，

突厥骑兵回身反射图

加之得到的财物也大为减少，因而怨恨隋朝。并且，突厥沙钵略可汗的妻子是北周才貌双全的千金公主，也是北周赵王宇文招之女。换句话说，隋文帝正是千金公主的杀父、灭国的仇人。正所谓"杀父之仇不共戴天"，因此千金公主多次劝沙钵略可汗出兵，为周室、为父亲报仇雪恨。就这样，双方的战争开始了。

开皇元年（581年），突厥沙钵略可汗勾结盘踞在营州（今辽宁朝阳）的北齐残余势力高宝宁合兵进犯隋朝。隋文帝命令边境部队修筑堡垒加固长城，并派上柱国阴寿率兵屯驻幽州（今北京），京兆尹虞庆则率兵屯驻并州（今山西太原），太子杨勇驻军咸阳，以防备突厥。

开皇二年（582年），隋朝大将韩僧寿和上柱国李充大败突厥军队。五月，高宝宁引导突厥人袭击平州（今河北卢龙），突厥"五大可汗"40万大军联兵攻入长城以南，形势十分危急。六月，隋朝上柱国李光在马邑（今山西朔州）大败突厥兵。随后，突厥进犯兰州，又被隋将贺娄子干打败。隋将达奚长儒与沙钵略可汗交战，隋军以3000人对抗突厥10余万大军。隋军顽强抵抗，双方连续激战3天，作战14次。隋军的武器用光了，就用拳头相拼，有的士兵手上的骨头都露出来了。这场恶战斩杀突厥兵1万余人，隋军也损失十之七八，最终突厥人撤军而回。不久，突厥在临洮（今甘肃临洮）、幽州（今陕西彬县南）等地打败了隋军柱国冯昱、上柱国李崇、兰州总管叱李长叉等部，而后纵兵深入。大肆劫掠武威、金城（今甘肃兰州）、天水、安定（今甘肃泾川县北）、上郡（今陕西富县）、弘化（今甘肃庆阳）、延安（今陕西延安东北）等郡，牲畜都被洗劫一空。沙钵略可汗还想继续南进，但其叔父达头可汗不从，并径自单独撤军。《隋书·长孙晟传》记载：隋将长孙晟早就知道摄图、玷厥、阿波、突利等叔侄兄弟各统强兵，都号称可汗，表面看起来似乎是铁板一块，实际上内怀猜忌。对他们难以力征，但容易离间。于是，长孙晟便乘势用计，让沙钵略可汗的侄子染干无比真切地告诉他了一个绝对"莫须有"的消息："铁勒（居住在突厥以北的游牧部族）等反，欲袭其牙帐（即突厥汗国的首都）"。沙钵略可汗唯恐老巢有失，于是也赶紧撤兵。

　　开皇三年（583 年）四月，隋文帝乘突厥内部矛盾加剧与灾荒严重之机，命卫王杨爽、河间王杨弘、上柱国豆卢勤、秦州总管窦荣定等共同为行军元帅，率军分道反击突厥。五月，窦荣定率 3 万人马经凉州（今甘肃武威）道，在高越原（今甘肃民勤西北）多次击败阿波可汗军。《隋书·长孙晟传》记载，窦荣定的偏将长孙晟，乘机离间突厥。他派人对阿波可汗说："摄图每来，战皆大胜。阿波才入，便即致败，此乃突厥之耻，岂不内愧于心乎？且摄图之与阿波，兵势本敌。今摄图日胜，为众所崇，阿波不利，为国生辱。摄图必当因以罪归于阿波，成其凤计，灭北牙矣。愿自量度，能御之乎"（摄图每次来打仗，都获得很大的胜利。阿波才到内地，就被打败了。这是突厥人的耻辱，难道你心里不惭愧吗？而且摄图与阿波，兵力本来差不多。现在摄图天天取胜，被众人推崇，阿波出师不利，为国家带来耻辱。摄图肯定会把罪过归结到阿波头上，成就他早有的计谋，消灭你这一支。请你好好想一想，你能对付摄图吗？）阿波可汗使者到后，长孙晟又对使者说："今达头与隋连和，而摄图不能制。可汗何不依附天子，连结达头，相合为强，此万全之计。岂若丧兵负罪，归就摄图，受其戮辱邪？"（现在，达头已与我隋国联合，但摄图却拿他没办法。可汗何不依附隋朝天子，连结达头，互相联合，成为强者，这是万全之计。何必丧失兵马，自遭罪过，归去在摄图手下，受他的凌辱和杀戮呢？）阿波可汗一听长孙晟说得很有道理，于是接受了他的建议，并派人随其入朝。

　　当时沙钵略可汗正与卫王杨爽的军

隋朝武士

队在白道（今内蒙古呼和浩特北部）激战，沙钵略可汗败走。当他听说阿波可汗怀有二心，再加上平日对阿波可汗骁勇强悍的忌惮，因此沙钵略可汗一气之下挥师端了阿波可汗的老窝，俘获了其所有部众并杀死了他的母亲。阿波可汗走投无路、无所归依，只得向西投奔达头可汗。达头可汗闻讯大怒，于是借给阿波可汗 10 余万人马，支持他东征。有了达头可汗的鼎力支持，阿波可汗收复了失地，聚拢了几万逃散的部众，实力日益增强，并在与沙钵略可汗的对决当中多次获胜。但突厥也在这一年正式分裂，达头可汗建立的西突厥汗国，设南牙于鹰娑川（今新疆库车西北）、北牙于千泉（今哈萨克斯坦楚河西岸）。沙钵略可汗的东突厥汗国，则仍设牙帐于都斤山（今蒙古国杭爱山）。

隋文帝对待突厥的态度和策略是，挑拨离间、分而治之。突厥分裂后国力大大削弱，沙钵略可汗的实力更是由强变弱，千金公主也表示愿意和隋朝皇帝父女相称。而隋文帝为了笼络突厥，也欣然应允，并赐千金公主杨姓，编入杨家宗谱，改封"大义公主"，以表彰她的深明大义、公忠体国。隋灭陈

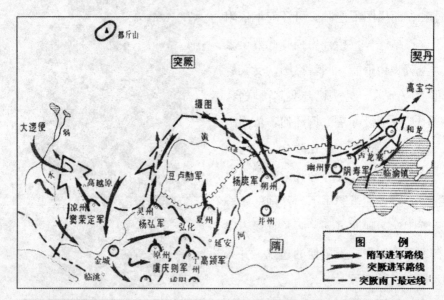

隋初北击突厥之战示意图

后，为表关切隋文帝将陈后主宫中的一架屏风赐给了大义公主。但当这副带有中原文化风韵的屏风送达大漠时，大义公主却由此联想到了自己已逝的父兄和消亡的故国。于是一时伤感，写下了一首给她带来杀身之祸的诗：

> 盛衰等朝暮，世道若浮萍。
>
> 荣华实难守，池台终自平。
>
> 富贵今何在？空事写丹青。
>
> 杯酒恒无乐，弦歌讵有声！
>
> 余本皇家子，漂流入虏廷。
>
> 一朝睹成败，怀抱忽纵横。

隋文帝得知这首屏风诗后，担心其心存故国将来可能会给自己带来不利，于是便一心想置她于死地。在东突厥突利可汗（即莫何可汗之子染干；莫何可汗本名处罗候，是沙钵略可汗的弟弟和继承者）求婚之时，隋文帝让裴矩告知如果他能杀死大义公主就同意将隋朝公主嫁给他。权衡利弊后，开皇十七年（597年）突利可汗杀死了大义公主，而隋文帝也按事先的约定将安义公主嫁给了他。可怜的大义公主，为北周而远嫁突厥，又因怀念北周而被处死，终其一生都是政治斗争的牺牲品。

虽然隋文帝对突厥采取和亲政策，但他的目的不是和解而是分化。隋文帝把安义公主嫁给可汗之一的突利可汗，突利可汗遂偏向隋朝。开皇十九年（599年），当东突厥大可汗都蓝可汗（沙钵略可汗的儿子）准备攻击隋朝大同城（内蒙古额济纳旗）时，突利可汗便向岳父的隋朝报信示警。都蓝大可汗大怒，和达头可汗联合攻击突利可汗。突利可汗寡不敌众部众溃散，投奔隋朝。十月，隋文帝改封其为启民可汗（启民，在突语中是智慧健壮之意），那时安义公主已经去世，隋文帝又把义成公主嫁给了他，并且还在河套地区划出广大土地，修筑了大利城（今内蒙古和林格尔），以安置他陆续来归的部众。另外还派边防军驻屯黄河北岸，防御都蓝大可汗和达头可汗的攻击。而

这些和 600 多年前的西汉时，匈奴呼韩邪单于投奔的情形几乎完全相同。不久，都蓝大可汗被其部下所杀，达头可汗继位做大可汗，其先后数次进攻启民可汗，但都被隋朝边防军击退。由此也可以看出，当时隋朝的实力强于东突厥。

隋军甚至还把被达头可汗所掠走的人口和牲畜都归还给启民可汗，启民可汗对隋文帝和隋朝，那可真是发自肺腑的感激哪。而这位义成公主在突厥生活近 30 年，先后嫁给启民可汗、始毕可汗、处罗可汗、颉利可汗（后三个都是启民可汗的儿子），对隋朝可谓忠心耿耿。大业十一年（615 年），她还曾派人解隋炀帝杨广雁门之围。但唐朝贞观四年（630 年），随着东突厥的灭亡，她也被唐朝名将李靖所杀。

从开皇五年（585 年）七月，沙钵略可汗向隋朝求和算起，隋朝的北部边患基本消除，从而为南下灭陈、一统天下解除了后顾之忧。而在与突厥的战和之间，隋文帝展示了其强大的国力和高超的政治智慧。在逐步攘除外患的大好形势下，他看到仅仅北方的统一就能抑制强大的突厥，那要是全国统一该是何等的盛况啊。为此，隋文帝治下的隋朝开始为迎接一个新的、大一统时代的到来而积极谋划、严密组织。

一统天下

北周武帝宇文邕统一了北方，为隋文帝打下了坚实的基础，也省了不少事。隋文帝虽然推翻了北周，却继承了北周武帝宇文邕开创的统一大业。这不能不说是一种宿命，或是英雄间的默契。平定内部叛乱之后，隋文帝统一天下的对手就只剩下位居江陵（今湖北江陵）一隅之地的弱小梁国（西梁）和南方的陈朝。

南中国在东晋灭亡后，先后出现了宋、齐、梁、陈4个朝代，都建都于建康（今江苏南京），统称南朝。它们存在的时间都不长，其中最长的不过59年（宋），最短的仅有23年（齐）。西魏废帝三年（554年）九月，宇文泰派于谨、宇文护率军5万南攻江陵。十一月江陵城陷，著名的艺术家皇帝、梁朝开国皇帝萧衍的第七子梁元帝萧绎被俘遇害。第二年，其子萧方智在建康称帝，这就是梁敬帝。而萧绎的侄子和对头、549年投靠西魏的萧詧（chá），也于550年被封为梁王。他在萧方智称帝的同一年也在江陵称帝，并且对西魏称臣。这下子梁朝就有了两个自称正宗的皇帝。为了进行区分，历史上就把定都于建康的这个梁朝称为萧梁或南梁，而定都江陵的这个就被称为西梁（也有资料将其称为后梁。但是五代时期还有一个后梁，还是容易混淆啊）。西梁国土狭小，属地仅有江陵附近的几个县方圆约800里。为求生存其"紧跟形势"，随着中原王朝的更替，先后做过西魏、北周和隋朝的附庸，并对各家皇帝都十分恭顺。

但各个主子都不是善茬，"儿皇帝"绝对不是好当的，随时有被颠覆的危险。因为，《续资治通鉴长编》里记录了宋太祖赵匡胤有一句经典名言："卧榻之侧，岂容他人鼾睡"，可谓直白、透彻之至啊。只要事关重大利益，各朝皇帝都不会念及西梁的顺从和忠心，对其折磨、剥削起来，是从来都不心慈手软的。西魏先是将襄阳等地都并入自己版图，并且将江陵一带的人民财产掳掠一空。随后，又在基地设置了江陵总管，甚至还以保护西梁不被南朝攻击的名义驻兵协防江陵。从而，直接控制了西梁宣帝萧詧的这个没有真正主权的傀儡政权。萧詧在郁闷中度过了8年后，于北周保定二年（562年）病故。之后他儿子萧岿即位，就是西梁孝明帝。萧岿继续了他父亲的政策，联合北周来抵抗陈朝的威胁。北周灭北齐后，既有学问又乖巧的萧岿亲自赴长安祝贺，因此得到了宇文邕的信任，也获得了短时期的苟延残喘。隋文帝登基后，萧岿再次亲自赴长安祝贺，又赢得了隋文帝的信任和短期容忍。后来，萧、杨两家又实施通婚，萧岿的女儿嫁给了杨广，他就是后来隋炀帝的萧皇后。而萧皇后的弟弟萧瑀，还做过唐朝的宰相，并且还是"凌烟阁二十四功

臣"之一呢。由于萧、杨两家的关系如此亲密，因此隋朝随后将驻扎在西梁的江陵总管撤回，使得西梁获得了一定的自主权。

陈朝建立后，南梁灭亡，但西梁还一直自居为南朝正统而与其对立。隋开皇五年（585年）五月，萧岿去世，他的儿子萧琮即位，这就是历史上的西梁后主。隋文帝再次设置江陵总管，以监视西梁。因为这个不伦不类的政权，确实已经显得很碍事、很多余了。这时的隋朝政局已经稳定，国力已经足够强大，统一全国的各项准备也都差不多了。于是，开皇七年（587年）隋文帝借故征召萧琮入朝，随之派兵进驻江陵正式吞并西梁，扫除了南进路上的这个小障碍。西梁苟延残喘地存在了33年，终于还是在劫难逃。萧琮被降为柱国、莒（jǔ）国公，不过隋文帝倒是没有杀了这位亲家的儿子。20年后其自然死亡，得以善终。收拾掉这个小兄弟后，第二年隐忍已久、兵精粮足的隋文帝，终于要向陈朝发起总攻了。

南朝这边呢，功高盖世的陈霸先，通过平定梁朝末年的"侯景之乱"，逐渐控制了梁朝的政权，并于557年接受了梁的禅让而称帝，建立了陈朝。中国历史上朝代名和皇帝的姓氏重合者，仅南朝的"陈"一家。陈朝的疆域是南朝中最小的，四川和长江中游已经脱离其控制，被并入北周。陈霸先死后继承皇位的是他的侄子（其兄陈道谭的儿子）陈茜，史称陈文帝。陈茜是南朝历代皇帝中，难得一见的有为之君。他在位时期，励精图治、整顿吏治，重视农桑、兴修水利，使江南经济得到了一定的恢复。这时的陈朝政治清明、百姓富裕，国势比较强盛。陈茜的接班人是他的长子废帝陈伯宗，史称陈废帝，其在位只有短短两年便被叔父陈顼（xū）废除并取代。陈顼就是历史上的陈宣帝，他"性格宽容有谋"，在位14年，其间将陈朝疆域发展到最大。他在位期间，积极主持兴修水利、开垦荒地，鼓励农民生产，社会经济得到了一定的恢复与发展。

573年，陈顼派大将吴明彻乘北齐大乱之机北伐，一度攻占了和州（今安徽和县）、巴州（今四川巴中）、扬州、淮州（今江苏淮安）、光州（今河南潢川）、谯州（今安徽蒙城）等地州，控制了长江、淮河间大片富饶的土地。这在一定程度上巩固了陈的统治，但毕竟由于国力有限，这些地方大部分最终还是被强大的北周夺走了。582年正月初十，陈宣帝陈顼病故。二月十五日，隋文帝以"礼不伐丧"的名义召回了讨伐陈朝的军队。陈朝君臣在惊诧之余，还有些许自豪和安慰，看来北方也不全是野蛮人嘛。其实，他们完全不必高兴得太早，隋文帝绝非什么仁慈之君或忠厚长者之类，只不过是他灭陈的准备还没做好，并且隋朝还面临着突厥的威胁罢了。

陈叔宝是陈宣帝陈顼嫡长子，其母是皇后柳敬言。他虽然身为太子，但是其继承皇位却很费了一番周折。因为惦记皇位的可不只是他一个人，他同父异母的弟弟陈叔陵（其母为彭贵人）一直有篡位之心，并谋划刺杀陈叔宝。陈顼去世后，陈叔宝在父亲的灵柩前悲痛欲绝、号啕大哭，但他二弟陈叔陵却在此时趁其不备，在他脖子上砍了一刀。所幸的是，匆忙中陈叔陵的这一刀却没能给大哥造成致命伤。陈叔宝在亲兵的护卫下趁乱逃出，并立即派大将萧摩诃讨伐二弟。陈叔陵兵败被杀，陈叔宝这才得以即位，这就是陈朝的末代皇帝——陈后主。人在危机情形下，潜能往往会得到极大的激发。果断而成功地粉碎了二弟的阴谋，就是陈叔宝一生中，最有魄力的、最精彩的一次表现。从此，陈叔宝很少再有可称道之处。他将得过且过，并在不经意间就断送了祖先的基业。

此时的陈朝，其上游被隋朝人占领，而被侯景叛乱破坏的江南经济生产还没有恢复，其军队也遭到了北周的沉重打击。而这时北方已被隋朝统一，全国的统一已经指日可待。更要命的是，这位陈后主却是一位专业的诗人和不称职的皇帝。陈朝是南北朝时期唯一没有出过暴君的政权，但陈叔宝却是南朝"最负盛名"的昏君之一。虽然，昏君不等于暴君，但给国家造成的危害和损失却是大同小异的。陈后主在位期间，只知道大建宫室、奢侈生活，每天与妃嫔、文臣等郊游、饮宴，写诗作赋，而不理朝政。他最宠爱的姬妾有8人，在宫廷宴会上他每次都会邀请十几位诗人杂坐一起，饮酒作诗、互相赠答。最后再挑出最艳丽的儿首诗谱成歌曲，由1000多名宫女歌唱。其中以《玉树后庭花》、《临春乐》为最有名，内容都是赞扬8位美女的美丽和风

陈后主（553—604 年）

情。这些妃嫔当中，陈叔宝最宠爱的是皇贵妃张丽华和孔贵嫔。其中张丽华更是美女中的美女，其秀长的头发可以垂到地面，光彩动人、风华绝代。她绝对是人见人爱型、智慧型的大美女，她集合了宫廷女性的诸多优点：生性聪慧、极有心机，能歌善舞，才思敏捷、记忆力超强，还善于察言观色，并且为陈叔宝生了两个儿子陈深和陈庄。朝野的大小事请，她都能了如指掌，因此她也深得婆婆柳太后的宠爱。陈叔宝对于国事常有不清醒的时候，因此他批阅公文时张丽华就会坐在他膝上指点。于是，一些居心叵测的大臣就通过宦官和她勾结，经常干些买卖官爵和制造冤狱的勾当，并从中渔利。他们几乎没有什么不敢做的，因为即便出了事也没有人敢追究。宰相孔范，更与原本没什么血缘的孔贵嫔结为兄妹，并引进一批很有才华但不识大体的官僚，引导皇帝只顾享乐消遣，自己从而大权独揽。

《玉树后庭花》

丽宇芳林对高阁，新装艳质本倾城。

映户凝娇乍不进，出帷含态笑相迎。

妖姬脸似花含露，玉树流光照后庭。

花开花落不长久，落红满地归寂中。

晚唐大诗人杜牧夜泊秦淮，闻听岸上酒家女子在月下高歌陈后主的《玉树后庭花》。歌声凄婉，蕴含南朝幽怨气韵。良夜宁静，益增遐思。桨声灯影里的秦淮河水，几许风流随风而去。感慨之余，他提笔作了那首著名的《泊秦淮》：

烟笼寒水月笼沙，夜泊秦淮近酒家。

商女不知亡国恨，隔江犹唱后庭花。

偌大的陈朝绝非都是糊涂鬼，也绝非没有忠臣良将，右卫将军兼中书通事舍人（相当于大将军兼侍从室主任）傅縡（zài），就曾冒死直谏。他在奏章里对皇帝批评道："陛下即位于今五年，不思先帝之艰难，不知天命之可畏，溺于嬖宠，惑于酒色。祠七庙而不出，拜妃嫔而临轩。老臣宿将，弃之草莽。谄佞谗邪，升之朝廷……"陈叔宝此时自我感觉正好，听到这番"大逆不道之言"当即勃然大怒，第二天傅縡便被斩首。从此，陈朝再也没人敢上书指出皇帝的过失，那它就等着面对灭亡吧。西方谚语说的"上帝欲令其灭亡，必先令其疯狂"，就是这个道理啊。因此，《南史·后妃传》就一针见血地指出："后主嗣业，实败于椒房。"看来陈后主纵情声色，无论当时人还是后世史学家都是心知肚明、愤慨不已啊。

总之，在6世纪80年代的任何时候，从北方的角度观察，陈朝绝对是一个容易征服的对象。它之所以能苟延残喘，最初是因为北周宫廷不稳，而后则仅仅是因为隋文帝要忙于镇压反抗和巩固其政权而已。开皇元年（581年）三月，刚刚登基1个月的隋文帝，就派贺若弼、韩擒虎分任吴州（今江苏扬州西北）和庐州（今安徽合肥）总管，作灭陈的准备。开皇七年（587年），隋朝废除西梁后，采纳了尚书左仆射、虢州（今河南灵宝）刺史崔仲方等献灭陈之策：

　　臣谨案晋太康元年岁在庚子，晋武平吴，至今开皇六年，岁次丙午，合三百七载。《春秋宝干图》云："王者三百年一蠲法。"今年三百之期，可谓备矣。陈氏草窃，起于丙子，至今丙午，又子午为冲，阴阳之忌。昔史赵有言曰："陈，颛顼之族，为水，故岁在鹑火以灭。"又云："周武王克商，封胡公满于陈。"至鲁昭公九年，陈灾，裨灶曰："岁五及鹑火而后陈亡，楚克之。"楚，祝融之后也，为火正，故复灭陈。陈承舜后，舜承颛顼，虽太岁左行，岁星右转，鹑火之岁，陈族再亡，戊午之年，妫虞运尽。语迹虽殊，考事无别。皇朝五运相承，感火德而王，国号为隋，与楚同分。楚是火正，午为鹑火，未为鹑首，申为实沉，酉为大梁。既当周、秦、晋、赵之分，若当此分发兵，将得岁之助，以今量古，陈灭不疑。臣谓午未申酉，并是数极。盖闻天时不如地利，地利不如人和，况主圣臣良，兵强国富，动植回心，人神叶契。陈既主昏于上，民谤于下，险无百二之固，众非九国之师。夏癸、殷辛尚不能立，独此岛夷而稽天讨！伏度朝廷自有宏谟，但刍荛所见，冀申萤爝。今唯须武昌已下，蕲、和、滁、方、吴、海等州更帖精兵，密营渡计。益、信、襄、荆、基、郢等州速造舟楫，多张形势，为水战之具。蜀、汉二江，是其上流，水路冲要，必争之所。贼虽于流头、荆门、延州、公安、巴陵、隐矶、夏首、蕲口、盆城置船，然终聚汉口、峡口，以水战大决。若贼必以上流有军，令精兵赴援者，下流诸将即须择便横渡。如拥众自卫，上江水军鼓行以前。虽恃九江五湖之险，非德无以为固，徒有三吴、百越之兵，无恩不能自立。

《隋书·崔仲方传》的这段记载，核心主张就是：在陈朝庄稼收获时，派兵对其进行军事骚扰，耽误其农时，并不断迷惑麻痹陈军；在长江上游速造战船，准备水战；派人潜入陈境，纵火烧毁其积蓄的粮食物资，破坏其军事储备；待陈疲惫懈怠时，突然渡江，东西呼应，一举击破。隋文帝看完奏折赞不绝口、欣喜若狂，立即任命崔仲方出任临近征陈前线的基州（今湖北钟祥）做刺史，并将其调入京城，详细询问具体策略。

开皇八年（588 年）三月，隋文帝采纳并实施了崔仲方的方略，果然收到了良好的效果。在战前多方误敌、疲敌，例数陈后主罪行，又送玺书揭露其罪恶 20 条，并将诏书在江南散发 30 万份，以争取人心。这些狠招确实发挥了强大的功效，弄得陈朝损失惨重而又疲惫不堪。就凭陈后主的种种劣迹，陈政府即便辩解也是空洞的，甚至还会适得其反呢。

时机成熟、一切准备就绪后，隋文帝就要采取断然措施实现自己的宏图大志了。开皇八年（588 年）十月，隋文帝在寿春（今安徽寿县）设置淮南道行台省，任命晋王杨广为行台尚书令，全面负责灭陈战役，尚书左仆射（宰相）高颎协助。不久，又命杨广、秦王杨俊、清河公杨素为行军元帅，高颎为晋王元帅长史（相当于秘书长），右仆射王韶为司马（相当于参谋长）。此次，隋朝举倾国之力，旨在一举灭陈。隋军 51.8 万人的水陆军，在杨广的统一指挥下，从长江上游至下游，分兵 8 路攻陈：杨俊军出襄阳（今属湖北），杨素军出永安（今四川奉节东），荆州刺史刘仁恩军出江陵（今属湖北），这三路隋军由杨俊指挥，直指江夏（今湖北武昌），阻止长江上游陈军东援。杨广军出六合（今江苏南京北），贺若弼军出广陵（今江苏扬州），韩擒虎军出庐江（今安徽合肥），蕲州刺史王世积军出蕲春（今湖北蕲春东北），青州总管燕荣军出东海（今江苏连云港西南），这五路隋军由杨广直接指挥，直指陈都建康（今江苏南京）。隋朝各路大军在长江北岸集结完毕，旌旗招展、浩浩荡荡，东到海边、西到巴蜀，在长江沿线向陈朝发动了全面进攻。

陈叔宝只过了短短 6 年（583—589 年）的快活日子，这就要到头了。他那种豪华雅致而又腐朽的上层生活，即将被钉上历史的耻辱柱。而杨广一生最辉煌的功业，也即将建立。但历史冥冥中似乎有宿命，杨广即位后的腐朽生活比起陈叔宝那更是有过之而无不及啊！

隋兵南下时，陈叔宝君臣凭借长江天险，刚开始对其攻势并不以为然。他们以为隋军这次还只是小规模的试探和骚扰呢，岂知灭顶之灾已近在眼前！优柔寡断的陈叔宝，竟然不作任何应战准备，反而自我安慰说："王气在此。齐兵三来，周师再来，无不摧败"？（王气在建康，北齐侵略过我们三次，北周侵略过我们两次，都被击败，隋文帝为什么不接受历史教训呢？）孔范在旁附和道："长江本是天险，自古隔断南北，敌人岂能飞渡？边将贪功，往往夸张战报。我总嫌我的官位太小，敌人如果真的过江，我早就封侯了。"甚至，有人报告说隋军战马大批死亡，孔范还愤怒地责问道："那些都是我们的马，为什么让它们死？"无知者无畏啊，陈叔宝君臣唱双簧一般的丑恶表演，除了能给自己带来些"精神胜利法"式的短暂快感外，剩下的就只能是陈朝在浑浑噩噩中加速灭亡了。

此后，隋朝行军总管贺若弼和韩擒虎攻克京口（今江苏镇江）、姑苏（今江苏苏州）。沿江守军望风而逃。十二月杨素沿长江击破陈的沿江守军，顺

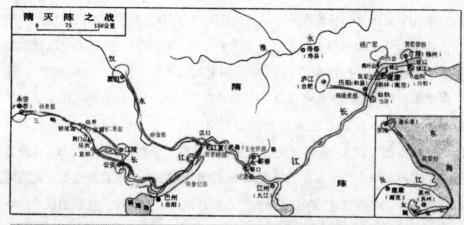

隋灭陈之战示意图

流东下。但因为陈朝奸臣施文庆、沈客卿等扣留告急文书，导致其无法将大军从建康调出进行防守。为了使元会节（即今春节）显得更喜庆些，陈叔宝甚至还命镇守江州（今江西九江）、京口（今江苏镇江）的两个儿子率战舰回建康，致使江防更加薄弱。开皇九年（589 年）正月初一，长江下游隋军主力韩擒虎、贺若弼部乘陈朝欢度元会（即春节）之际分路配合，在大雾中先后顺利渡过了长江。当时，建康尚有陈军 10 多万人，但怯懦无能、不懂军事的陈叔宝只会日夜哭泣，把一切大权交给了嫉贤妒能的施文庆。有才能的文臣武将根本没机会发挥作用，致使陈军全线溃退。正月二十日，陈将任忠倒戈，并引领韩擒虎部攻入建康城。陈叔宝还正在金銮殿上开会呢，听到敌人入城的消息，急忙向后宫逃跑。有大臣拦住他，建议他衣冠整齐，在正殿安坐静候时局变化。陈叔宝这会儿再也不说"王气"什么的了，而是故作自信地说："刀枪之下，非同儿戏，我自有妙计。"结果，他的妙计就是跑回后宫，躲进了景阳殿的一口深井之中。相比之下，皇后沈婺华和张丽华的儿子、15 岁的皇太子陈深倒是显得更从容不迫一些，他们平静端坐等候隋军，代替"玩失踪"的陈后主郑重地向隋军投降。

但隋军不找到陈叔宝誓不罢休，万一这个家伙逃到外地再组织人马和大隋打游击那就麻烦了。于是，隋军当即在宫内展开了"地毯式"的搜索。隋军到了那口井边觉得可疑，就在井上喊话，但没有回应。当他们扬言要向井中投掷石头，这才听到人声。士兵们抛下绳索要把井下的人拉出来时，惊讶地感觉到绳子怎么如此沉重？等到拉出井口，他们真的震惊了：井下竟然有3 个人，除了陈叔宝外还有张丽华和孔贵嫔。与此同时，士兵通过搜查皇宫，竟然在陈叔宝的床底下，发现了很多将领们向政府告急的十万火急文书，直到这会儿还没有拆封呢！至此立国仅 33 年的陈朝灭亡，自东晋十六国以来270 多年南北分裂的局面宣告结束，全国再次统一了。而从开战到灭陈，隋军的军事行动仅仅才用了两个多月！

杨广无限风光地入城后，责令陈叔宝写信招降各地的陈军。陈军将上看到大势已去纷纷就地投降，湘州（今湖南长沙）等地个别陈将拒绝拒降的，

也都在 1 个月后被隋军击破。接下来就仅剩冼（xiǎn）夫人领导下的岭南地区了。冼夫人是高凉郡（今广东高州）俚人（壮族先民的分支）的杰出女领袖和军事家，受到南朝各代的封赏和敬重，南梁封其为宋康郡夫人、陈朝封其为石龙太夫人。隋军来时她已 79 岁高龄，她在当地实行保境据守，被南越族尊为"圣母"。开皇十年（590 年）八月，隋朝派使臣韦洸等人安抚岭南，杨广也命陈叔宝写信给冼夫人劝其降隋。由于岭南消息闭塞，为了证明陈后主被俘归降和这封信都是真的，韦洸甚至还带来了冼夫人曾经献给陈朝皇帝的扶南犀杖和陈后主的兵符。冼夫人见到陈后主的亲笔信和证物，才确信陈朝已灭亡，于是派孙子冯魂迎接韦洸，岭南各地这才闻风降隋。从此，岭南地区全部归属隋朝管辖。同年，琉球群岛也归降隋朝。

在隋朝统一南北的战争中，韩擒虎为第一功臣，平灭陈朝、俘虏陈后主，主要都是他的赫赫战功。并且，他在"隋朝四大开国名将"（贺若弼、韩擒虎、高颖、史万岁）中，无疑也是结局最好的一个，其他 3 人基本都在日后隋王朝的权力斗争中惨遭诛杀，唯独他独善其身。而且，他还得以借此跻身

冼夫人（512 — 602 年）铜像

于"中国历史上 10 个得以善终的开国名将（西汉的周勃、东汉的耿弇、西晋的贾充、隋朝的韩擒虎、唐朝的李靖、北宋的曹彬、南宋的吴璘、元朝的张弘范、明朝的汤和、清朝的洪承畴）"。韩擒虎去世后，其子参与"杨玄感谋反案"，失败后不知所终。而深得其兵法真传的外甥李靖，则成了唐朝灭隋的急先锋。以身献隋的韩擒虎若泉下有知，不知会做何感想？

二号功臣贺若弼则因后来与高颖、宇文弼等人私下议论隋炀帝杨广，以及招待突厥启民可汗及其部众时太过奢侈，于大业三年（607 年）七月二十九日 3 人一起被诛杀。贺若弼的老妻被罚为官奴，家人被发配边疆。一代功臣落得如此下场，不由得使人伤感不已。

孔贵嫔的下落史书没有记载，但张丽华的结局却是个悲剧。高颖认为张丽华应该承担陈朝灭亡的全部责任，于是模仿"姜太公蒙面斩妲己"的传说，下令将其斩首。杨广垂涎张丽华的花容月貌已久，派亲信高德弘传令留她性

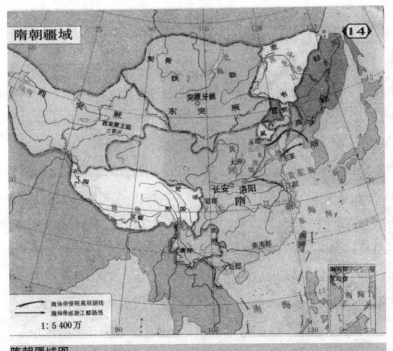

隋朝疆域图

韩擒虎（538—592年）　　　　　贺若弼（454—607年）

命，但被高颎所拒绝。《隋书·高颎传》记载，高颎厉声喝道："武王灭殷，戮妲己。今平陈国，不宜取丽华。"杨广闻讯大怒道，"昔人云，无德不报，必有以报高公矣！"（古人有言，无德不报，我将来会报答阁下！）因此，当607年高颎被杨广处死时，有人便传言这是杨广在为绝代美女张丽华复仇呢。但实际上，高颎之死是死于政治斗争，绝非因为什么美女这么简单。更可笑的是，后世有些评书家、小说家，硬把这个故事嫁接到了李渊的身上，那就更荒诞不经了。如流传很广的清朝如莲居士的《说唐》，其第一回的标题就是《秦彝托孤宁夫人，李渊决杀张丽华》，这就更属于张冠李戴了。虽是因小说剧情的需要而附会，但为免有误导大众的嫌疑。

　　陈叔宝被送到长安后，受到了隋文帝的礼遇。陈叔宝被封为公爵（长城县公），陈姓皇族也都安然无恙。除了隋军大将王颁，因为是被陈霸先杀死的梁朝大将王僧辩的儿子，所以其进入建康后，将陈霸先的尸体从坟墓中掘出，打了几百皮鞭，以报杀父之仇。这也成为历史上，继春秋时伍子胥鞭尸楚平王之后的第二次鞭尸事件。

　　隋文帝准许陈叔宝以三品官的身份上朝，还常常邀请他参加宴会，担心他伤心而不演奏江南音乐。然而，陈叔宝却从未把亡国之痛放在心上，与300多年前的蜀汉后主刘禅简直是一副德行。一次，监视他的人报告隋文帝说：

"陈叔宝表示，身无秩位，入朝不便，愿得到一个官号。"隋文帝叹息道："陈叔宝全无心肝。"监守人又奏："叔宝常酗酒致醉，很少有清醒的时候。"隋文帝让他节制饮酒，但过了不久又说："由着他的性子喝吧。不这样，他怎样打发日子呀！"陈叔宝崇尚奢侈，但隋文帝却很爱节俭。有一次，陈叔宝应约赴宴，并向隋文帝建议修宫殿，以彰显盛世气象。隋文帝当面没有说什么，等陈叔宝走远了，却对群臣说道："他就是因为贪图享受才落到今天这个地步，现在又来劝我学他那样。"后来，隋文帝东巡邙山（在今河南洛阳北），陈叔宝奉召前往，又在宴会上赋诗说："日月光天德，山川壮帝居，太平无以报，愿上东封书。"表示请隋文帝封禅，但人家隋文帝有自知之明，并没有同意。隋文帝给陈后主的评价是："陈叔宝的失败皆与饮酒有关，如将作诗饮酒的工夫用在国事上，岂能落此下场！当贺若弼攻京口时，边人告急，叔宝正在饮酒，不予理会；高颍攻克陈朝宫殿，见告急文书还在床下，连封皮都没有拆，真是愚蠢可笑到了极点，陈亡也是天意呀！"仁寿四年（604年）十一月，荒淫一生的陈后主病死于洛阳，终年52岁。隋炀帝杨广给他的谥号是"炀"，恰好和十几年后唐朝给杨广自己的谥号一样。历史总是惊人的相似，命运总是会捉弄人啊！

隋灭陈是历史上一次大规模的渡江战役，隋军不过用了几个月的时间就平定了全部陈境。显然，隋朝的政策和制度得到了民众更多的拥护，这次用兵还沉重打击了南方士族豪强积累已久的恶势力，使全国形势进一步趋于稳定。隋文帝领导下的隋帝国，终于实现了一统天下伟业。隋文帝结束了中国长期混乱的局面，使中国又回到了和平年代，为隋唐盛世的出现奠定了最为重要的基础。南北人民经过了近300年的离乱隔绝和互相仇恨之后，再次恢复同一国度的手足之情。这个新的时代也因含有新的血液，而充满了生命的活力。由此，隋朝的前途更加光明，隋文帝的舞台也更加广阔了。

和睦四邻走向世界

"内修政事"总是和"外和诸戎"联系在一起的，以雄厚的国力为支撑、以高超的政治艺术为基点。隋文帝积极、灵活地展开了他的多边外交，收获颇丰。在大隋开国君臣的努力下，一个睦邻友好、和谐共存的局面逐渐打开，一个构建中的世界帝国逐渐形成。

中国古代皇帝常常致力于，建立一个以自己王朝为核心的东亚朝贡体系或称"中华文化圈"。那种盛况，真正出现是在西汉武帝征讨匈奴胜利后。当时，整个东方世界的民族和国家之间的关系，就是以汉朝为轴心展开的。这种东方特有的格局，有以下几个显著特点：

其一，以中国强大的中原王朝为中心；

其二，以文化传播为纽带，如语言、文字、礼仪、制度等；

其三，通过册封与朝贡，建立起一种特殊的上下君臣关系和道义原则；

其四，对于境内各族，往往是政治上的服从与军事上的占领相结合；而对"域外"、"化外"各国，则主要是保持对"天朝上国"形式的尊崇即可。

西晋灭亡后，四分五裂的中国在与周边民族的斗争中常常处于劣势。即便有一些对外册封，也是徒有其表，更多的只是被册封者希望借中原政权残存的威势来加强自身统治的需要而已。对于整个东方世界而言，失去了强大的中国——这样一个具有权威和约束力的政治中心，各民族、各国的相互关系就会完全建立在现实利益与军事实力之上，相互征伐、弱肉强食屡见不鲜。从这个意义上讲，古代中国儒家所倡导的国际关系准则，在有利于中国的同时，也有助于维护周边各族、各国的和平与稳定。隋朝的统一和"开皇之治"的出现，为隋文帝的大国雄心和"天下共主"理想的实现，做好了充足的准备。

隋文帝时代一统华夏，对内锐意改革、建章立制，社会经济得到迅速的恢复和发展；对外他采取对边境各族、各国睦邻友好政策，为建立强盛国家创造了良好的外部条件。隋初，最大的外患是突厥，在战胜突厥之后隋朝便取得了在东亚世界无可争辩的主导地位。这时摆在隋文帝面前的问题，就是如何重建以中原王朝为核心的政治秩序；扭转自魏晋乱世以来的颓势，进而以此为基石维护和平稳定的外交局面，积极开展对外交往与贸易。

开皇五年（585 年），在隋文帝给突厥沙钵略可汗下的一份诏书《隋文帝颁下突厥称臣诏》中，就曾清楚地表露了他对外关系的主要思想：

> 昔暴风不作，故南越知归，青云干吕，使西夷入贡。远人内向，乃事关天。獯鬻相踵，抗衡上国，止为寇盗，礼节无闻，唯有呼韩，永臣于汉，奇才重出，异代一揆。沙钵略称雄漠北，多历岁年，左极东胡之土，右苞西域之地，迤方部落，皆所吞并，百蛮之大，莫过于此。昔在北边，屡为草窃，朕常晓喻，令必修改。彼亦每遣行人，恒自悔责。今通表奏，万罩归风，披露肝胆，遣子入侍，罄其区域，相率称藩，往迫和与，犹是二国，今作君臣，便成一体，情深义厚，朕甚嘉之。盖天地之心，爱护百姓，各气普洽，使其迁善，屈膝稽颡，畏威怀惠，虽衣冠轨物，未能顿行，而禀训承风，方当从夏，永为臣姜，以至太康。荷天之休，海外有截，岂朕薄德所致此。已敕有司，肃吉效庙，宜普颁行天下，咸使知闻。

在这份诏书中，隋文帝认为使周边民族和国家前来归附是天大的事（"远人内向，乃事关天"）。但他要实现的只是，"罄其区域，相率称藩"，实现"普天之下莫非王土，率土之滨莫非王臣"的臣服理念，而并非要对其整个地区实施占领。而贯彻这一理念采取的措施，之一就是"遣子入侍"，这既是让那些民族政权的王子来做人质（即"质子"），更重要的是让他们来学习汉族文化，进而培养亲近隋朝的继承人。这就是所谓的"以夏变夷""使其迁善"的文化认同构想，也被儒家认为是实现"天下大同"的根本途径。也就是说，隋文帝想要的是"臣服"而不是征服，其间并不伴随军事扩张和军事掠夺。不仅如此，因为周边各族、各国往往可以通过朝贡获得大量的馈赠，在经济上反而对隋朝不利。因为算起账来，隋朝肯定是得不偿失，但隋文帝在乎的并不是这些"蝇头小利"，他在乎的是人心、口碑和国威。这些，和汉朝的领土占领等政策是完全不同的。也正是因为如此，当隋文帝治下的中国重新崛起时，周边的民族和国家都以复杂的心情关注着时局的发展。那些深受强大邻国欺凌的民族，对隋朝抱有很高的期望，他们想获得公平和正义、理解与尊重；而那些因中国内乱而获得暴利的强大部族，则深恐中国的强大阻碍其自身扩张的野心。

下面，我们就来简要梳理和分析一下，隋文帝时代在打败突厥后，与周边主要民族和国家的关系：

吐谷浑

吐谷浑（tǔ yù hún）是我国古代西北少数民族之一，从民族发展源头上讲，它本属于辽东鲜卑的一支，在魏晋南北朝时期，鲜卑族在分合迁徙过程中分部重组而成。后经长期迁徙，才定居住于今天的青海，建立了吐谷浑王国，形成了稳定的民族共同体。吐谷浑曾经在古代西北历史上扮演了非常重要的角色，其曾经在青藏高原（祁连山脉和黄河上游谷地）建国达 350 多年之久，开创了少数民族政权时间最长的纪录。因其统治地区位于黄河以南，统治者又被封为"河南王"，因此被南朝称为"河南国"或"河南"。从西晋到唐朝，吐谷浑始终在西北地区发挥着不容忽视的作用。其影响广泛深远，统治范围广大，活动持续时间之长，这在我国古代民族关系史上写下了光辉灿烂的一页。

"吐谷浑"本是鲜卑部首领慕容涉归的庶长子慕容吐谷浑的名字，他因为和弟弟慕容廆（wěi）不和，便率领自己的部众离开辽河流域而西迁。西晋太康四年（283年），慕容吐谷浑率所部1700户西迁到今内蒙古自治区的阴山。西晋建兴元年（313年）左右，时值西晋末年，天下大乱，吐谷浑又从阴山南迁，抵达陇西的枹罕（今甘肃临夏）。随后，以此为根据地，并"创居广大阪"，向南、北、西三面拓展，遍布河洮流域。经过从东北白山黑水间千里跋涉，吐谷浑人经历了长达30多年的长途民族迁徙，开创了其在青藏高原繁衍生息的历史，成为我国古代一次重大的民族迁徙活动。最后，吐谷浑逐渐征服了当地诸强部落，建立了以鲜卑族为核心的，吸收并结合各族部落而成的民族联合政权。其强盛时期，统治范围内包括今青海、甘肃南部、四川西北等地的氐、羌民族。

西晋建兴五年（317年），慕容吐谷浑逝世，他的长子吐延继位。东晋咸和四年（329年），吐延被羌族酋长姜聪刺死，其长子、年仅10岁的叶延继位。后来，叶延在沙洲（今青海贵南）建立慕克川总部，正式建立国家政权。从此，吐谷浑由人名转为姓氏、族名和国名，叶延因此也被视为吐谷浑民族和王国的开创者。4世纪末、5世纪前期，吐谷浑先后臣服于前秦、西秦等政权，人民大部分还是过着"逐水草而居"的游牧生活。但与此同时，吐谷浑人也在逐渐接受汉文化，懂得了书契纪事和营造城池宫殿。到了伏连筹（491—540年）在位统治时期，吐谷浑专心吸收人才，势力日趋壮大。其疆界东至叠州（今甘肃迭部），西南与于阗相邻，南面边界延伸至阿尼玛卿山、昆仑山，北边到祁连山，西北与高昌相接，拥有着东西4000里，南北2000里的辽阔疆域，国力达到鼎盛。在当时塞外诸国中，吐谷浑以强大和富裕而闻名。北魏时期，吐谷浑与中原往来密切，据当代日本学者松田寿男对《魏书》帝王本纪中，出现的朝贡5次以上的国家或政权进行统计后发现，吐谷浑以64次居于首位。吐谷浑和南、北朝都曾通商往来。如北魏正始、正光年间，"牦牛、蜀马及西南之珍，无岁不至"。北齐、北周时，双方也经常有商业往来。

西魏大统六年（540年），伏连筹的儿子夸吕（541—591年）在位建都于伏俟城（今青海湖西岸，共和县铁卜卡古城），史称吐谷浑国，由此彻底摈弃了长期以来吐谷浑国可汗接受南北朝封号的习惯。夸吕是第一个自称可汗的

北周、北齐时期的吐谷浑疆域

吐谷浑首领,《北史》、《周书》均载:"夸吕始自号可汗。"夸吕统治的 40 年间,吐谷浑仍然保持着它的强大和繁荣。东魏、西魏,北齐、北周都曾争相拉拢吐谷浑,东魏静帝元善见曾娶夸吕的从妹为嫔妃,也曾以宗女嫁夸吕。但吐谷浑人是十分现实的,它与这些中原政权虽有往来,但也常生战争、互相攻击,以谋求自身利益的最大化。

隋朝时的吐谷浑,正处于繁盛时期和重要的发展时期,其势力遍布青海地区大部及甘肃、新疆边缘地区,已成为当时最主要、最强大的民族之一。实力强大的、野心膨胀的吐谷浑,逐步开始对周边地区、主要是和隋朝接壤的地方,进行掠夺和骚扰。但是,随着隋朝的统一和强盛,隋文帝在平定突厥后也开始正式处理与吐谷浑的关系。他以扶植亲隋势力、和亲等方法,比较妥善地缓和了与吐谷浑的关系。但随着一些新情况的出现和隋炀帝登基后致力于开疆拓土、经营丝绸之路，隋朝又以军事手段想解决吐谷浑问题，但终究治标不治本，武力讨伐并不能解决问题。

出土于今青海都兰热水古墓群的吐谷浑银马

隋初，吐谷浑曾袭击隋朝边境的弘州（今甘肃碌曲西南）。开皇元年（581年）八月，隋文帝派上柱国元谐为行军元帅，行军总管贺娄子干、郭峻、元浩等协助，率步骑数万人反击吐谷浑。隋军出鄯州（今青海乐都），直奔吐谷浑的大本营。隋文帝在给主帅元谐的诏书中申明：

> 公受朝寄，总兵西下，本欲自宁疆境，保全黎庶，非是贪无用之地，害荒服之民。王者之师，意在仁义。浑贼若至界首者，公宜晓示以德，临之以教，谁敢不服也！

隋文帝言简意赅、目标明确，信心十足、气势非凡。吐谷浑军唯恐后路被抄急忙撤回，但在丰利山（在今青海湖东）被隋军大败。吐谷浑太子可博汗又率精锐骑兵5万前来增援，再次被隋军打败，斩俘万计。随后，较为贤德且亲隋的吐谷浑高宁王移兹裒（póu）等王侯30人率所部前来归降，可汗夸吕率亲兵远逃。这场战役，隋军采用长驱直入、断敌退路的战法，两次打败吐谷浑，终于使其分崩离析，难以再对隋朝构成威胁，这就是古代军事史上著名的"丰利山之战。"而后，在是否占领吐谷浑领土的问题上，隋文帝就再次显示了他空前的胸襟与远见。他以其实际行动，对汉朝以来的历史经验和教训作了回答：不以劳民伤财为代价，去进行无益的领土扩张。这种认识水平，显然已经远远地超过了汉朝诸帝。开皇二年（581年），隋文帝下诏：

册封吐谷浑高宁王移兹裒为大将军、河南王，以统降众，其余酋长也分别赐予各级官爵。保持其原来的社会组织和生活习俗，尽量就地进行妥善安置。并留行军总管贺娄子干镇凉州（今甘肃武威），防御西部来犯之敌。

开皇三年（583 年）四月，吐谷浑抄掠隋朝临洮（今甘肃临洮），隋临洮刺史皮子信战死，总管梁远将其击退。吐谷浑又转而掠廓州（今青海贵德南），但也被隋军击退。第二年四月，隋朝大将军贺娄子干征发凉、甘、瓜、鄯、廓 5 个州的隋军击吐谷浑，"杀男女万余口，二旬而还"。这一仗再次打出了隋军的声威，以至于后来吐谷浑进犯时，一听到贺娄子干的名字便会望风而逃。鉴于西部边境不设村堡，隋文帝命令贺娄子干组织百姓建筑城堡，"营田积谷"，首创了封建政府直接组织百姓垦荒"营田"、增加粮食收入的生产形式。而贺娄子干经过调研，也认为屯田可以事半功倍，各镇戍相连、烽火台相望，使隋朝西部边防戒备从根本上得到了极大的加强。此后，隋朝果然很少再见到吐谷浑的进犯。

与此同时，在吐谷浑内部也发生了很大的混乱和分化。在位数十年的吐谷浑王夸吕，年老昏聩、贪恋权势，深恐子孙篡位，所以先发制人废黜并杀死了自己的太子。新册立的太子嵬王诃因为有前车之鉴深感恐惧，便图谋抓捕夸吕而投降隋朝。但当他向隋朝求援时，并没有获得隋文帝的同意。不仅如此，隋文帝还当面指斥太子的使者道：

> 朕受命于天，抚育四海，望使一切生人皆以仁义相向。况父子天性，何得不相亲爱也！吐谷浑主既是嵬王之父，嵬王是吐谷浑主太子，父有不是，子须陈谏。若谏而不从，当令近臣亲戚内外讽谕。必不可，泣涕而道之。人皆有情，必当感悟。不可潜谋非法，受不孝之名。普天之下，皆是朕臣妾，各为善事，即称朕心。嵬王既有好意，欲来投朕，朕唯教嵬王为臣子之法，不可远遣兵马，助为恶事。

面对宿敌夸吕，面对将弑父的忤逆子嵬王诃，隋文帝竟断然拒绝了这既危险又有利于隋朝的计划。他还对有些动心的隋朝大臣告诫道："朕以德训人，何有成其恶逆也！吾当教之以义方尔。"也就是说：隋文帝宁可让隋军在战场上付出更大的伤亡，也不愿接受一个忤逆子的危险馈赠。因为，这既会违背他对"仁君"美誉的追求，又不符合他"仁孝治国"的理念。做出这样的决定，该需要多么大的勇气啊？其实，隋文帝内心当然明白：突厥衰落后，吐谷浑是绝对没有能力独自挑战大隋的。

隋文帝的决策，果然是明智的。不接受阴谋诡计、不用大肆杀戮，未必就得不到想要的结果。开皇四年（584年）四月十五日，隋文帝在他新都的大兴殿宴请吐谷浑等使者，这表明吐谷浑基本上已经归顺隋朝。开皇六年（586年），实在熬不下去的崑王诃再次密谋降隋，结果仍然没有受到隋文帝的欢迎。开皇八年（588年），吐谷浑裨王拓跋木弥请求背主降附，隋文帝也不予支援。隋文帝还对臣下讲道：

> 普天之下，皆曰朕臣，虽复荒遐，未识风教，朕之抚育，俱以仁孝为本。浑贼昏狂，妻子怀怖，并思归化，自救危亡。然叛夫背父，不可收纳。又其本意，正自避死，若今遣拒，又复不仁。若更有意信，但宜慰抚，任其自拔，不须出兵马应接之。其妹夫及甥欲来，亦任其意，不劳劝诱也。

隋文帝总是以教化为先，即使对于敌方的来降也是听其自然，而不加劝诱，从不接应。从此，双方的友好关系日益有了积极的发展和变化。隋朝灭陈后，"吕夸大惧，遁逃保险，不敢为寇"。开皇十一年（591年），吕夸死，其子世伏继位，世伏派遣他的侄儿奉表称藩，隋朝终于和吐谷浑建立起君臣藩属关系，保持了一定时期的友好关系。开皇十六年（596年），隋文帝又应允将光化公主嫁于世伏。第二年，吐谷浑国内大乱，国人杀死了世伏，另立其弟伏允为主，并派使臣到隋陈述废立之事，"谢专命之罪，且请依俗尚主"。在处理具体问题上，伏允请求按照吐谷浑"兄死妻嫂"的风俗续娶光化公主，隋文帝也表示同意。隋文帝在强调政治服从的前提下，尊重成员各自的文化习俗，并不强求与隋朝一致。隋文帝对待吐谷浑的仁义措施、不介入政策、和亲政策，有助于彼此间的经济文化交流，也有助于隋朝的发展和强盛。并且，这一友好景象也被周边部族所羡慕，起到了很好的辐射和感化作用。隋文帝在充分认识到这一点后，加以巧妙运用，大大增强了隋朝在整个东方世界的地位和威信。

契丹

契丹为东胡族之一，源于东胡鲜卑后裔，与同样说蒙古语的室韦、库莫奚是同族异种。

"契丹"一词最早见于《魏书·契丹传》，但对于契丹这个名称的来源，学者还未达成一致意见。现在大多认为，契丹以原意为镔铁的"契丹"一词作为民族称号，象征契丹人顽强的意志和坚不可摧的民族精神。

历史文献最早记载契丹族开始于北魏天赐二年（405年）。北魏时，北方的势力仍然很强大，高句丽便密谋与其瓜分契丹西北的地豆于（北魏时的一个少数民族）。这显然是"假途灭虢"之举，令契丹人惶惶不可终日。《隋书·契丹传》记载：契丹"为高丽所侵，部落万余口求内附，止于白狼河（即今辽宁境内的大凌河）"。也就是说，高句丽意图吞并契丹，却使其归附于中原王朝。但其后，高句丽和突厥为争夺契丹发生战争。"其后为突厥所逼，又以万家寄于高丽。"战争的结果竟然是，无辜的契丹被人为分裂，一部分并入突厥，一部分归附高句丽。

由于契丹的去留，事关华北政权北部边境的安全，因此中原王朝决然不会坐视不管。《北齐书·文宣帝本纪》记载：天保四年（553年）九月，契丹进犯边塞，北齐开国皇帝高洋亲率大军征讨，一直追到营州，夺回了契丹的大部分部众。之后契丹向北齐朝贡，但北齐末年国力衰弱，遭到契丹背弃。

隋初，契丹由于地处隋朝、高句丽、突厥三大势力之间，其战略地位是不言而喻的。因此，它始终是几大势力争夺的对象。但是，当隋朝打败突厥后，很快契丹就来请降。开皇四年（584 年）五月，隋文帝在大兴殿接见契丹领袖莫贺弗派来的请降使者。兴奋异常的隋文帝当即下令，封契丹主为大将军。开皇五年（585 年），"悉其众款塞，高祖纳之，听居其故地"。显然，在隋文帝的积极争取下，契丹除了一部分受高句丽控制的之外，大部分已经在政治上归附隋朝，这当然也是隋文帝长期以来争取东胡族的成果之一。开皇六年（586 年），契丹"诸部相攻击，久不止，又与突厥相侵，高祖遣使责让之。其国遣使诣阙，顿首谢罪。"这件事足以表明，契丹在归附后非常听命于隋朝，而在内政上其国主也要借助隋朝的权威约束不听话的部属，来巩固统治地位。

靺鞨

靺鞨生活在今天的东北地区，是满族的先祖。其渊源可以追溯到商周时的"肃慎"和战国时的"挹娄"。南北朝时，称其为"勿吉"，唐时写作靺鞨。其各部分布在今长白山以北，松花江、黑龙江和乌苏里江的广大地区，东临日本海。自北魏延兴五年（475 年）勿吉遣使到北魏朝贡后，与中原关系日益紧密，并逐渐兴盛起来。北魏太和二年（478 年），勿吉人再次朝贡北魏，要求准许其和百济配合，南北夹攻高句丽。而北魏认为这三方都是自己的藩属，令他们"宜共和顺，勿相侵扰"。北魏太和十七年（493 年），勿吉灭亡邻近的夫余，领土扩展到伊通河流域松辽平原的中心，为东北的一支强大势力。

隋朝，勿吉被称为靺鞨，其地处高句丽东北，分布很广，但当时尚未统一。靺鞨有数十个部落，主要有白山、粟末、伯咄、安车骨、拂涅、号室、黑水等七部。其各部相距二三百里，各有酋长、互不统属。开皇元年（581 年），靺鞨就派使者向隋文帝朝贡。隋文帝非常高兴，对使者大加褒奖道："朕闻彼土人庶多能勇捷，今来相见，实副朕怀。朕视尔等如子，尔等宜敬朕如父。"使臣答道："臣等僻处一方，道路悠远，闻内国有圣人，故来朝拜。既蒙劳赐，亲奉圣颜，下情不胜欢喜，愿得长为奴仆也。"一方愿意以父子相称、相待；一方视天子如圣人，而愿意做长久的奴仆。这在民族交往的历史上，是何等的罕见与顺利。又因为靺鞨北与契丹接壤，但其经常相互侵扰。隋文帝又对靺鞨使者讲道："我怜念契丹与尔无异，宜各守土境，岂不安乐？何为辄相攻击，甚乖我意！"使者惶恐地不断谢罪，表态一定各守边境、各守安乐，不敢再违背天子的意愿。

这样，从开皇初年开始，隋朝就与靺鞨建立起了臣属关系。之后，在开皇三年、四年、十一年、十二年、十三年等年份，靺鞨都曾遣使朝贡，双方关系十分密切。然而，由于靺鞨各部互不统属，因此隋朝的招抚工作也注定不是一帆风顺的。《隋书·靺鞨传》记载，与隋朝和朝鲜关系最密切的靺鞨部落主要是粟末部、白山部。粟末部与高句丽的敌对由来已久，显然隋朝也正是充分利用了其与高句丽的矛盾，来争取归附的。

契丹和靺鞨都是我国古代东北地区的重要民族，其在隋文帝时代都臣服于隋朝。隋文帝也对他们采取了友好的政策，既对他们之间的相互攻伐予以谴责，又劝他们与突厥友好相处。这一政策，无疑对于隋朝安定边境、密切其与东北各族的联系都起到了极大的积极作用。这是隋朝处理民族关系的重大胜利，其既可以促使东北地区的其他民族投向隋朝，使隋朝在这一地区取得优势，又可以促进该地区的经济开发、文化进步，还有助于日后隋朝更加游刃有余地处理与高句丽的问题。事实上，随着时间的推移，连被视为"最为无信"的奚族也在突厥、契丹等族归附后，遣使入朝。

高句丽

隋文帝时代，朝鲜半岛正处于高句（gōu）丽（lí）、百济、新罗三国分庭抗礼时期。这三个国家之间的关系很微妙，时友时敌。高句丽最强大，扩张势力较强，长期与中原王朝不太友善；新罗势力居第二，但进取心很强；百济最弱。

首先要说的是，高句丽和高丽不一样。高句丽也写作"高句骊"，简称"句丽"，是公元前 37—公元 668 年在我国东北地区和朝鲜半岛存在的一个民族政权，王族姓高。而高丽又称高丽王朝，是 918—1392 年朝鲜半岛上的一个统一王朝，王族姓王。所以，我们要说的是六七世纪时期的高氏的高句丽！说它是高丽的，属于一种时空错位的误解。

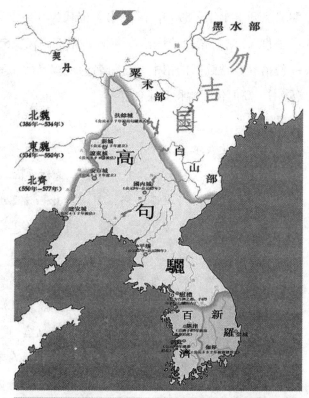

南北朝时的朝鲜三国形势

南北朝时期，高句丽趁着中原大乱，实施向西扩张的战略。对于隋朝的崛起，高句丽很是警惕。隋初，由于突厥的强大使其无力经营东北。而高句丽也在开皇元年（581 年）遣使入朝，着力与隋朝缓和关系。隋文帝也不失时机地封高句丽威德王为大将军、辽东郡公，以稳定东北局势。根据《隋书》和 12 世纪高丽王朝金富轼编撰的《三国史记》记载：高句丽开皇元年入朝 1 次，二年 2 次，三年 3 次，四年 1 次，与隋朝接触较为频繁。但是，开皇三年（583 年）四月，在北齐残余势力高宝宁反抗隋朝的动乱中，高句丽支持的却是隋朝的敌对势力高宝宁。这一事件显然给隋文帝留下了深刻的印象，东北问题不仅有历史遗留的领土主权问题，而且还可能成为华北地区不稳定的隐患，更是隋文帝重建东亚秩序的障碍。因此，隋文帝很早，就悄无声息地争取与高句丽邻近的东胡各族的归附问题。因此，契丹、靺鞨、奚等民族的内附，对于隋朝的内政外交均具有重大的意义。因为，东北各族的归附，直接将高句丽暴露在了隋朝面前。

隋朝统一后国势日强，高句丽对此大为恐慌。于是，其在国内整治兵器军械、积蓄粮草，作为据险守城的准备，对抗隋朝、搞地区霸权的用意非常明显。开皇十年（590年；《隋书》记载为开皇十七年有误，因为那时高汤早已去世），隋文帝命使臣给高句丽平原王高汤（559—590年）在位，送去了一份措辞异常强烈的诏书。这份名为《赐高丽王高汤玺书》的诏书，幸而在《隋书·高丽传》中得到了保存：

　　朕受天命，爱育率土，委王海隅，宣扬朝化，欲使圆首方足各遂其心。王每遣使人，岁常朝贡，虽称藩附，诚节未尽。王既人臣，须同朕德，而乃驱逼靺鞨，固禁契丹。诸藩顿颡，为我臣妾，忿善人之慕义，何毒害之情深乎？太府工人，其数不少，王必须之，自可闻奏。昔年潜行财货，利动小人，私将弩手逃窜下国。岂非修理兵器，意欲不臧，恐有外闻，故为盗窃？时命使者，抚慰王藩，本欲问彼人情，教彼政术。王乃坐之空馆，严加防守，使其闭目塞耳，永无闻见。有何阴恶，弗欲人知，禁制官司，畏其访察？又数遣马骑，杀害边人，屡骋奸谋，动作邪说，心在不宾。朕於苍生悉如赤子，赐王土宇，授王官爵，深恩殊泽，彰著遐迩。王专怀不信，恒自猜疑，常遣使人密觇消息，纯臣之义岂若是也？盖当由朕训导不明，王之愆违，一已宽恕，今日以后，必须改革。守藩臣之节，奉朝正之典，自化尔藩，勿忤他国，则长享富贵，实称朕心。彼之一方，不可虚置，终须更选官属，就彼安抚。王若洒心易行，率由宪章，即是朕之良臣，何劳别遣才彦也？昔帝王作法，仁信为先，有善必赏，有恶必罚，四海之内，具闻朕旨。王若无罪，朕忽加兵，自馀藩国谓朕何也！王必尽心纳朕此意，慎勿疑惑，更怀异图。往者陈叔宝代在江阴，残害人庶，惊动我烽候，钞掠我边境。朕前后诫敕，经历十年，彼则恃长江之险，聚一隅之众，惛狂骄傲，不从朕言。故命将出师，除彼凶逆，来往不盈旬月，兵骑不过数千。历代遗寇，一朝清荡，遐迩乂安，人神胥悦。闻王叹恨，独致悲伤，黜陟幽明，有司是职，罪王不为陈灭，赏王不为陈存，乐祸好乱，

何为尔也？王谓辽水之广何如长江？高丽之人多少陈国？朕若不存
含育，责王前愆，命一将军，何待多力！殷勤晓示，许王自新耳。
宜得朕怀，自求多福。

这道近乎檄文的诏书，列举了高句丽的种种罪状，如侵扰边疆、整军备
战、恃强凌弱，阻止周边国家或民族与隋朝交往等。这些与隋朝为敌、企图
在东北亚称雄的举动，显然是隋文帝所不能容忍的。所以在一番声讨之后，
隋文帝要求高句丽改过自新，不得欺压邻国，严守藩臣礼节。随着隋朝各项
事业的顺利开展，朝野要求讨伐高句丽的呼声不断高涨。"开皇之末，国家殷
盛，朝野皆以辽东为意。"话虽如此，但是隋文帝对高句丽和对待突厥、吐谷
浑类似，不主张轻易用兵，更不肯首先用兵。而是采取晓谕和威慑并举的措
施，来谋求边境的安宁。

面对隋文帝的严正警告，高句丽平原王高汤是越想越怕、诚惶诚恐，就
在其准备奉表谢罪之际，却因急火攻心而死。他的儿子婴阳王高元（590—
618年）即位，并派使者向隋朝告哀。隋文帝见此情形，便按惯例遣使者册封
高元为上开府仪同三司、辽东郡公、高丽王。于是，高元赶紧恢复朝贡。开
皇十一年（591年）正月，高句丽遣使朝贺，奉表谢恩，与隋朝缓和关系。开
皇十二年（592年）、开皇十七年（597年），高句丽也都曾遣使朝贡，但是双
方关系在此时只是维持了表面的正常，实际上暗流涌动、波谲云诡。因为，
让高句丽退出辽东是不可能的，但让隋朝承认现状同样也是办不到的。因此，
双方做的都是缓兵之计而已，私下都在积极地为下一步行动争取时间。

开皇十八年（598年），蠢蠢欲动的高句丽决定先发制人，高元率领靺鞨
1万多骑兵突袭辽西的营州，从而引发了高句丽与隋朝第一次战争。虽然，高
句丽的进犯已经被隋朝的营州总管韦冲击退。但盛怒之下的隋文帝，仍然决
定命汉王杨谅、上柱国王世积为行军元帅，周罗喉为水军总管，率领30万大
军水陆并进攻打高句丽。然而，隋军因遭大雨运粮困难，水军遭遇风暴、军
中瘟疫流行，导致损失惨重。即便如此，高句丽还是慑于隋朝的军威遣使谢

罪，高元上表自称"辽东粪土臣元"。隋文帝威慑的目的已然达到于是罢兵，对其战争责任不予追究，还像以前那样对待他。

百济

开皇初年，百济王余昌就派使臣到隋朝进献特产，隋文帝册封其为上开府、带方郡公、百济王。百济文化较为发达，受中国影响较大。隋朝灭陈时，有一艘隋军战船漂流至百济，余昌赠送了隋军官兵很多物资，并派使臣奉表朝贺，恭贺隋朝一统天下。隋文帝为此十分高兴，下诏书道：

> 百济王既闻平陈，远令奉表，往复至难，若逢风浪，便致伤损。百济王心迹淳至，朕已委知。相去虽远，事同言面，何必数遣使来相体悉。自今以后，不须年别入贡，朕亦不遣使往，王宜知之。

接到诏书，百济使者高兴地跳着舞，回去复命了。开皇十八年（598年），百济使者前来朝贡，正值隋军征高句丽。于是，百济王派使者请求为隋军做向导。百济和高句丽的态度形成了鲜明对比，感慨之下隋文帝又发布了一道诏书称："往岁为高丽不供职贡，无人臣礼，故命将讨之。高元君臣恐惧，畏服归罪，朕已赦之，不可致伐。"百济得到隋朝的肯定，必然招致高句丽的报复，但百济与隋朝交往的决心却始终不曾动摇。

新罗

新罗原本依附于百济，但后来逐渐走向强盛和自立，并与百济矛盾不断。然而，因为新罗山川险固，百济国力有限也无力图谋新罗。开皇十四年（594年），新罗王金真平派使者向隋朝贡献特产，隋文帝册封金真平为上开府、乐浪郡公、新罗王。

总体看来，隋文帝时代在处理与朝鲜半岛三国关系时，虽然与高句丽有过一次大规模战争，但双方仍以和平相处为主；至于百济和新罗，则始终与隋朝为睦邻友好关系，经济文化交流日趋密切。

倭国

日本古称倭国，东汉光武帝时，其就曾派遣使臣到洛阳朝贡，自称大夫，并接受册封。魏晋南北朝时期，倭国也不间断地和中国交往。

开皇二十年（600年），倭王姓阿每多利思北孤，派遣使臣朝贡。随后，倭国还有不少的僧人、学生到中国来学习。隋文帝责成有关部门，考察该国风俗。当时，倭国有官职、法律，有兵器而无征战。人民信仰佛教，从百济获得中国传去的佛经，并开始使用汉字。新罗、百济都视倭国为大国，有很多珍宝，因而对其心存畏惧，经常与其通使往来。

东南亚

隋文帝时代，路上经由丝绸之路，海上由南海经由马六甲海峡、印度洋，同中亚、东南亚、西亚以及欧洲的许多国家，都有商业和文化往来。与隋朝交往的东南亚国家，有林邑（今越南中南部）、赤土（今马六甲）、真腊（今柬埔寨）、婆利（今马来西亚北婆罗洲）等国。

其中，林邑国国土较大，南北朝时就曾与南朝往来。隋朝刚完成统一时，林邑国就派使者来进献方物。但是，仁寿末年隋文帝受个别大臣鼓动，为寻获珍宝而派大将军刘方征讨林邑。这场不太光彩的战争，隋军最终在连番苦战下获胜。但是，当隋军撤退后，林邑国很快就恢复了国土。然而，经过这件事后，林邑王梵志也更加意识到隋朝的强大，于是派使者向隋朝谢罪。从此，林邑向隋朝的朝贡从未中断，两国的友好往来得到了加强。

陈朝曾是牵制隋朝的关键，因为它的存在隋朝便有后顾之忧，而这种牵制也往往会影响到当时的世界格局。例如，隋朝日益强大起来后，高句丽就逐渐与隋朝疏远，转而密切同陈朝的关系。但是，灭陈完成统一后，隋朝的地位空前提高，这也左右着周边局势的变化。当隋朝重新统一中国后，为此

激动的远远不止中国人。因为大家都知道，当这位巨人重新站立起来后，世界的面貌必然因此改变。隋朝的每一个动向，都会对周边世界产生巨大影响。站在这样一个中心地位上，隋文帝积极统一国内、振兴国力，创造有利的内部环境；同时，积极开拓与世界各地的交往与贸易，排除敌对势力，重构以自己为中心的国际关系原则。

隋文帝历来重视民族问题和国际交往。早在隋文帝即位之初，他就向汾州（今山西汾阳）刺史韦冲询问安定胡人的计策。韦冲对他讲道："夷狄之性，易被反复，皆由牧宰不称所致。臣请以理绥靖，可不牢兵而定。"隋文帝对此深表赞同，并且从他在位期间的执政情况来看，他在处理与周边民族关系上，基本上正是执行了这条"以理绥靖"的方针。近期的臣服政策和长期的文化改造，刚柔并济、恩威兼施，是隋文帝重建天下秩序的基本原则。这是隋文帝根据魏晋南北朝大动乱后的现实与民族融合的进程，并总结汉朝的经验得失而提出。因此，他的对外政策比起汉朝，更具有广泛的适应力与包容性，也取得了前所未有的辉煌外交成就。

隋文帝时代，与周边各族、各国的密切交往，既是隋朝国家发展的重要内容，也是隋文帝务实外交思想的胜利，更是其强大国力的象征。一个完善的东亚新秩序逐步建立，大隋帝国和隋文帝的个人声望也几乎达到了顶点。隋文帝的内心得到了极大的满足，他的目光由此也可以投向更加宽广、宏大的领域，从而决心将自己的事业做得更大，成为一个不朽的传奇。

第三章

隋文帝锐意改革建章立制

隋文帝的执政班底

明君总和贤臣相伴而生，相互依存、相始相终。没有贤臣的辅助，单靠个把明君成就不了什么功业；而没有明君的任用，贤臣也找不到施展拳脚的舞台。所以，诸葛亮得遇刘备是"如鱼得水"，而李世民失去魏征就如同失去一面镜子。

隋文帝掌权后，立即着手组建执政班底，恢复政府的信誉，提高政府的效率。他开创的统一大业和鼎盛繁荣，得益于他的一干文臣武将；而这些才能之士也正是靠着他搭建的舞台而名垂青史。在隋文帝的执政团队里，最卓越、最亲密、最重要的辅弼之士就是高颎、杨素、苏威和李德林。

高颎堪称"隋朝第一名臣"，他的能力最强，最受器重，贡献也最大。他是渤海蓨（tiáo）县（今河北景县）人，其父高宾原本在北齐做官，后来因受排挤而逃到北周，并受到权臣独孤信的欣赏，被赐姓独孤氏。因此，高颎有时也被称为独孤颎。《隋书·高颎列传》记载道：高颎"少明敏，有器局，略涉书史，

高颎（541—607年）

尤善词令"。他家有一棵柳树，高达百尺，犹如盖子一样。于是，村中的老人便说："此家当出贵人"，后来果然应验。高颎17岁时，便被北周齐王宇文宪提拔为秘书（记室）。北周武帝时，他继承了父亲武阳县伯的爵位，并被任命为内史上士，不久又被提拔为下大夫。后来，他又因为在灭北齐的战争中立下赫赫战功，而被拜为开府。北周宣帝宇文赟即位后，隰（xí）州（今山西隰县）的少数民族稽胡发动叛乱，高颎随越王宇文盛率军，很快将其镇压。

大象二年（580年）五月，隋文帝在以左丞相的身份独揽北周大权。当时，尉迟迥叛乱气势正盛，隋文帝的部下大多被其所震慑，而不敢主动请缨平叛，但高颎却敢于主动请战。隋文帝向来知道高颎精明强干，又通晓军事，经常会有巧妙的计谋，因此大胆地任用他参与平定叛乱。而他也果然没有辜负隋文帝的信任，为平定尉迟迥之乱立下了汗马功劳。此后，高颎便更加得到隋文帝的赏识和器重，被加封为义宁县公、柱国，并出任相府司马（相当于杨坚的秘书长），从而成为隋文帝的左膀右臂。

581年二月，隋文帝建立隋朝，同月便拜高颎为宰相（尚书左仆射，兼纳言），并进封其为渤海郡公，所受到的恩宠满朝文武无人能比。以至于隋文帝每次叫他的时候，只叫他"独孤"而不叫他的名字。在隋文帝的高度信任下，高颎凭借自己的卓越才干取得了辉煌的成就，因此他在新王朝中的地位也很高。他接受的一系列艰巨而重要的任务，都完成得很出色。他怀有经国济世的奇才，其才能既突出又全面。政治方面，他曾奉命和郑译、杨素等修订了新的刑律。新律废除了枭首、轘（huàn）身及鞭刑，减轻了徒刑，还取消了一些狠毒的刑讯逼供。他还监督了新都城——大兴的建设。经济方面，他主持制定了新的户籍和赋税制度，增加了政府的财政收入。军事方面，他曾多次率兵作战并取得重大胜利。

开皇三年（583年）八月；高颎出宁州道（今甘肃宁县），与诸将分道反击突厥。开皇七年（587年）八月，隋朝兼并西梁后，高颎便奉命赶赴江陵安抚民众，并很快使隋朝得到了当地官民的拥护。同年十一月，隋文帝向他咨询伐陈之策。高颎道出了他关于征伐陈朝的思虑已久的宏伟战略，他说："江北地寒，田收差晚，江南土热，水田早熟。量彼收积之际，微征士马，声言掩袭。彼必屯兵御守，足得废其农时。彼既聚兵，我便解甲，再三若此，贼以为常。后更集兵，彼必不信，犹豫之顷，我乃济师，登陆而战，兵气益倍。又江南土薄，舍多竹茅，所有储积，皆非地窖。密遣行人，因风纵火，待彼修立，复更烧之。不出数年，自可财力俱尽。"这些分析鞭辟入里、直击要害，和崔仲方的计谋有异曲同工之妙，真可谓英雄所见略同。隋文帝听后信念更加坚定、思路更加清晰，很快便全部予以采纳并依计而行。从此，陈朝的日子就越来越难熬了。隋文帝苦于无良将，又向高颎询问，高颎向他举荐了上开府仪同三司贺若弼与和州（今安徽和县）刺史韩擒虎。这两人后来果然完成了这项光荣而艰巨的任务，成就了这桩不世功业。

高颎有"文武大略，明达世务"，善于发现和推荐人才，并且能注意保护有功之臣，以天下为己任。苏威、杨素、贺若弼、韩擒虎等，均为高颎所推荐且各尽其用，这些人最终均为一代名臣。其余经他举荐而对隋朝在若干领域做出贡献者，不可胜数。隋文帝曾因事欲杀名将史万岁，高颎请求道："史万岁雄略过人，每行兵用师之处，未尝不身先士卒。尤善抚御将士，乐为致力，虽古名将未能过也"。史万岁因此暂时得以免于一死，并在后来出击突厥时立下大功。同时，高颎为人谦逊，从不居功自傲。灭陈后，贺若弼和韩擒虎为争灭陈首功，甚至刀兵相见，后来在隋文帝面前依然争执不休。而当隋文帝命高颎和贺若弼论平陈事宜时，他却谦虚地说："贺若弼先献十策，后于蒋山苦战破贼。臣文吏耳，焉敢与大将军论功？"表示功劳都是将军们的，自己没做什么贡献。正因为如此，隋文帝听后大笑不已，对他的谦逊精神非常赞赏。不久，高颎的第三子高表仁娶太子杨勇之女大宁公主为妻，成为皇亲国戚的高家获得了无数的赏赐和无尽的荣耀。

长期以来，隋文帝对高颎极为倚重、高度信任，几乎言听计从。高颎随大军灭陈凯旋归来时，隋文帝在慰劳他时曾讲道："公伐陈后，人言公反，朕已斩之。君臣道合，非青蝇所间也。"虽然高颎对皇帝的信任感激不尽，然而他深知自己权势太高一定会遭到别人的忌恨，所以多次辞让官爵，但都被隋文帝所拒绝。隋文帝下诏对他劝勉道："公识鉴通远，器略优深，出参戎律，廓清淮海，入司禁旅，实委心腹。自朕受命，常典机衡，竭诚陈力，心迹俱尽。此则天降良辅，翊赞朕躬，幸无词费也。"君臣相得之深，由此可见一斑。在此后将近20年的时间里，高颎兢兢业业地辅佐隋文帝，为隋朝做出了不可磨灭的贡献。这既显示了他非凡的才干，同时也巩固了隋朝的统一局面。高颎经常会坐在朝堂北侧的槐树下办事，由于这棵树和其他树长得不整齐（不成行列），有关部门本想将其砍伐。但是，隋文帝特意下令不许砍伐，用以留作后人学习的榜样。君臣之间如此惺惺相惜，在历史上还真不多见呢。

然而，天下没有不散的筵席，隋文帝对高颎的信任并没能保持始终，到了后期他们之间也出现了多次信任危机。独孤皇后对高颎有很深的成见，总想暗中把他除掉。高颎的妻子死后，独孤皇后对隋文帝说："高仆射老矣，而丧夫人，陛下何能不为之娶！"当隋文帝把这句话转告给高颎时，他感动地哭谢道："臣今已老，退朝之后，唯斋居读佛经而已。虽陛下垂哀之深，至于纳室，非臣所愿。"隋文帝见他这么说，也就不再好说什么了。然而，不久高颎的爱妾生了个男孩，隋文帝知道后很高兴，独孤皇后却一脸不快。她对丈夫说道："陛下当复信高颎邪？始陛下欲为颎娶，颎心存爱妾，面欺陛下。今其诈已见，陛下安得信之！"隋文帝听后陷入沉思，也不由得对其心生不满。开皇十八年（598年），隋朝决定征伐高句丽，高颎坚决请求不要用兵，但隋文帝没有理睬。结果，出兵途中隋军陆军发生瘟疫，水军遭遇暴风舰船损毁严重，士卒损失十之八九无功而还。独孤皇后便对丈夫："颎初不欲行，陛下强遣之，妾固知其无功矣！"再加上隋文帝的第五子汉王杨谅只是这支隋军的挂名统帅，实权把持在高颎手中。并且，高颎凭借皇帝对自己的崇信，对杨谅的意见经常不予采纳。因此杨谅对其十分不满，回京后竟对母亲诬陷说："儿幸免高颎所杀。"也就是说，他声称高颎想杀死他。这也夸大的太厉害了吧。虽然这件事不能轻信，但隋文帝听到还是极为愤懑不平。高颎和太子杨勇是亲家，因此他就以废长立幼不合礼法为理由，坚决反对其立次子杨广为太子，但隋文帝却认为是高颎根本就是出于私利。高颎的属下甚至向皇

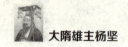

帝揭发，高颎经常自比为司马懿，而众所周知：司马懿的孙子司马炎可是逼迫曹魏禅让的啊！虽然这些事，有些只是别人的恶语诽谤并不靠谱。但这样的事情次数多了，隋文帝慢慢地也就信以为真，开始疏远他了。

开皇十九年（599年），凉州（今甘肃武威）总管王世积因故被杀。在审讯当中，他曾提到了一些宫中秘事，并称是从高颎那里听来的。隋文帝对此惊诧不已，他想不到高颎竟然已经如此胆大妄为、口不择言。司法部门又奏称，高颎曾和王世积来往密切，并收受过其赠送的名马。高颎因此也被问罪，然而审讯结果却表明其是无罪的。隋文帝更加恼怒，认为有关部门这是在讨好高颎，是明目张胆的徇私枉法。此案肯定存在严重的包庇，于是将主审官员统统拘捕。此后，一张诽谤的大网络就在这位大隋宰相的周围张开了。当五位重臣（上柱国贺若弼、吴州总管宇文弥、刑部尚书薛胄、民部尚书斛律孝卿、兵部尚书柳述）都向隋文帝保证高颎无辜时，他们竟都被降职。从此，朝臣中再没有人敢为高颎说话。高颎就此被免官，不久连其齐国公的爵位也被废除。但在后来的一次的宴会上，隋文帝噙着眼泪动情地对高颎说道："朕不负公，公自负朕也。"这恐怕就是隋文帝心里的真情流露吧，他多么愿意相信：他们之间的隔阂，只是一种误会而已。杨广呢，本就对高颎擅自将张丽华斩首之事怀恨在心，一直视其为眼中钉、肉中刺，一心想欲除之而后快；而高颎对杨勇当太子的支持，更让杨广对其恨之入骨。杨广即位后，高颎曾短暂地被起用为太常卿，但不久就被借故杀害。一代名臣，竟以这样的悲惨结局告别历史舞台，使人感慨不已。

高颎是一位杰出的政治家和军事家，其对隋的统一和发展大业做出了独特而重大的贡献。初唐名臣魏征在《隋书·高颎传》中，对他评论道："颎有文武大略，明达事务……当朝执政将二十年，朝野推服，物无异议。治致升平，颎之力也。论者以为真宰相。及其被诛，天下莫不伤惜，至今称冤不已。所有奇策密谋及损益时政，颎皆削稿，世无知者。"唐朝史学家杜佑在纵观历代名相后，也在其名著《通典》里对高颎做了这样的评价："历观制作之旨，固非易遇其人。周之兴也得太公，齐之霸也得管仲，魏之富也得李悝，秦之强也得商鞅，后周有苏绰，隋氏有高颎，此六贤者，上以成王业，兴霸图，次以富国强兵，立事可法……隋氏资储遍于天下，人俗康阜，颎之力焉。"唐贞观元年（627年），唐太宗李世民就发现，他所留用的前隋官员，一致盛赞高颎做宰相时的政绩，这促使李世民去阅读了高颎的传记。在印证了他们的评价后，他说道："朕比见隋代遗老，咸称高颎善为相者，遂观其本传，可谓公平正直，尤识治体。"由此可以清楚地看出，高颎确实是一位有才能的战略家，一位讲求实效和效率的行政官员；一位在制定隋初政策中起着重要作用，并全面负责执行这些政策的明智的辅政大臣，甚至对后世还有深远的影响。

高颎之外，隋文帝的第二个重要助手便是杨素。杨素和隋文帝来自同一个家族——弘农杨氏，而且是远亲，所受的教育也比较类似。他父亲杨旉（fū）曾任汾州（今山西汾阳）刺史，是北周的开国功臣。杨素从小就有远大的志向，但又不拘小节，当时的人都不理解他。只有他的堂叔祖（爷爷的堂弟）、北魏黄门侍郎兼骠骑大将军杨宽认为他非同寻常。杨宽常常对子孙说："处道（杨素的字）不是一般的人，他日一定出类拔萃、无与伦比，不是你们赶得上的。"杨素属于那种厚积薄发、大器晚成的人，他后来和安定（今甘肃定西）人牛弘（后任隋朝礼部、吏部尚书）志同道合，相互勉励、奋发图强。因而，成年后的杨素是位博学多才的人。他知识渊博，在文学、书法上均有造诣。宇文护当政时，就对20出头的杨素特别赏识，先后任命其为中外记室、礼曹、大都督等职。天和七年（572年）三月，宇文护被北周武帝宇文邕诛杀，28岁的杨素因此受到株连。宇文邕原本打算处死杨素，但他对此毫不畏惧，并高声地说："臣事无道天子，死其分也。"宇文邕听后反而被他铮铮铁骨所打动，认为他是个人才，从此对他刮目相看。不仅当即赦免了他，并对其加以重用。杨素被拜为车骑大将军、仪同三司，并逐渐博得了宇文邕的青睐。杨素为皇帝起草诏书时，可以下笔成章且文辞华丽。宇文邕称赞他："好好努力，不愁日后没有荣华富贵。"而他却回答说："臣只怕富贵来逼臣，臣却无心谋取富贵。"虽其恃才放旷，但仍使爱才如命的宇文邕不觉心花怒放。

杨素和高颎类似，都是典型的文武双全型的大才。杨素有一缕美髯，使

杨素（544—606年）

他很有一副勇武的英雄气概。而事实上，后来他对北周和隋朝贡献最大的正是他的战功。杨素的事业开始腾飞，始于北周灭北齐的战争。建德四年（575年）七月，杨素率其父旧部为先锋攻齐。宇文邕赐给他一条竹鞭，说："我正要驱使天下，所以把这件东西赐给你。"他在这场战争中表现勇猛而出色，战后因功被封为上开府、成安县公。建德七年（578年）三月，陈朝名将吴明彻进犯吕梁，杨素随上大将军王轨前去救援，最终大破陈军，并俘虏了吴明彻和他的3万大军。

杨素和隋文帝的交情很深，隋文帝掌握北周大权后，他知道隋文帝一向比较受群臣拥护并且有称帝之意，就主动投到其门下。隋文帝也深知杨素的才能，因此非常器重他。而杨素果然也没让隋文帝失望，并在其改朝换代的关键时刻，密切地配合了他的夺权行动，还协助其陆续打垮了政敌。隋文帝称帝后，杨素被任命为御史大夫（相当于最高检察院检察长）、上柱国，与高颎、苏威等分掌大权。但在杨素的事业正处于上升势头的时候，一个家庭的一个小插曲险些毁了他的锦绣前程。杨素的妻子郑氏是个悍妇，在一次吵架时杨素随口说了一句："我要是当了皇帝，你一定不能做皇后。"结果他被妻子告发，并因此获罪而被免官。好在这时隋文帝在筹划灭陈大业，杨素又多次向其献伐陈之策，这样隋文帝才慢慢地又恢复了对他的信任。

开皇五年（585年）十月，杨素出任信州（今重庆奉节）总管，为隋朝经营长江上游，并为灭陈做准备。隋文帝赐给他钱百万、锦千段、马200匹。杨素在永安（今重庆奉节东）建造了五层的巨型战船（"五牙"、"黄龙"）可容纳800名士兵。他还命人故意向江中抛弃造船的废料，以威慑擅长水战的陈军水师。灭陈战争中，他率领隋朝水军顺江而下，大小战船铺满了整了江面，旌旗盔甲在阳光下鲜艳耀眼。身材魁梧的杨素端坐在大船之上，陈朝人望而生畏，都说："清河公（杨素当时的爵位是清河郡公）就是长江之神啊！"杨素、刘仁恩的水军、步兵相配合，他的巨舰也显示了无穷的威力，很快就控制了长江上游。杨素的军事行动遏制了上游陈军的东援企图，有力地保障了下游隋军主力的渡江作战。而后，杨素所部与秦王杨俊会师于汉口（当时隋军已攻占建康），并不断南下以扩大战果。陈亡后，他因功进封越国公，并出任荆州（今湖北江陵）总管、宰相（纳言、内史令）等。因为他平时好女色，所以隋文帝在给其丰厚的赏赐外，甚至还破例赐了他14名美女——原陈朝的公主和嫔妃。有一个美丽的成语叫"破镜重圆"，其来历就和杨素大有关联。陈后主的大妹妹乐昌公主，在亡国后与丈夫徐德言失散，但他们两人各有半面铜镜作为信物。后来乐昌公主沦为杨素的妾，并颇受宠爱。为了信守爱情的诺言，乐昌公主暗中命人在街上售卖这半面铜镜，而她也果然靠这样的方式找到了徐德言。杨素得知此事之后，不仅没有记恨，反而竟然将乐昌公主放回了徐家，并且赠了一笔钱给徐德言。因此，当时的人都称赞杨素有雅量，乐于成人之美。

开皇十年（590年）十一月，陈朝旧地发生大规模叛乱，杨素又被任命为

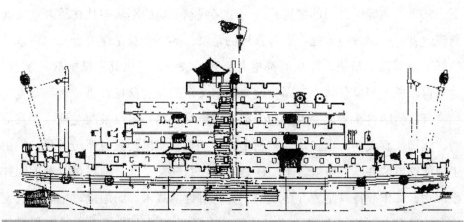

隋朝五牙舰复原图

行军总管率军平叛。杨素的军队由扬子津（今江苏扬州南）渡江，以迅雷不及掩耳之势先后击破叛军朱莫问、顾世兴、鲍迁、沈玄侩（kuài）、沈杰、陆孟孙、沈雪、沈能、高智慧、蔡道人、汪文进等部。几番浴血奋战下来，杨素却越战越勇。此时隋文帝考虑到隋军长时间征战已显疲惫，便诏令杨素班师回京休整。但他认为："贼寇的余部尚未殄灭，恐怕会成为后患。"于是，他上书请求暂缓返京继续剿匪，这才是真正的"宜将剩勇追穷寇"。隋文帝对此非常赞赏，便下诏说："朕忧劳百姓，日旰忘食，一物失所，情深纳隍。江外狂狡，妄构妖逆，虽经殄除，民未安堵。犹有贼首凶魁，逃亡山洞，恐其聚结，重扰苍生。内史令、上柱国、越国公素，识达古今，经谋长远，比曾推毂，旧著威名，宜任以大兵，总为元帅，宣布朝风，振扬威武，擒剪叛亡，慰劳黎庶。军民事务，一以委之。"杨素在皇帝的褒奖下再接再厉，又一鼓作气地剿灭了叛军王国庆部，并将高智慧斩首，一举平定了江南。隋文帝闻讯后欣喜不已，专程派左领军将军独孤陀代表朝廷到浚仪（今河南开封）犒劳杨素的凯旋之师。回京后，杨素被赏赐财物无数，并于开皇十二年（592年）十二月代替苏威出任尚书右仆射，与尚书左仆射高颎同掌朝政。

杨素带兵很有一套，他善于随机应变，总是把握好时机去同敌人作战。他治军极其严厉，有人违犯军令就会立即被斩首，从不法外施恩。每次作战前他都会寻找一些士兵的过失，然后杀之以立威。每次多者百余人，少也不下十几人。他确保胜利的措施，既简单又残忍：他的军队中凡在敌人进攻面前溃退者，一律就地处死。面对这样的杀戮，杨素却总是谈笑自如。所以他的部下对其极为敬畏，作战时都抱有必死的决心，所以其军队能战无不胜，他也得以成为当世名将。又因为他受到隋文帝的高度信任，皇帝对他宠爱有加，所以他的将士，无论大小功劳都会被记录在案并得以及时兑现。而其他的将领即使有大功，也经常会被朝中文官搁置。所以杨素虽严厉凶狠，但由于他能够恩威并施，所以将士们还是非常愿意随其征战。他对付突厥人同样很成功，其作战特点是放弃传统的、带防御性的战术，而用进攻型的骑兵突击和不断骚扰敌人。开皇十八年（598年），他领兵大败西突厥。仁寿元年

（601年），杨素取代高颎做了尚书左仆射，成为大隋首席宰相。同年，他又被拜为行军元帅，前往云州（今山西大同）攻打突厥。仁寿二年（602年），他率兵大败东突厥执失思力。从此突厥人逃得远远的，多年不敢南下进犯。

杨素性情粗疏而口才好，尊卑贵贱都放在心里。朝廷大臣之中，他非常推举高颎，敬重牛弘，深交薛道衡，而对苏威却不屑一顾，朝中其余的权贵大多被他欺凌。随着杨素一天天显贵荣耀，他的弟弟杨约，叔父杨文思、杨文纪以及族父杨异，都成了尚书，位列公卿。他的儿子们虽然没有尺寸之功，也都官至柱国、刺史（如长子杨玄感进位柱国，次子杨玄纵为淮南郡公）等。《隋书·杨素列传》记载，鼎盛时的杨家，光童仆就有几千人，后院穿着华丽的乐妓和小妾也有上千人。杨府华丽奢侈，建筑规模和样式都是模仿自皇宫。因此，杨素显贵的程度，南北朝以来竟无人可比！

杨广为培植自己的势力，亲自与杨素结交。而杨素也知道杨广有夺位之心，又会给自己带来更大的前途，于是投其门下，并与支持杨勇的高颎激烈地明争暗斗。而后，杨素因在杨广夺位的过程中发挥了重大作用，因此在新朝继续得宠。仁寿四年（604年），他统兵镇压了汉王杨谅反对杨广的叛乱。杨广即位后，任命他为尚书令，并在洛阳为其赏赐上等府第一处、织物2000千段。不久，又拜他为太子太师。第二年，他又进位司徒，改封楚国公，食邑2500户。然而，功高震主又不知收敛的杨素最终受到杨广忌恨。杨素卧病在床的时候，杨广常派一些有名的医生前去诊治侍候，并且赐他许多上好的药品。然而却总在暗地里问医生，总怕他不死去。杨素知道自己的名望和地位已到了极限，不肯吃药，也不想谨小慎微地活下去了。大业元年（605年），杨素在杨广的"关怀"下忧病而死，享年63岁。杨素死后，为子孙留下了无数的财宝、丝帛、房屋、封地、美女，以及许多崇隆的爵号。杨广追封他为光禄大夫、太尉公、十郡太守（弘农、河东、绛郡、临汾、文城、河内、汲郡、长平、上党、西河），谥号"景武"。还赐给他家谷物5000石、织物5000段，派鸿胪卿（朝会礼仪官）专门负责办理他的丧事，并且下诏书对其表示哀悼。8年后（613年六月），杨素的长子杨玄感反叛隋朝，不久败亡，家族

从此衰落。就连骄傲的"杨"姓，也被杨广下令改为带有侮辱性的"枭"氏。

　　杨素曾写过一首长达 700 字的五言诗，送给自己的朋友番州（今广东广州）刺史薛道衡。此诗气势宏大、风韵出众，堪称隋诗中的上乘之作。可是这首诗写成后没几天，杨素就死了。薛道衡叹息道："人快要死的时候，他的话语也变得很友善了，难道就是像这样的吗？"杨素是否对自己的死亡有预感，我们不得而知。但是，从这首诗还是能看出他深厚的文学造诣。

《赠薛番州》

在昔天地闭，品物属屯蒙。

和平替王道，哀怨结人风。

麟伤世已季，龙战道将穷。

乱海飞群水，贯日引长虹。

干戈异革命，揖让非至公。

两河定宝鼎，八水域神州。

函关绝无路，京洛化为丘。

漳滏尔连沼，泾渭余别流。

生郊满戎马，涉路起风牛。

班荆疑莫遇，赠缟竟无由。

五纬连珠聚，千载浊河清。

金亡潜虎质，闰尽自蛙声。

圣期伊旦暮，天禄启炎精。

雾生三日重，星飞五老轻。

禋宗答上帝，政物创群生。

道昏虽已朗，政故犹未新。

刳舟洹水际，结网大川滨。
出游迎钓叟，入梦访幽人。
植林虽各树，开荣岂异春？
相逢一时泰，共幸百年身。

有帛贲丘园，生刍自幽谷。
尘芳金马路，澜清凤池澳。
零露既垂光，清风复流穆。
倾盖如旧知，弹冠岂新沐。
利心金各断，芬言兰共馥。

自余历端揆，缉熙恧时彦。
及尔陪帷幄，出纳先天眷。
高调发清音，缛藻流馀绚。
或如彼金玉，岁暮无凋变。
余松待尔心，尔筠留我箭。

荏苒积岁时，契阔同游处。
阊阖既趋朝，承明还宴语。
上林陪羽猎，甘泉侍清曙。
迎风含暑气，飞雨凄寒序。
相顾惜光阴，留情共延伫。

滔滔彼江汉，实为南国纪。
作牧求明德，若人应斯美。
高卧未褰帷，飞声已千里。
还望白云天，日暮秋风起。

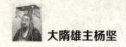
大隋雄主杨坚

岘山君倪游，泪落应无已。

汉阴政已成，岭表人犹蠹。
弹冠比方新，还珠总如故。
楚人结去思，越俗歌来暮。
阳乌尚归飞，别雀还回顾。
君见南枝巢，应思北风路。

北风吹故林，秋声不可听。
雁飞穷海寒，鹤唳霜皋净。
含毫心未传，闻音路犹夐（xiòng）。
唯有孤城月，徘徊独临映。
吊影余自怜，安知我疲病。

养病愿归闲，居荣在知足。
栖迟茂陵下，优游沧海曲。
故人情可见，今人遵路躅。
荒居接野穷，人物俱非俗。
桂树芳从生，山幽竟何欲！

所欲栖一枝，禀分丰诸己。
园树避鸣蝉，山梁过雌雉。
野阴冒丛灌，幽气含兰芷。
悲哉暮秋别，春草复萋矣。
鸣琴久不闻，属听空流水。

秋水鱼游日，春树鸟啼时。

濠梁暮共往，幽谷有相思。

千里悲无驾，一见杳难期。

山河散琼蕊，庭树下丹滋。

物华不相待，迟暮有余悲。

衔悲向南浦，寒色黯沉。

风起洞庭险，烟生云梦深。

独飞时慕侣，寡和乍孤音。

木落悲时暮，时暮感离心。

离心多苦调，讵假雍门琴！

　　历史上对杨素的评价很高，但一般又认为：杨素的才艺风调优于高颎，但治理国家的才能则远不及高颎。隋文帝认为："越国公素，志度恢宏，机鉴明远，怀佐时之略，包经国之才。王业初基，霸图肇建，策名委质，受脤出师，擒剪凶魁，克平虢、郑。频承庙算，扬旍江表，每禀戎律，长驱塞阴，南指而吴越肃清，北临而獯狁（xūn xiǎn）摧服。自居端揆，参赞机衡，当朝正色，直言无隐。论文则辞藻纵横，语武则权奇间出。"唐朝大诗人杜牧则将杨素和周朝姜尚、秦朝王翦，汉朝韩信、曹魏司马懿、孙吴周瑜、蜀汉诸葛亮、西晋羊祜、北魏崔浩，北周韦孝宽，唐朝李靖、李勣等人并列为有深谋远略的统帅。近代学者郑观应也称："古之所谓将才者，曰儒将、曰大将、曰才将、曰战将。孙膑、吴起、白起、耿弇、杨素、慕容绍宗、李光弼、马燧等，才将也。"

　　魏征在《隋书·杨素传》中，对其进行了综合评价：

　　"杨素少而轻侠，倜傥不羁，兼文武之资，包英奇之略，志怀远大，以功名自许。高祖龙飞，将清六合，许以腹心之奇，每当推毂之重。扫妖氛于牛斗，江海无波；摧骁骑于龙庭，匈奴远遁。考其夷凶静乱，功臣莫居其右；览其奇策高文，足为一时之杰。然专以智诈自立，不由仁义之道，阿谀时主，高下其心。营构离宫，陷君于奢侈；谋废冢嫡，致国于倾危。终使宗庙丘墟，市朝霜露，究其祸败之源，实乃素之由也。幸而得死，子为乱阶，坟土未干，阖门殂戮，丘陇发掘，宗族诛夷。则知积恶馀殃，信非徒语。多行无礼必自及，其斯之谓欤！"

这段评述很精到，耐人寻味、发人深省。翻译成现代汉语就是：

"杨素年轻的时候才华横溢，洒脱不羁，兼有文才武略，志向远大，常以立功扬名自期。高祖初举大事，将要扫清宇内、夺取天下的时候，常把一些关系重大的机密要事托付给他，总是让他承担起协助、辅佐的重任。他在宇内扫尽妖孽的气焰，使四海之内风平浪静，没有一点波澜；在边疆摧毁敌人矫健的骑兵，迫使匈奴远逃。推究他铲平凶恶残暴的敌人平定叛乱，有功之臣没有谁能比得过他；看他那些神奇的计策和高妙的文章，堪称一代英豪。然而他一味地凭借自己的聪明和欺诈自立于世，不走仁义的正道，阿谀奉迎皇上，使皇上的行为有些偏离；修筑建造离宫铺张浪费，使皇上陷于奢侈的名声；策划废除皇上的嫡亲长子，使国家到了快要倾覆的危险境地。最终使国家破灭，皇家的祖庙变为一片废墟，在市井里每天受到风霜雨露的侵蚀。探求这祸害衰败的源头，实在是杨素的罪过啊！幸好他死了，而他的儿子又犯上作乱。他坟上的新土还没有被风吹干，就招致满门抄斩，坟墓也被挖开，全族的人都被诛死。这才知道坏事做多了会留下祸害，这话并非瞎说。不守礼法的事做多了就会殃及自身，指的就是这一类的事啊！"

苏威（542—623年），京兆武功（今陕西武功）人，他是隋文帝时代权势

最大的三位大臣中的第三人。苏威的父
亲是西魏著名政治家、思想家苏绰，而
苏绰是宇文泰的心腹，曾任西魏大行台
度支尚书、领著作，兼司农卿（相当于
农业部部长）。他的《六条诏书》（治心
身、敦教化、尽地利、擢贤良、恤狱讼、
均赋役），最为后世称道。宇文泰将其作
为自己的座右铭，令百官学习和传诵，
并规定不通晓苏绰开创的计账法和《六
条诏书》者不得为官。苏威5岁时父亲
去世，他继承了美阳县公的爵位，并在
郡里任功曹。年少时的苏威很有父亲的

苏威（542—623年）

风范，因而北周宇文护专权时对他都十分器重，并想把女儿新兴公主嫁给他。
苏威知道宇文护专横跋扈政敌遍朝野，唯恐有一天会惹祸上身，所以逃婚到
了山里。但在叔父的逼迫下，他只好答应与新兴公主结婚，只是他终日在山
寺中读书励志，并不回长安的家中。即便如此，他还是靠着这层关系被授予
使持节、车骑大将军、仪同三司的高官，并改封怀道县公。宇文邕亲政后，
他出任稍伯下大夫。宇文赟时代，他又担任开府仪同、大将军。

　　隋文帝掌握北周实权后，高颎因为敬重苏绰便向其举荐了苏威。581年
隋朝建立，苏威被授予太子少保、纳言兼民部尚书（相当于宰相兼财政部部
长），进封邳（pī）国公。由此，他成为隋文帝的开国功臣和贯穿整个隋朝的
重臣。苏威很有才能且历任要职，和高颎等齐心协力共辅朝政，并且都很得
隋文帝的信任。隋文帝时代他时不时会给皇帝提一些建议，例如减轻赋役、
减少杀戮等，都很快被采纳、实施。

　　苏威曾先后担任刑部尚书、吏部尚书、任大理卿（相当于最高法院院
长）、京兆尹、御史大夫等重要官职，为隋初的各项改革做了大量工作，做出
过极大的贡献。由于他长期担任司法官员，因此当时的司法刑狱，他都参与

了筹划。甚至，隋文帝时代所修订的隋朝典章制度、律令格式，大多都是他主持完成的。其中，他参与制定的隋朝律令《开皇律》，被后世相继沿用，在中国法制史上占有重要地位。因为他的卓越贡献，开皇九年（589年）他被任命为尚书右仆射。但是，他此后的经历就比较坎坷了，也是几起几落。

苏威为官清廉，但在讨论国策时不能容忍不同意见，因此得罪了不少人。开皇十二年（592年），国子博士（相当于最高学府的高级教员）何妥、沛国公郑译在和苏威的儿子太子通事舍人（负责为太子呈递奏章、传达旨意）苏夔讨论宫中的音乐制度时，由一次意见冲突导致了一次政治风波。苏夔口才很好，又通晓音律，再加上参加讨论的人大多畏惧苏威的权势，因此都附和苏夔的意见。本来这仅仅是一场关于音乐的学术争鸣，但是由于苏夔的身份特殊和他父亲与皇帝之间的一些误会，事态竟然不断升级、恶化。何妥向隋文帝告发称，苏威与礼部尚书卢恺、吏部侍郎薛道衡、尚书右丞王弘、考功侍郎李同和等，涉嫌结党营私、搞小团伙，违规任用亲信。历代皇帝都最反感臣下拉帮结派，弄得朝廷乌烟瘴气、离心离德。因此，这次隋文帝令蜀王杨秀、上柱国虞庆简单调查了一下就听信了。最后，这起案件竟牵连了当时的名士100多人。苏夔被削职为民，其父苏威也被免官。然而，朝廷有很多事，确实还是离不开苏威的。再说这件事好像真的和苏威并没有多大的关系，也没造成多大的危害。于是，隋文帝经过权衡，又在1年后为苏威恢复了官爵，并让他出任纳言（门下省长官，宰相级别）。仁寿元年（601年），他又升任尚书右仆射。

苏威善于见风使舵，因而成为三大功臣中唯一得以善终的。他和杨广的关系不错，因而杨广即位后，他被加授大将军。但他对杨广不敢直言进谏，遇事大多秉承其旨意。大业元年（605年），他又接替杨素出任尚书左仆射。大业三年（607年），高颎、贺若弼等被冤杀，苏威也受到牵连，但仅仅是被免官。不久，他又复出担任纳言，并得与宇文述、裴矩、裴蕴、虞世基参与朝政，当时人尊称其为"五贵"。大业八年（612年），杨广发兵远征高句丽，苏威兼任左武卫大将军、光禄大夫，晋爵宁陵侯、房公。当时苏威已经

70 岁高龄了，他向皇帝请求退休，但没被批准。第二年，杨广再次征伐高句丽，苏威兼右御卫大将军。接连几次远征的失败，极大地加重了百姓的负担，时局极为动荡。杨素的儿子杨玄感也起兵造反，一时间天下大乱。大业十二年（616 年），在裴蕴的诬陷下苏威被捕入狱。然而时间不长，杨广巡游江都（今江苏扬州）时又带着他"随扈"了。两年后（618 年）杨广被杀隋朝灭亡，苏威又先后投靠了宇文化及、李密、王世充等各路反王，这成为他一生的污点。唐武德四年（621 年），王世充被李世民剿灭，苏威又归顺唐朝。归唐后，苏威求见秦王李世民和唐高祖李渊，但李唐君臣厌恶其朝秦暮楚的恶劣行径，因此断然拒绝。武德六年（623 年），落寞孤寂的一代名臣苏威病死于长安，享年 82 岁。但这倒并没有影响他后代的前途，他的孙子苏勖娶了唐高祖李渊的女儿南昌公主，重孙女做了李世民长子李承乾的太子妃，另有后辈苏瑰、苏颋（tīng）两人都做过唐朝的宰相。历史对苏威的评价明显没有高颍、杨素的高，他的口碑也更赶不上他赫赫有名的父亲苏绰。《隋书·苏威传》认为：苏威参与制定的法律典章有些粗糙琐碎，缺乏长期性以及法律所必备的精确性，又说"时人以为'苏威无大臣之体'"。这显然属于连中等评价都说不上的"差评"啊！

高颍、杨素、苏威三人是隋文帝时代最有权势的大臣，包括他们在内的、整个隋文帝的执政团队中，大部分人的出身和教育背景等都与隋文帝类似。而在隋文帝的高级顾问中，只有一个真正熟知和崇敬儒家思想的学者，他就是曾经为北齐效劳的李德林。李德林是隋朝历史上最容易被忽略，但又绝对不能被忽略的重要人物。因为，我们仅从他们个人传记篇幅的长短，就能看出他们在隋朝历史上和史臣心目中的地位。《隋书》关于高颍的记载有 2900多字，苏威的有 3100 多字，杨素及其弟杨约、堂叔杨文思和杨文纪共占 8000多字。而李德林的传记竟达 8800 多字，几乎超过了除隋文帝、杨广之外的所有人！这个数字不能不让人感到吃惊。那么，他做过些什么惊天动地的大事呢，难道他对隋朝的贡献比前面那三位元勋还要大吗？他又为什么不太为世人所熟知呢？

李德林（531—591 年），博陵安平（今河北安平）人。他出身于书香门第，其祖父李寿，曾做过湖州户曹从事（相当于州民政局科长，湖州在今浙江）。其父亲李敬族，在北朝曾官拜太学博士、镇远将军。李德林从小就很聪明，有"神童"的美誉。他很早就表现出了通晓古代典籍的才能，15 岁时就能诵"五经"，16 岁时以孝道闻名天下。长大后的他善于写文章，言简意赅、文理通畅。北齐天保年间（550—559 年），他被举荐为秀才。才华出众的他，仪表堂堂、善于谈吐，因而很受当时著名文学家、史学家，也是"二十四史"之一《魏书》的作者——魏收的器重。他年少时就成了孤儿，所以他只有名没有字。魏收对他言道："识度天才，必至公辅，吾辄以此字卿。"（你有天才般的学识，一定可以官至公辅，我就用这两个字送给你作字。）他的字"公辅"，就由此而来。

北齐时，他曾出任散骑侍郎，一入仕途就负责起草诏令、执掌国家机密。又曾担任中书侍郎，参与国史修撰并编成《齐史》27 卷。北周武帝宇文邕对他仰慕已久，因而在灭北齐入邺之日，专门派人到李德林家"宣旨慰问"，称"平齐之利，唯在于尔"。是说灭齐的唯一收获，在于得到李德林，他在当时文史学界的声誉和社会影响由此可见一斑。宇文邕曾在云阳宫（又名甘泉宫，在今陕西淳化），用鲜卑语对大臣说："我常日唯闻李德林名，及见其与齐朝作诏书移檄，我正谓其是天上人。岂言今日得其驱使，复为我作文书，极为大异。"因此，宇文邕将他接到长安，并授予其内史上士的职务，让其专心治学，兼负责起草诏令和法规。此后，北周旨在巩固对被征服的北齐故土统治的很多文件，以及一些影响深远的法令，也都是由他起草的。

隋文帝对李德林也非常欣赏，那份以宇文阐的名义颁发的、要求隋文帝接管北周大权的诏书，主要就是出自他的手笔。在大象二年（580 年）那个紧张的夏天，他以深厚的古文造诣，用古雅和令人信服的文字，丝丝入扣条理，宣布了北周自愿退出历史舞台，并热情讴歌了隋王杨坚的功德。然而，他对隋文帝大肆屠杀北周宗室的行为表示反对，为此被隋文帝斥责为书生意气"不足与议此事"。隋朝建立后，李德林再次受到重用，官至内史令、封安平公，为隋文帝的"开皇之治"而出谋划策、不遗余力。在隋朝，他的升迁较慢，级别也略低于权力中枢的其他几位成员。但其职责主要是为大隋起草新的法律，肩负的仍是事关国运的重要使命。

李德林还以历史的眼光，力促隋文帝派兵南征平陈、一统华夏，《隋书·李德林传》也高度赞扬了他在平陈决策中的作用。当时，为了打消部分隋朝官员对于平陈战争的顾虑，他写了著名的《天命论》一文。其文辞华丽、逻辑严密，旁征博引、论证充分，令人叹为观止！

　　粤若邈古，玄黄肇辟，帝王神器，历数有归。生其德者天，应其时者命，确乎不变，非人力所能为也。龙图鸟篆，号谥遗迹，疑而难信，缺而未详者，靡得而明焉。其在典文，焕乎缃素，钦明至德，莫盛于唐、虞，贻谋长世，莫过于文、武。大隋神功积于文王，天命显于唐叔。昔邑姜方娠，梦帝谓己："余命而子曰虞，将与之唐，而蕃育其子孙。"及生，有文在其手曰"虞"，遂以命之。成王灭唐而封太叔。又唐叔之封也，箕子曰："其后必大。"《易》曰："崇高富贵，莫大于帝王。"《老子》谓："域内四大，王居一焉。"此则名虞与唐，美兼二圣，将令其后必大，终致唐、虞之美，蕃育子孙，用享无穷之祚。

　　逮皇家建国，初号大兴，箕子必大之言，于兹乃验。天之眷命，悬属圣朝，重耳区区，岂足云也！有娀玄鸟，商以兴焉；姜嫄巨迹，周以兴焉；邑姜梦帝，隋以兴焉。古今三代，灵命如一，本枝种德，奕叶丕基。佐高帝而灭楚，立宣皇以定汉。东京太尉，关西孔子，生感遗鳣之集，殁降巨鸟之奇，累仁积善，大申休命。太祖挺生，庇民匡主，立殊勋于魏室，建盛业于周朝。启翼轸之国，肇炎精之纪，爰受厥命，陟配彼天。皇帝载诞之初，神光满室，具兴王之表，韫大圣之能。或气或云，靡映于廊庙；如天如日，临照于轩冕。内明外顺，自险获安，岂非万福扶持，百禄攸集。有周之末，朝野骚然，降志执均，镇卫宗社。明神缪其德，上帝付其民，诛奸逆于九重，行神化于四海。于斯时也，尉迥据有齐累世之都，乘新国易乱之俗，驱驰蛇豕，联合纵横，地乃九州陷三，民则十分拥六。王谦乘连率之威，凭全蜀之险，兴兵举众，震荡江山，鸩毒巴、庸，蚕食秦、楚。此二虏也，穷凶极逆，非欲割鸿沟之地，闭剑阁之门，皆将长戟强弩，睥睨宸极。从漳河而达负海，连岱岳而距华阳，迫胁荆蛮，吐纳江汉。佐斗嫁祸，纷若猬毛；曝骨履肠，间不容砺。尔乃奉殄戎之命，运先天之略，不出户庭，推毂分阃，一麾以定三方，数旬而清万国。荡涤天壤之速，规摹指画之神，造化以来，弗之闻也。光熙前绪，罔有不服，烟云改色，钟石变音，三灵顾望，万物影响。木运告尽，褰裳克让，天历在躬，推而弗有。百辟庶尹，四方岳牧，稽图谶之文，顺亿兆之请，披肝沥胆，昼歌夜吟，方屈箕颍之高，式允幽明之愿。基命宥密，如恒如升，推帝居歆，创业垂统。殊徽号，改服色，建都邑，叙彝伦，薄赋轻徭，慎刑恤狱，除繁苛之政，兴清静之风，去无用之官，省相监之职。奇才间出，盛德无隐，星精云气，共趋走于阶墀，山神海灵，咸燮理于台阁。东渐日谷，西被月川，教暨北溟之表，声加南海之外。悠悠沙漠，区域万里，蠢蠢百蛮，莫之与竞。五帝所不化，三王所未宾，屈膝顿颡，尽为臣妾。殊方异类，书契不传，梯山越海，贡琛奉赞，欣欣如也。巢居穴处，化以宫室；不火不粒，训以庖厨。礼乐合天地之同，律吕节寒暑之候，制作详垂衣之后，淳粹得神农之前。遨游文雅之场，出入杳冥之极，合神谟鬼，通幽洞微。群物岁成，含生日用，饮和气以自得，沐玄泽而不知也。丹雀为使，玄龟载书，甘露自天，醴泉出地。神禽异兽，珍木奇草，望风观海，应化归风。备休祥于图牒，罄幽遐而庭止。犹且父天子民，兢兢翼翼，至矣大矣，七十四帝，曷可同日而语哉！

　　若夫天下之重，不可妄据，故唐之许由，夏之伯益，怀道立事，人授而弗可也。轩初四帝，周余六王，藉世因基，自取而不得也。孟轲称仲尼之德过于尧、舜，著述成帝者之事，弟子备王佐之才，黑不代苍，泣麟叹凤，栖栖汲汲，虽圣达而莫许也。蚩尤则黄帝抗衡，共工则黑帝勃敌，项羽诛秦摧汉，宰割神州，角逐争驱，尽威力而无就也。其余欻起妖妄，曾何足数！贼子逆臣，所以为乱，皆由不识天道，不悟人谋，牵逐鹿之邪说，谓飞兔而为鼎。若使四凶争八元之诚，三监同九臣之志，韩信、彭越深明帝子之符，孙述、隗嚣妙识真人之出，尉迥同讴歌之类，王谦比狱讼之民，福禄蝉联，胡可穷也！而违天逆物，获罪人神。呜呼！此前事之大戒矣。诛夷烹醢，历代共尤，僭逆凶邪，时烦狱吏，其可不戒慎哉！盖积恶既成，心自绝于善道，物类相感，理必至于诛戮。天夺其魄，鬼恶其盈故也。大帝聪明，群臣正直，耳目溢于率土，赏罚参于国朝，辅助一人，覆育兆庶。岂有食人之禄，受人之荣，包藏祸心而不歼尽者也？必当执法未处其罪，司命已除其籍。自古明哲，虑远防微，执一心，持一德，立功坐树，上书削薰，位尊而心逾下，禄厚而志弥约，宠盛思之以惧，道高守之以恭，克念于此，则奸回不至。事乃畏天，岂唯爱礼，谦光满覆，义在知几，吉凶由人，妖不自作。

众星共极，在天成象。凤沙则主虽愚蔽，民尽知归；有苗则始为跋扈，终而大服。汉南诸国，见一面以从殷；河西将军，率五郡以归汉。故能招信顺之助，保太山之安。彼陈国者，盗窃江外，民少一郡，地减半州，遇受命之主，逢太平之日，自可献土衔璧，乞同溥天。乃复养丧家之疹，遵颠覆之轨，越趄吴越，仍为匪民。虽时属大道，偃兵舞戚，然国家当混一之运，金陵是殄灭之期，有命不恒，断可知矣。房风之戮，元龟匪遥；孙皓之侯，守株难得。迷而未觉，谅可愍焉。斯故未辩玄天之心，不闻君子之论也。

在文中，李德林广泛地运用古代典籍、口头传说和历史先例渊博的知识，论证了隋文帝此时已经合法地取得了天命。反对大隋皇帝杨坚，就是反对古代圣贤的智慧，就是违背历史潮流，就是反对上天。因为上天发出的种种预兆，都已经明白无误地显示了隋文帝和大隋都是天命所归。总之，这篇文章彰显了他在使用史料和儒家经典，以使权力地位合理化方面的高超技术。隋文帝在看完文章后，兴高采烈地许诺，一旦征服陈朝将对其进行厚赏，"使自山东无及之者"。而事实上，当陈朝真的被征服后，李德林得到的仅仅是"授柱国、郡公，实封八百户，赏物三千段"。隋文帝确实也真是够吝啬的，这和他宏大帝国的气度与风范一点都不相称啊！

李德林性情稳重办事严谨，为人正直而由远见。开皇九年（589 年），因为对地方管理体制的改革方案存有疑问，而与高颎和苏威对立。他认为这一方案如果实施，势必会重新引发一些基层官员管理制度的弊病。但是，在高颎等人的执意坚持下，这一方案仍然被付诸实施。然而事实证明，还是李德林有远见。此项制度在磕磕绊绊地实施了一年后，由于缺乏可行性而被放弃。李德林显然是一个能力极强的人，尤其在编修史书、制定关键的行政程序和法律文献方面，隋文帝也最大限度地利用了他的专长。但他作为儒学修养很高的学者，同时又很固执和拘泥成规。他在隋文帝周围那些剽悍、只关心现实的关陇集团中，找不到天然的盟友和知音。因此，当他屡次触怒隋文帝，又受人诬陷时，最终被贬为怀州（今河南沁阳）刺史。其奉旨续修的《齐史》，全书还没修成，他就于开皇十一年（591 年）去世了，享年 61 岁。他的儿子李百药也是"神童"和文史奇才，其继承父亲遗志，终于在唐朝贞观十年（636 年）写成了"二十四史"之一的《北齐书》。

《隋书·李德林传》的"史臣曰"对其称颂道："李德林年幼时，就有高尚的思想品质和志趣，博学多才，在邺中很有名望，声名远扬到函谷关以西。隋朝霸业初创之时，积极佐助献谋，各种紧急战书、帝王诏书，繁复交错，他都准确地发出，各类文诰的言辞之美，当时没有第二个人。君臣和睦相处，自然会平步青云。不担心没有谁知道自己，难道是一句空话吗！"（德林幼有操尚，学富才优，誉重邺中，声飞关右。王基缔构，协赞谋猷，羽檄交驰，丝纶间发，文诰之美，时无与二。君臣体合，自致青云，不患莫己知，岂徒言也！）这是一段比较中肯，又高度赞扬的好评，李德林能得到后人如此嘉许，可以含笑九泉了。

以上 4 位，就是隋朝开国皇帝隋文帝的左膀右臂。皇帝知人善任，大臣竭尽忠诚，共同为开创一段盛世而努力。总体看来，高颎能力一流、文武兼长、执行力强，无论在京师官场献策还是战场谋略，都堪称头号重臣；杨素则是偏重军事建树的巨人，是隋朝忠实的捍卫者，高效而残酷，好色而奢靡；苏威尽管有不少过错，但也称得上是一名大隋忠诚而有才的重臣；李德林的文学才能和文化修养，在隋文帝的顾问中是独一无二的，所以他总能独树一帜，令他人敬仰。隋文帝的政治艺术极其娴熟，因此成功地处置了众多棘手的问题，使隋朝成为当时东方世界无可争辩的头号强国。之后，他还要把这种高超的政治智慧，应用到对其权力格局的改革与调整当中去。

三省六部制度的确立

有句话说得好呀，"矛盾是推动事物发展的动力"。皇权与相权，从来都是一对不可调和的矛盾。从秦朝确立丞相制度以来，历代君主就在发挥着自己的聪明才智，处理着这对复杂又难以理清的关系。给丞相委以重任吧，怕有些人会尾大不掉、居心叵测，从而使皇帝不能驾驭，出现曹操、隋文帝等野心家；把丞相架空吧，但这军国大事又确实不是皇帝一个人所能忙得过来的。皇帝处理的事情可都是关系到国家发展、百姓生计的国家大事，是不能出一点差错的。处置得好，那是你做领导的应该做的，要不然要你干什么？处置不好，老百姓就要遭殃了，或许还会有人头落地呢。这对皇帝的智慧、体力，都是极大的考验。做皇帝不光是威风八面，有时候还真是项体力活

呢！看来，这皇帝做起来还真不容易呢！

秦始皇、汉武帝的日子过得都不轻松，其实任何一个皇帝要想当好都不可能是轻而易举的。我们以后世明朝的开国皇帝朱元璋为例，这位对权力极为痴迷的工作狂，就怕丞相觊觎自己的地位，索性废除了丞相制度。但是，接下来的情况呢？据统计：洪武十七年（1384年）9月14日至21日一个星期的时间内，这位皇帝需要批复的奏折达1660本，共涉及3391件事情。也就是说即朱元璋平均每日要批阅奏章207本，处理411件事情。以至于朱元璋每天都是星星还在天上的时候（大约凌晨四、五点）就去办公，太阳早就下山了（大约晚上九、十点）。他不可谓不辛苦，但是依然无法全部处理好政务。尤其遇到难以决断的大事时，更感觉到连个商量的人都没有。连朱元璋都说自己，时刻如履薄冰、如临深渊，不敢有丝毫懈怠，这皇帝做得实在辛苦了。所以，在我们看来权力确实有必要集中，否则会造成人浮于事、效率低下；但又不能过于集中，否则又会造成决策失误，容易形成独裁和暴政。怎么集权，集到什么程度？各部门怎么分权，怎么才能最大限度提高行政效率？这个度确实很难把握啊！

隋文帝在称帝之后，先是把自己的儿子们封到各个要地去驻守，同时掌管当地及周边的军事，以加强对地方的控制，这是吸收了北周被自己灭掉的教训。为了更好地治理国家，隋文帝罢黜了一些无能的大臣，其中甚至包括对自己夺位有功的人，而将一些有真才实干的人提拔上来，辅佐自己管理国家。在政权基本稳定之后，他便开始了一系列宏伟的改革，包括对中央和地方的政治体制、赋税、土地制度、法律、货币、对外关系等方面。他对政治体制包括法制的改革，对于唐朝有最直接的影响。实际上，唐朝的体制基本上就是隋朝的翻版。我们一般对唐朝的评价很高，但是唐朝的很多制度却正是在隋文帝时代确定的。

北周的官僚体制基本上是效仿西周时期的《周官》（即《周礼》）的形式，而这些东西只是一些理想化的政治设计，连西周都没有真正实施过。以历史的眼光看来，这些制度放到6世纪中后期的中国，是那么的蹩脚与格格不入。

其原始、混乱而低效，除了让北周统治者获得些许心理安慰外，一无是处。难道这就能证明：北周就是西周的传承者，是中华文明的嫡系传人吗？！而令人可笑的是，后来武则天建立武周，为表明自己与遥远周朝的关系，竟然也使用了这一套形式化的官制。

隋朝建立后，隋文帝果断地废除了北周那套官制。他恢复了汉魏时期的体制，在中央设立三师（太师、太傅、太保）、三公（太尉、司徒、司空）和五省（内侍省、秘书省、门下省、内史省和尚书省），而掌握政权的是五省。三师是荣誉称号没有实权，三公虽然有下属机构也参与国家政务，但仅仅是顾问性的机构，既没有实权也不常设置。五省里的内侍省是宫廷的宦官机构，负责管理宫中事务；而秘书省掌管书籍、历法，事务较少。以上这两个省在国家政务中都不起重要作用，起作用的是其他三省，这就是后来被后世所广泛继承的三省六部制。

内史省（唐朝称中书省）是决策机构，就军国大事、重要官员的任免等事项，按照皇帝的旨意起草诏令。长官叫内史令（正二品，宰相职，唐朝称中书令），副长官为内史侍郎（正三品），下设内史舍人（负责起草诏令，正五品）等。门下省是审议机构，主要负责审核朝臣奏章、复审中书诏敕，如认为不当，可以封还并加以驳回和纠正，称"封驳"。长官为侍中（正二品，宰相职），副长官为门下侍郎（正三品），下设给事中（负责驳回和纠正，正五品）和左右谏议大夫、左右拾遗等，来监督和匡正皇帝的过失。三省六部制的运行规则是：诏书在发布之前，必须送门下省审查，门下省认为不合适的，可以拒绝'副署'（正式法令或文书上，门下省在中书省签署之后连同签署）。诏书缺少副署便不能生效，更不能颁布执行。只有门下省副署后的诏书，才能成为国家正式法令，交由尚书省执行。这就是隋文帝难能可贵的地方，规定

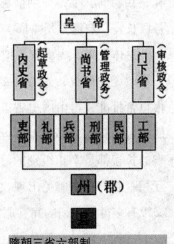

隋朝三省六部制

自己的诏书也必须由门下省副署后才能生效，这得需要多大的魄力啊？但这项措施，确实有效地防止了皇帝在心血来潮或情绪低落时，做出有损他名声的不慎重决定。这看似自己给自己设置了一道门槛，却有效地防止了决策的盲目性，并为国家和人民减少了不必要的损失。尚书省是最高执行机构，负责处理全国行政事务，相当于今天的国务院。长官为尚书令，副长官为尚书左、右仆射（pú yè，从二品，宰相职），下设六部。这就如同法院审判了或者是议会通过了，只有执行局或者行政机关的有效运作，才是能保证裁决或政令得到真正的落实和贯彻。尚书省的实际权限最大，因为只有它才有具体执行的庞大班子和相关部委。

六部也称六曹，就是六个办事机构。其分别处理各种事务，各部长官为尚书（部长级，正三品），副职为侍郎（副部级，正四品）。吏部相当于中央组织部和公务员局，掌管全国官吏的任免、考察、升降、调动等；民部相当于财政部和民政部，掌管天下土地、户籍、赋税、财政收支等；礼部相当于教育部和外交部，掌管国家典章法度、祭祀、学校、科举、接待外宾等；兵部相当于国防部，掌管武将选用、兵籍、军械、军令等；刑部相当于司法部，掌管法律、刑狱等；工部相当于建设部，掌管山泽、屯田、工匠、水利、交通、各项工程等。所以，按其分管部门特征就有了这样一种说法：吏、户、礼、兵、刑、工，分别被称为贵、富、贫、武、威、贱。六部通过尚书省的各级长官，与地方州（郡）县联系。

总体说来，内史省草拟、发布诏令，门下省审查诏令，尚书省执行诏令。一个政令的形成，先由诸宰相在设于内史省的政事堂举行会议，形成决议后报皇帝批准，再由内史省以皇帝名义发布诏书。门下省负责审核中书省起草的诏旨，有认为不当者，可以驳回，如果审核通过就交给尚书省去执行。三省的长官都是宰相级别的，宰相成员的增多，既便于集思广益，又可以使之互相牵制。从而避免出现权臣专权的局面，有效地防止了皇帝大权旁落。但又没有多得像宋朝的冗官那样，否则行政效率反而会降低。

三省六部是我国古代一套组织严密的中央官制，三省之间、六部之间，协同议事、分工合作、互相监督，提高了办事效率。这是中国官制史的重大变革，也是封建统治机构日益完善和政治制度成熟的标志，在中国政治制度史上具有划时代的意义。此后，一直到清末，六部基本沿袭未变。对于三省，各不同时期的统治者做过一些调整和补充。它的有效实施，影响深远：

第一，使封建官僚机构形成完整严密的体系，加强了中央的统治力量。

第二，各部职责、分工明确，有利于皇帝的集权与政令的贯彻执行，提高了行政效率，充分发挥了国家机构的效能。

第三，宰相分权有利处理皇权与相权的矛盾，加强皇权。秦汉时期，丞相协助皇帝处理全国政事，处于"一人之下，万人之上"的崇高地位。但是，每当皇帝无能或年幼，丞相就可能专权。三省六部的设立，成功地解决了这一问题，同时扩大了议政人员的名额，收到了集思广益的效果。

三省六部被当代学者誉为"分权制度的初步尝试"，这种政治运作方式类似现代西方国家的"三权分立"。但西方的分权学说兴起于 17 世纪，隋文帝则早在 1000 多年前的中国就在运用这种政治体制的精髓。由此可见，隋朝的文明程度是何等之高！

除了五省六部，隋朝重要的中央机构还有御史台、都水台、十一寺和十二府等。这些措施和机构，后来基本上成为日本大化改新（646 年）时参考的内容，如日本的八省制即是把隋朝的五省和其他机构融合而成的。到现在为止，日本的行政机构的名称还保留了隋唐时期的名字：其中央的省相当于我国的部（如防务省、厚生劳动省、文部科学省、法务省、外务省、财务省等）；其地方机构是县，县长官知事则是标准的中国古代名称，级别相当于我国的省长。其他如北海道、东京都、大阪府等，也都是从中国学来的名称。包括日本的和服，仕女长相、装束等等，都是和隋唐时期的中国文化极其相似的。这些都不是巧合，而是直接学习的结果。

隋朝做的这些尝试，比较成功地处理了很多问题，给我们留下很多启示，也在很多地方值得我们借鉴。三省六部制度确立于隋朝，唐朝又在其基础上进行了调整和补充，并将其发扬光大，而后被历朝所广泛沿用。内史省原称

中书省，因为隋文帝的父亲名叫杨忠，为避其名讳而改名，唐朝又将其改回中书省。有意思的是，民部因为触犯了李世民的名讳，因而被改名为户部，而这一改就是1300多年。

要创造一个伟大的时代，不是隋文帝一个人所办到的，他还需要一大批能臣干吏为其效命。因此，在核心权力层里以外，隋朝还有不少各色各类的有用之才。隋文帝基本能很好地实现，人尽其才、物尽其用。这些有干劲、有能力的人才，都被用来解决新王朝面临的种种问题，以期实现大隋的繁荣昌盛。那么，隋朝的重要官员主要又是怎么产生的呢？

科举任命百官

科举制常常被认为是中国的"第五大发明"，其从产生到没落经历了1300多年，对中国和周边国家都产生了不可估量的影响，而这项伟大的制度正是开创于隋文帝时代。

隋朝以前，人才的选用通常是君王和一些官僚以个人好恶为标准。夏商周时期，主要官职都是世袭的。战国以来，逐渐采取君主选拔任免官吏的办法，这既可以加强君权、又可以加强中央集权。两汉时期盛行察举制，最主要的做官途径是孝廉，选官的主要标准是看品行，产生的方式是由各郡、各诸侯国举荐，相对比较公平，也能选拔出一些人才。但到东汉后期，举荐的权力逐渐被一部分豪门大族掌控，任人唯亲、不择手段，只看出身，不看才学，科举制便失去了选拔真正人才的功能。魏晋南北朝时，选拔官吏实行"九品中正制"，由地方政府组织。九品中正制的选官标准，原本是看一个人的门第、品德和才能。但是，由于品德和才能很难直接看出来，因而在操作的过程中便带有很大的主观性和不公平。慢慢地，九品中正制也就只认门第出身了，世家大族可以通过暗箱操作世世代代做高官，而出身庶族寒门的人即便再有才能也只能被选为下品小官。以至出现了"上品无寒门，下品无世族"的现象。这样皇权受到了威胁，国家也得不到真正的人才。社会上层极其腐败，公平正义荡然无存。

南北朝后期随着封建经济和农业生产的发展，庶族地主的经济力量不断加强，人数不断增多，形成了一股重要的社会力量。他们要求在政治上得到相应的地位，而按门第高低选官的九品中正制，却堵塞了他们进入仕途的道路。加上这种做法容易造成世家大族长期操纵地方政权、称霸一方，因而越来越不适应封建王朝的统治利益。隋文帝统一中国后，为了加强中央集权，扩大政权基础，获得更多、更优秀的人才，于是采取了开科取士的方法，这就是——科举制。

北京大学张希清教授曾为科举制下过一个比较严谨的定义："科举制度是朝廷开设科目，士人可以自由报考，主要以考试成绩决定取舍的选拔官员的制度。"这句话涵盖了以下4个方面的内容：

第一，科举制度的实质和目的是一种选拔官员的制度，而区别于过去所说的"选举（即乡举里选）"制度。

第二，科举是"朝廷开设科目"，是国家规定的统一考试，而"科"既没有说"以进士科为主要取士科目"，也没有说设进士、明经、制科等科目。

第三，"士人可以自由报考"，所以说"可以"而没有用"完全"一类的文字。是因为在唐宋时期，士人可以自由报考，不必他人推荐。但武举、制举，一般必须有官员的推荐才可以。

第四，"主要以考试成绩决定取舍"，强调"主要"而不是"一切"。这是因为在隋唐五代及宋初，在决定官员取舍的因素中还有"通榜"、"公荐"等不少推荐的成分；而以成绩定取舍，这也是科举制度不同于其他选官制度的根本区别之处。中国古代帝王通过这种考试方式来加速阶级间的流动，从而达到集中自己皇权的政治目的。

开皇七年（587年），隋文帝废除了腐朽的九品中正制，从此选官不问门第，选官权力收归中央。他规定：天下各州每年向中央保荐 3 名文章华美的"贡士"，参加秀才、明经等科的考试，合格者录用为官。开皇十九年（599年），他又命令京官五品以上、地方官总管、刺史等，以"志行修谨"（有才）、"清平干济"（有德）二科荐举人才。国家用考试的方法选拔人才，考取的就可以到中央或地方政府中做官，这就是科举制度的开始。后来杨广即位，又创设了进士科，考试科目基本固定下来，科举制度初具规模并逐步走向完善。隋文帝父子不断推广和普及科举制，既是想通过这一制度缓解江南汉人的不满情绪，又想给中下层读书人提供入仕之途。考生无论出身，地位一律平等。考试是在小屋中进行的，考生往往一连考上几天，中途不允许离开屋子。

隋朝科举的科目有秀才、明经、进士、俊士、明法、明字、明算等 50 多种。其中明法、明算、明字等科，不为人重视；俊士等科不经常举行；秀才一科，在唐初要求很高，后来渐废。所以，明经、进士两科便成为隋唐常科的主要科目。明经、进士两科，最初都只是试策，考试的内容为经义或时务。后来两种考试的科目虽有变化，但基本精神是进士重诗赋，明经重帖经、墨义。所谓帖经，就是将经书任揭一页，将左右两边蒙上，中间只开一行，再用纸帖盖三字，令试者填充，类似于今天的填空题。墨义是对经文的字句作简单的解释。帖经与墨义只要熟读经传和注释就可中试，诗赋需要具有文学才能，进士科及第则很难。所以当时流传有"三十老明经，五十少进士"（30岁中明经已经算是年龄比较大了，而 50 岁中进士还算是比较年轻的）的说法。常科的考生有两个来源，一个是生徒，一个是乡贡。由京师及州县学馆出身，而送往尚书省受试者叫生徒；不由学馆而先经州县考试，及第后再送尚书省应试者叫乡贡。由乡贡入京应试者通称举人。州县考试称为解试，尚书省的考试通称省试或礼部试。礼部试都在春季举行，故又称春闱（wéi），"闱"就是考场的意思。

科举制开创于隋朝，但隋朝过于短暂，所以真正将其发扬光大是唐朝。因此，以唐朝的及以后的科举，即可折射出科举制度的初衷和精髓。唐太宗李世民取得最高权力后，为了吸引和选拔人才、提高政府效率，更为了牢牢攥紧权力的魔杖，决定全面实施科举制度，选拔优秀人才管理国家。唐高宗李治时代以后，进士科尤其受当时人看重。唐朝的科举制度分为制举和常举（也称"贡举"）两种。制举由皇帝亲自主持，是临时性的考试，主要招考某一方面的专门人才，完全视需要而定，其科目有五六十种之多，如考查贤良正直、直言善谏、博学鸿词、军事谋略等，百姓和官员都可以参加。但是，制举不经常举行，所录取的人非常少，在科举中的地位不重要。所以，我们重点要说的、也是我们经常所说的科举其实是指"常举"。常举由吏部考功员外郎（中央组织部副司长）主持，唐玄宗李隆基开元二十四年（736 年）后改为礼部侍郎（相当于教育部副部长）主持。主要有秀才、明经（考查对经典的记忆和一些时政）、进士（考查儒家经典和 5 道时政问题）、明法（考查大唐的各种法律条例）、明书（考查《说文解字》《字林》等文字学知识）、明算（考查《九章算数》《周髀算经》等书的数学知识）、道举（考查老子、庄子等人的道家学说）、童子（10 岁以下能精通儒家经典的儿童可以参加，能背诵 10 卷的可以获官职）等八科，其中最重要的是明经和进士两科。明经考试主要考查考生对于儒家经典的记忆和理解，也看考生对于时事是否关注，录取率约为十分之一二，相对比较容易。而进士科则考查的比较全面，除了考儒家经典和时事政治，主要考查的是诗赋。唐朝进士科的录取率非常低，约为 1%~2%。所以，当时人说：考中进士是非常难的事情，但是一旦考上，就会前程远大、升迁较快，比较容易飞黄腾达，唐朝中后期的宰相一多半为进士出身。进士科是当时读书人做官的首选途径和"正途"，在科举考试中处于主导地位。但是，唐朝科举中榜只是取得了做官的资格，要想正式步入仕途，还要经过吏部主持的选拔，称"释褐试"。再通过面试和政令问答等环节来进行考核，通过考核的才授予官职。唐末五代的学者王定保在其笔记小说《唐摭（zhí）言》中记载道："高官厚禄的人即使位极人臣，但只要不是进士出身，终究是个遗憾啊。"到了宋以后，科举的其他科目基本只剩下一个空空的名目，进士科逐渐成为唯一的科目。

看着读书人排着长队鱼贯而入参加科举考试，唐太宗李世民心里很踏实。一个考试制度把你一生都给拴得死死的，再也不会胡思乱想、瞎折腾了，这下天下不就太平了嘛？于是，李世民不无得意地说："天下英雄都进了我的口袋了"（天下英雄，入吾彀中矣）。唐高宗李治时期，对科举考试的许多细节例如考试内容、试卷格式、评分标准、录取程序等方面进行了大量的改造工作，科举制度的具体规定由此走向完善并基本固定下来。几十年后，从唐中宗李显神龙年间开始（705—707年），为了勉励及第进士，皇帝会在长安东南角的曲江池赐宴庆贺。新科进士中榜后（考试及第），大家在这里乘兴作乐，享受着春日暖阳，更享受着人生的辉煌时刻。大家把杯子放到盘上，再把盘放到流动的水上，盘随水转、轻漂漫泛，转到谁跟前，谁就执杯畅饮。这一盛事被称作"曲江流饮"，后来成为著名的"长安八景"之一。然后，进士们会齐集大慈恩寺大雁塔下题名（中了武举的在小雁塔）把自己的名字和心情，郑重地题写在寺院墙壁上，这一文化活动被称为"雁塔题名"。"曲江流饮"和"雁塔题名"是唐朝读书人最梦寐以求的人生快事，他们将为此付出艰辛的努力，或许要耗尽自己的青春和智慧。唐朝诗人孟郊有一首《登科后》诗："春风得意马蹄疾，一朝看遍长安花。"欣喜之情溢于言表，因此后世"春风得意"也成了进士及第的代称。即便到了900多年后的明朝，嘉靖十九年（1540年）陕西乡试（明清时期的省级科举考试，每3年举行一次，考中的称为"举人"，头名举人称"解元"，中了举人便具备了做官的资格，《范进中举》即是如此）题名碑文就有："名题雁塔天地间，第一流人，第一等事也。"虽说比起唐朝的进士已经低了两级，但是大家还是要把名字留在那面著名的墙上，风光风光、显摆显摆。那也是相当的自豪啊！

在科举制实行的1300多年里，其录取率低得惊人，所以即使名落孙山的人很多放到现在也绝对可以堪称国学大师或学者。以进士科为例，唐朝年均录取数在30人左右。李渊、李世民时期平均每年10人左右，李治时期达到20人以上。其中，咸亨四年（673年）的录取名额达79人，这乃是整个唐朝最高的数字！宋朝这一数字每次达二三百人甚至四五百人，但比起庞大的读书人队伍还是显得十分残酷。明清时期，科举考试已经发展成为包括乡试、会试和殿试 4 级的一套复杂的考试程序，原来每年举行的科举考试，也改为 3 年举行一次，但竞争仍然十分激烈。明中叶后，各省的科考规模在四五千人至数万人之间，乡试平均录取率基本不到 10%。但这对于成千上万的读书人来说，希望仍然未免太过于渺茫。低录取率是在朝廷调控下形成的，并非完全自由竞争的结果。而之所以进行调控，又是由录取一名考生就意味着国家要设以一个官位、准备一份俸禄！科举考试过程极其艰

明朝《雁塔题名碑》之一

难，清朝进士的平均中榜年龄在 37 岁左右。

　　一些人把现在的高考和古代的科举制作比较，其实是不合适的。我们 2013 全国高考录取率已高达 75% 多，其中海南、吉林等部分省市甚至已达 90%！因为科举是在选拔官员，录取一人就可能要准备一个公务员岗位！而高考只是为高等院校选拔人才，和工作就业并不挂钩。所以，今天的高考与古代的科举是绝不可同日而语的。这样，我们就理解了为什么 54 岁的范进中举后会发疯。"贵府老爷范进高中广东乡试第七名亚元"，相当于屡试不第的范进是当年"广东省高考第七名"，不疯才怪！我国有个成语叫连中三元（也称"三元及第"），也就是说一个人要乡试的时候得了解元，会试的时候得了会元，殿试的时候又得了状元，三个考试都考第一。这样的概率，简直比买彩票中奖还低！据史书记载，科举制实行的 1300 多年来，连中三元的仅有 13 人，正好平均每 100 年出一个！他们是：唐朝的崔元翰（781 年，部分资料误作"准元翰"）、张又新（814 年），宋朝的孙何（992 年）、王曾（1002 年）、

宋庠（1024 年）、杨寘（1042 年）、冯京（1049 年）、王岩叟（1061 年，部分资料误作"王若叟"），金朝的孟宋献（1163 年），元朝的王崇哲（1348 年），明朝的商辂（lù，1445 年），李骐清朝的钱棨（qíng，1781 年）和陈继昌（1820 年）。这些人都是有真才实学的"考试专家"，而宋朝出现的最多，13 人中独占其六，将近一半！这是宋朝"重文轻武"的结果，那个朝代对文化教育重视到了无以复加的地步。

科举制度不仅能够得到政治上的特权，而且还能得到直接的经济利益。宋真宗赵恒在其《劝学文》中写道：

> 福家不用买良田，书中自有千钟粟；
>
> 安居不用架高堂，书中自有黄金屋；
>
> 出门莫恨无人随，书中车马多如簇；
>
> 娶妻莫恨无良媒，书中自有颜如玉。

这其实就是古代一旦科举及第后，便能迅速获利的真实写照。也正因为如此，科举制使读书成为了一种潮流。光绪三十一年（1905 年）秋，清政府下诏废除科举，在中国延续上千年的科举制度就此宣告结束。此事干系甚大，严复当时就曾敏锐地指出："废科举制度是中国数千年以来的最大举动。"

以考试来选拔官员，是中国古代政治的一大创造。从历史的眼光看来，科举制是一项天才般的制度。就隋朝来说，科举制度顺应了庶族地主阶级兴起的历史趋势，为地主阶级的各个阶层加入统治集团开辟了道路。缓和了庶族地主和朝廷的矛盾，使他们忠心拥戴中央，有利于选拔人才，提高政治效率。科举制无论出身和民族，而是凭能力、按考试成绩选拔国家官员，这是封建社会所能采用的最公平的人才选拔形式，也是我国古代选官制度的重大改革，更是一个巨大的历史进步！其从根本上打破了魏晋南北朝以来，豪门世族对政治权力的垄断，对封建专制中央集权的巩固起了积极的作用。最大限度地网罗全国优秀人才，使一些出身寒门的庶族可以沿着这个阶梯取得参与政权的机会，从而扩大了统治阶级的政权基础。隋文帝的高明之处就在于，他利用这种考试的形式，从参与考试者中选拔出高素质、有真才实学的人进入朝廷做官，提高了朝廷官员的整体素质。其客观上有利于开创清平的政治文化局面，也使不少门第不高、出身贫寒的人才脱颖而出，充分显示了朝廷重才学、轻门第的良好风气，使初创的隋朝生机勃勃。同时，科举制的创设和发展，也是隋朝国家兴盛的一个重要标志。

这项伟大的创举一直为以后的封建朝代所沿用，并不断加以发展和完善，成为封建国家选官的基本制度。科举制度是古代读书人成为国家官员的一道龙门，中榜者的名字被高高张贴，观者如云。从此以后，所有的朝廷官员包括地方长官都必须是科举合格者。由于一旦考中便可以衣锦还乡，享受荣华，所以有不少人考到白发苍苍。科举制对于知识的普及和民间学习的风气亦起了相当的推动作用，虽然这种推动是出于一般人对功名的追求，而不是对知识或灵性的渴望。但客观上，由于科举入仕成了风尚，中国读书人的文化素质普遍得到了提高。古希腊著名哲学家柏拉图在《理想国》中，憧憬建立一个由知识分子统治的国家，他要是能来科举时代的中国看看，该多么羡慕呀？！

科举制度不仅对我国社会的发展产生了影响，而且对国际社会也产生一定影响。科举制度在中国文化各个方面取得的成果吸引着日本、朝鲜、越南等国家派遣留学生前来学习，并纷纷效仿中国建立了适合本国国情的"科举制度"。日本是学习的好手，一贯的虚心上进、认真实干使得其充满活力，数次把握住了机遇，改变了自己的国运。大化改新、明治维新、二战后的改革与崛起，莫不如此。日本学习唐文化，近乎全盘唐化。但是，其对于科举制和宦官制度却不曾效仿，这是值得深思的。越南的科举制废除于1919年，是全世界科举制废除最晚的国家，比中国还晚14年呢。而近代以来，英、德、法、美等西方国家接收了科举制的财富，结合带有西方文明的特点，逐渐形成了文官考试制度。科举制度西传欧美，是中国对世界文明进程的一大贡献。西方近现代以来，产生的文官制度、公务员制度，都受到了中国古代科举制

的影响。它所体现的"公平竞争，平等择优"的原则，是其生命力所在。孙中山先生就对科举制推崇备至，他在考察欧美各国考试制度之后也说："中国的考试制度是世界上最好的制度。"因此，他在《五权宪法》中又说"科举是世界各国中，所用以拔取真才之最古最好的制度"；在政权建设时，他又特意在行政、立法、司法之外，加上了考试和监察。而西方人更将其称为"中国第五大发明"，启蒙思想家伏尔泰、孟德斯鸠、狄德罗、卢梭等都对科举所体现出的公平原则表示过惊叹和折服。

科举制的弊端，主要在于其考核的内容和考试形式。由明代开始，科举考试内容陷入僵化，变成只要求考生能造出合乎形式的文章（八股文），反而不重视考生的实际学识，大部分读书人为应付科考，思想逐渐被狭隘的四书五经、迂腐的八股文所束缚，无论是眼界、创造能力，还是独立思考都被大大限制。大部分人以通过科考为读书目的，读书变成只为做官，光宗耀祖。另外，科举还限制了人才的出路。近代以来，提到科举制多数是作为批判的对象而被加以介绍的。不少人认为科举制度严重阻碍了社会的发展，钳制了知识分子的独立人格，使之甘心成为统治阶级的工具和附属，或是认为科举制度会"导致家庭悲剧与官场腐败"。典型的例子如明史专家吴晗，他曾说："明清两代五六百年间的科举制度，在中国文化、学术发展的历史上作了大孽，束缚了人们的聪明才智，阻碍了科学的发展，压制了思想，使人脱离实际，脱离生产，专读死书，专学八股，专写空话，害尽了人，也害死了人，罪状数不完，也说不完。"还有人指出：科举制度考试内容单一，知识结构僵化，禁锢了人们的思想，从而失去了选拔人才的初衷。认为科举的废除与中国封建社会的灭亡是有必然联系的，科举制度使得官员思想教条、目光短浅，与时代和社会发展严重脱节。除此之外，科举制还存在选拔不公的现象，例如其始终将女性排斥在外。再者，"学而优则仕"很大程度上只为了富裕人家、官宦人家以及书香世家的子弟的前途。因此，科举制的公平性实际是有限的。

然而，事实上在科举制废除不久，就开始有人提出为科举制平反，其中包括梁启超、孙中山等政治人物，也有胡适、钱穆等一流学者。因为，我们对科举制深入、全面地研究后发现，科举制之所以能够跨越中国不同朝代以及在不同国家、不同民族之间被广泛实行或学习，是因为有选拔人才的内在逻辑和公平竞争的普世价值在起作用，并不是完全属于"腐朽没用的丑物"。科举制被许多人称为"糟粕文化"，但它却引起了一场文化的革命，甚至对后世乃至其他国家都产生了不可小觑的影响。甚至在清末，人们空前激烈地批判矛头主要是对准八股文，而不是科举制度本身。然而，科举并不能等同于八股。所以，梁启超和孙中山先生在游历东、西洋国家并进行比较之后，都提出要为科举制平反。这正是因为他们发现科举制确实在历史上，发挥过不可抹杀的重大作用。

总之，科举选官的范围比九品中正制要广泛得多，实施的原则很公平、效果也比较理想，普通地主和农家子弟等均可参加。这就使传统的"世家大族"势力受到沉重打击，用人权被中央政府牢牢控制。当时科举考试所得到的人才，基本上都是有真才实学的高级知识分子，为政府网罗了一大批精明强干的大臣。这就使官员的素质得到了很大的提高，也有利于文化教育事业的繁荣。至于"八股取士"摧残读书人，那已经是1000多年后明清时期的事情了，与隋唐何干？"学而优则仕"，科举制度下教育的目的就是考试，考试的目的就是做官，做官的目的就是特权。欲富贵必先考试，要做官就得听命于朝廷。于是多年以后人的个性和创造力丧失，这也是科举最终成为社会发展障碍的原因。

在选官制度上，隋文帝做出了开创性的贡献。而这项制度所选拔出的人才，也使他的事业做得有声有色。土地与赋税方面，隋文帝也采取了一些惠民措施，并同样是收效良好、影响深远。

均田与赋税制度的升华

　　毛泽东在《对农民的宣言》中，强调："农民问题是中国革命的中心问题，而农民问题的中心是土地问题。"可谓对小农时代中国的国情，分析得再透彻不过了。"三十亩地一头牛，老婆孩子热炕头"，一直是中国农民梦寐以求的理想生活。土地作为最重要的生产资料，历来是农民的命根子，也是历代统治者最为头疼的疑难问题。处理得当则农民安居乐业，政府财政收入得到保证；处理不当则将导致民不聊生、社会秩序紊乱，甚至揭竿而起。

　　公元前4世纪的战国时期，孟子显然就已经认识到了土地问题的重要性。《孟子·梁惠王上》有言："五亩之宅，树之以桑，五十者可以衣帛矣。鸡豚狗彘之畜，无失其时，七十者可以食肉矣。"也就是说，他主张：要给农民几亩地，种上桑麻和庄稼，并且保证农民的劳动时间。让农民有吃有穿，在老的时候还可以穿上丝帛衣服、吃上几口肉。这样的统治就是仁政，这样的君主就是明君，这样的社会就小康社会啦。其实，丝帛是古代农民绝对不敢奢望的；而且，人老了，牙都掉了，还怎么吃肉呀。所以他的这段经典论述，长期以来被视为提倡统治者尊重长者，使人民富足，进而导民从善的治国之道。然而这种设想显然属于理想化的社会设计，真正要实施起来，对历代国君而言主观的、客观的困难都不小。隋文帝时代几乎将孟子的政治理想全部变成了现实，他忠实地执行了儒家关于未来社会的种种构想。孟子老先生泉下有知，可以安息了！要是他有机会来隋唐时期看看，一定会激动的不想回去的。隋文帝的基本做法就是，全面、彻底地推行均田制和与之相配套的租庸调制。

中国古代有些制度精彩到让人拍案叫绝，均田制便是其中最经典的制度之一。均田制在中国古代，乃至在世界历史上都是一项绝妙的土地制度。一旦战乱导致人口大量减少、土地大量荒芜，土地就会流转到政府手中。政府再根据所掌握的无主荒地的数量，授予每个成年男子几十亩土地，这就是"计口授田"。这样，农民有了土地便能安分守己，有利于社会秩序安定；另一方面，政府的赋税也增加了。这才是真正的一举多得的奇谋妙计啊。这项制度开创于鲜卑族统治下的北魏，以后的东魏、西魏、北齐、北周、隋朝、唐朝前期等，都曾推行过。其中，以唐朝推行的时间最长、影响最大、效果也最明显。

隋朝前期对农业非常重视，隋文帝在即位后的当月（581年2月29日）就曾下令，将官府的5000头牛分给贫民。他也充分地认识到了土地对于农民的重要性，更看到了前代实施均田制所产生的良好的经济效益和社会效益。为此，隋文帝决定在他的帝国继续推行这项利国利民的土地政策，并对其进行改革与完善。为此，隋朝首先对人口的年龄进行了明确的界定：3岁以下的男孩和女孩都叫作"黄"，4岁到10岁的叫作"小"，11岁到17岁叫"中"，18岁到60岁叫"丁"，60岁以上叫"老"。历朝历代实行的均田制不尽相同，以隋朝为例：成年男子即"丁男"可以分到露田80亩（隋朝的1亩比现在小，约合522.150平方米），永业田20亩。露田也称"正田"，种谷物之田；土地所有权归国家，使用权归农民，农民60岁后须把田地交还国家，即"还田"。永业田也称"世业田"；农民世代耕种，死后不用归还给国家。成年女子分露田40亩，奴婢5口人给1亩。

此外，隋政府对官员比较优待，也给予多少不等的田地，以供解决其经济问题，算是"以田养廉"。开皇二年（582年），隋文帝规定：官员永业田与其品级相适应，自诸王以下至都督，多至100顷（1万亩），少至40顷（4000亩）。官员从一品到九品，可以分到5到1顷（500至100亩）数量不等的职分田，以此作为俸禄，等以后不做官了田地须上交国家。各地的官署也授给一些土地，用以收地租补充办公经费的公田，叫作公廨田。在京官署公廨田

自26顷至2顷（2600至200亩），在外诸州公廨田自40顷至1顷。官吏离任，须把田地移交给下一任。自杨广即位后（605年），不再对妇女、奴婢、部曲（豪门的部属）授田。

与均田制配套的赋税制度是租庸调制。凡是接受政府均田的人家，都要缴纳一定的赋税并服徭役。每个成年男子每年要向国家：按土地多少缴田租，粟（谷子）3石（dàn，合360斤；唐朝时减为2石），称作"租"；按户数缴户税，绢4丈（约合13.4米；唐朝减为2丈）、绵2两或布5丈（约合16.6米；唐朝减为布2.5丈）、麻3斤，称作"调"。为什么中国人对"四世同堂""五世同堂"等津津乐道呢？除了天伦之乐外，很重要的一个原因就是，不分家就可以只向国家缴纳一份户税！长期以来中国的赋税制度，侧重于地租、人头税和户税等。而户税是按户征收的，同样是10口人，要是一大家子，就只用交一份户税。而要是分为三四户，就要交三四份户税！所以，从减少开支的角度看，一大家子过日子会节省一些。分家既不划算也很为难，要搬家就更难了。而这样，统治者加强对人民控制的目的也就达到了。这就是中国式农民的智慧和生存之道啊！此外，成年男子每年还要服徭役30天（唐朝减为20天），叫作"力役"。但隋文帝同时规定，50岁以上的人可以用布帛来代替力役，这叫"庸"，实际上是一种代替徭役的"代役税"。单单可以拿绢或者布来代替徭役这一项政策，就已经是历史的一大进步了。因为，对农业而言，农时最重要、劳动力更重要。农民要是交了这种代役税，就可以专心专一地在地里干活了。这样一来，农业的土地和时间都有了保障。隋文帝不愧是孟子的"好学生"啊。

均田制和租庸调制，在唐朝实行的就更为广泛了。总体看来这项制度的实施，发挥了良好的作用，有着十分明显的综合效益，尤其是在最初实行的几十年里。均田制是一项神奇的制度，它的实施缓解了土地兼并的形势。保障贵族官僚地主利益，但又限制他们占田过多。在授田时先给穷人再给富人，还限制百姓出卖自己分得的土地，以期农民也能拥有一定数量的生活保障。它肯定了土地的所有权和占有权，使农民摆脱豪强大族的控制成为国家编户齐民。政府控制的自耕小农阶层的人数大大增多，保证了国家的赋税收入，加强了政府对人民的控制。并且，它还相对减轻了农民的负担，有利于缓和农民的反抗，使劳动力与土地结合。减少了田产纠纷，有利于无主荒田的开垦，对农业生产的恢复和发展起了积极作用。最终，有效地巩固了隋朝前期的统治。

但是，这项制度也有一些无法弥补的缺陷：

其一，政府手中要有相当数量的土地才能实施均田制。这本是个最基本的前提，但是因为用来授田的土地只是无主土地和荒地，数量很有限。在相对和平的时期，缺乏无主土地，所以均田农户实际得到的田地也是有限的。

其二，均田令规定的授田数量，指的是"应授田"，也就是按政策、在理论上授田的最高限额。但是，随着社会的稳定，人口不断增加，再加上"永业田"又不退还给政府，迟早会有无田可授的一天。所以，均田制从一开始就普遍达不到应授额。还有，口分田虽然按规定年老、身死必须还给官府，但实际上能还田的很少。

其三，按理说这些国有土地是不能被兼并的。但是，农民经济力量脆弱、赋役负担沉重，稍微遇到天灾人祸，就会被迫出卖土地、破产逃亡。还有些无法无天、神通广大的地主老财什么的，经常会通过各种途径对均田的土地进行侵吞。导致土地逐渐集中到一些大地主手中，而这些人大多财大气粗又或者与官府有勾结。从而，使政府控制的土地越来越少，均田制也没法推行下去了。正因为如此，均田制在北魏、北齐、北周、隋朝、唐朝等朝代，都是在推行一段时间后就遭到破坏，而无法实施了。

赋税方面，魏晋南北朝以来，基本上是户籍不清、税收不稳。《通典·食货志》记载了隋初时的景象："其时承西魏丧乱，周齐分据，暴君慢吏，赋重役勤，人不堪命，多依豪室，禁网隳紊，奸伪尤滋。"很多贫苦农民被迫沦为豪强的佃户，严重影响了国家的财政收入。隋朝政府在征税的过程中还发现，农民总会想方设法地逃税，豪强地主更是想尽办法隐瞒土地，意图少交租税。于是，为了增加国家的财政收入、稳固统治秩序，隋文帝在建立隋朝后，采

用了两项重要而得力的措施，即"大索貌阅"和"输籍定样"。而这两项措施的主要制定者和推动者，都是大隋宰相（尚书左仆射）高颎。

为了查实应当纳税和负担徭役的人口，严防脱漏户口、隐瞒年龄和逃避赋役，585 年（开皇五年），隋文帝下令州县官吏大规模地检查户口，这就是"大索貌阅"（又简称"貌阅"）。即按户籍上登记的年龄和本人体貌核对，核查有无低报年龄及谎报老病的种种情况（"阅其貌以验老小之实"）。户口如有不实，里正、党长将被流配远方；大功（堂兄弟）以下，都必须另立户籍，以防隐匿（"户口不实者，正长远配，而又开相纠之科。大功已下，兼令析籍，各为户头，以防容隐"）。

同时，高颎鉴于兵役、力役、税收、授田等都与户口等级有关，而当时户等的划分因为官员的懈怠和徇私舞弊，多有不实。于是，他建议由中央重新确定划分各户等级和纳税标准，这就是"输籍定样"（又称"输籍法"）。开皇五年（585 年），隋文帝采纳了高颎的建议，规定每年正月初五，县令巡查户口。令百姓五党（500 家）或三党为一团，根据标准定户等高低，重新规定每年应纳税额和应服差役并写成定簿。这样就可以防止人民逃税和抑制豪强地主占有劳动人口，造成税赋不合理现象。

由此，大量隐漏的户口被查出，增加了政府控制的人口和赋税收入。这次人口普查的规模大、标准严格、措施得力、成效显著，总计获得男丁 44.3 万，人口 164 多万。杨广即位后，于大业五年（609 年）采用裴蕴的建议，再度貌阅。规定户口如有一个不实者，相关官员解职；凡检举出一个壮丁者，就责令被纠查的家庭代替检举者缴纳赋税、服徭役。于是，又获得了男丁 20.3 万，人口 64.15 万。这些强有力的举措，还防止了地方豪强和官僚勾结营私舞弊，削弱了其经济势力。将豪强手里依附的人口解放了出来，增加了国家的劳动力，调动贫苦农民的生产积极性；使国家掌管的纳税人丁数量大增，为建立比较完善的户籍制度创造了条件。通过这一方法，隋朝将大量隐漏、逃亡的农民转为国家编户，防止了人民逃税，抑制了士族豪强占有劳动人口。从而，增加了政府收入，加强了中央集权，为隋朝的富强奠定了坚实的基础。

开皇十年（590年），隋文帝又对府兵制进行了改革。他下令："凡是军人，可悉属州县，垦田籍帐，一与民同"。府兵制原本是中央设十二卫大将军分别统辖诸府军队，总隶属于皇帝。改革后的府兵制，改变过去兵民分治、府兵另立户籍的做法，府兵及其家属的户籍都落在了所在州县。府兵制"寓兵于农""兵农合一"，府兵平时从事生产，战时随军作战。这样既减少了国家的军费开支，又使府兵的统帅权真正集中到了中央，从而加强了中央集权和皇权。

"大索貌阅"和"输籍定样"，都是隋初为整顿政治经济秩序所采取的重大举措，并都取得了显著的成效。因而，高颎被认为在其掌权的20年中，对隋朝做出的最大贡献就是在财政管理方面。他制定了税收登记的新标准，成立了负责这一工作的政府机构，对后世产生了深远影响。也正因为如此，唐朝著名史学家杜佑，才会将高颎与管仲、商鞅并列。认为其尽管处于连年战争和分裂以后的乱世，但他通过制定的登记制度、货币改革和其他措施，成功地将隋朝的纳税人口从开皇九年（589年）的400万户增加到大业二年（606年）的890万户。这些办法既大量地减少了国家的财政开支，又增加了国家的财政收入。这里里外外下来，隋朝政府没过几年就"盆满钵满"了。也正是由于有了这些有效的措施，整个隋朝国家都是很富足的。

改革地方行政

皇权与相权、中央与地方，是贯穿中国封建时代始末的两大对立矛盾体。总体来说，它们的发展趋势是：皇权不断加强，相权不断削弱；中央权力不断强化，地方权力不断削弱。在历次改朝换代的腥风血雨中，君主，尤其是开国君主为加强自己的君主专制和中央集权，都要伤透脑筋。他们总觉得：

大隋雄主杨坚

唯有如此，才可能确保自己新生政权的长治久安，才能让子孙后代将权力的魔杖攥得更紧。

开国君主们各有各的高招，目的虽然相同，但因为个人的认识不同，历代君主采取的加强权力的措施不尽相同，甚或大相径庭。

以加强中央集权而论：为巩固统治，秦朝废除分封制，实行了郡县制；但汉朝建立后，刘邦认为秦朝灭亡的一个重要原因正是它没有实行分封，于是他自作聪明地与大臣"刑白马盟"（杀白马盟誓），大肆分封刘姓子弟为诸侯。结果呢，到了刘邦的孙子汉景帝刘启时期，便爆发了"七国之乱"，西汉费了好大的劲才将其平定。后世呢，曹魏没有实行分封，司马炎建立西晋后却再次实行了分封，结果到了他儿子晋惠帝司马衷时期，就导致了"八王之乱"。再比如，东汉和唐朝地方藩镇势力膨胀形成军阀割据，加速了王朝灭亡；而北宋将地方的行政、财政、军事、司法等主要权力都收归了中央，结果致使地方经济贫弱，在对外作战中一败再败，极大地危害到了自身的统治。

因此，如何妥善地处理中央与地方的关系，真的是一门学问。既不能使地方权力过大，威胁中央集权、国家统一；又不能使地方权力过小、处处被束缚手脚，导致国家效率低下。从中央到地方，行政管理体制到底该分几级？地方到底拥有多大的权力才算正好？这在很大程度上，一次又一次地考验着开国君主、中兴君主们的智慧与魄力。

魏晋南北朝时期，之所以会出现长达数百年的分裂局面，和中央集权崩溃、地方管理制度彻底失控，有着深远的关系。因此，在大动荡、大分裂的局面结束之际，地方制度的重建显得尤为迫切。这绝不仅仅是个简单的制度沿革问题，而是具有整合社会、消除分裂因素，加强国家对社会、中央对地方控制力的重大意义。但要进行这样一场声势浩大的变革，势必是艰巨而复杂的，因为它不可避免地会触及很多现有利益享有者的特权。然而即便如此，对于一位想有一番开天辟地作为的雄主而言，这一极富挑战性问题也无可选择地必须面对。

隋朝重建地方行政制度的努力，正是从加强中央集权，也就是加强中央对地方的控制开始的，这也是当时所面临的最大的政治问题。在平定了尉迟迥、王谦等人的叛乱后，隋文帝有了和汉高祖刘邦、晋武帝司马炎同样的顾虑：北周之所以被自己轻而易举的推翻，完全是由于其没有分封宗室而造成的。于是，隋文帝即位后立即决定将自己的儿子们和杨姓宗室封到各地镇守，作为大隋王朝的屏障。

《隋书·元岩传》记载："高祖初即位，每惩周代诸侯微弱，以致灭亡，由是分王诸子，权侔王室，以为磐石之固，遣晋王广镇并州，蜀王秀镇益州。"（当时高祖刚刚即位，每念北周诸侯微弱，以致亡国，因此分封诸子为王，让他们的权力与皇室不相上下，以此为磐石之固。皇上让晋王杨广镇守并州，蜀王杨秀镇守益州。）隋文帝还让自己的侄子杨雄执掌禁卫军，弟弟杨爽守卫京畿。这样，皇次子杨广做了并州总管、皇四子杨秀做了益州总管，这样就将河东、巴蜀两处战略要地牢牢地控制了起来。

《隋书·高祖本纪》记载：开皇二年（582年）正月，隋文帝又做出重要部署，参照原北齐的制度设立了行台尚书令。"置河北道行台尚书省于并州，以晋王广为尚书令。置河南道行台尚书省于洛州（今河南洛阳），以秦王俊为尚书令。置西南道行台尚书省于益州（今四川成都），以蜀王秀为尚书令。"行台始于曹魏，是临时性随军的中央分支机构。"台"指在中央的尚书省，出征时驻行在当地设立的临时性机构称为"行台"，又称"行台尚书省"或"行台省"。北魏到武帝拓跋珪时期开始以行台治理地方，代表中央指挥地方。北齐也在重要的地区设立行台，作为地方最高军政机关。隋文帝这次以三位皇子为行台尚书令，实际是其以诸子为大隋屏障思想的重要实践。但与汉朝、西晋分封诸侯不同的是，行台的官员由中央政府任命，地方的军政事务也要听从中央的领导，因此行台的权力受到了很大的制约，这也就在制度上有效地防范了其成为地方割据势力而威胁中央。行台的设置，在当时既可以代表中央对地方进行监视和控制，又可以很好地发挥地区军政机关的作用，积极为抵御侵扰、统一全国做准备。

开皇三年（583年）十月，因为中原无事，隋文帝下令废除河南道行台，秦王杨俊改为镇守秦州（秦州总管，州治在今甘肃天水）。开皇六年（586年）十月，隋文帝又设立了山南道和淮南道行台，秦王杨俊和晋王杨广分别任尚书令，为灭陈做准备。隋朝统一全国后废行台，但是由亲王镇守一方的制度仍在延续。全国分为三、四个大区，由亲王出任大总管以镇守，在当时收到了良好的效果，被视为隋文帝的佳绩、传为美谈。

《隋书·韦世康传》记载：开皇十五年（595年），"时天下唯置四大总管，并、扬、益、三州，并亲王临统，唯荆州委于世康，时论以为美。"

由此可见，行台和四大总管府的设置，绝非什么权宜之计，而是隋文帝为加强中央集权而实施的重大措施。隋朝建立之初，处于天下初定、地方制度积弊已深的特殊时期，因此隋文帝从大处入手，通过这些加强对地方控制的措施，为下一步进行彻底、深入的地方行政制度改革做好了充足的准备。

《隋书·杨尚希》记载：开皇三年（583年）十一月，河南道行台兵部尚书（相当于河南地区军区司令）杨尚希看到天下州郡过多、弊政丛生，于是上书言道：

> 自秦并天下，罢侯置守，汉、魏及晋，邦邑屡改。窃见当今郡县，倍多于古，或地无千里，数县并置，或户不满千，二郡分领。县僚以众，资费日多，吏卒又倍，租调岁减。清干良才，百分无一，动须数万，如何可觅？所谓民少官多，十羊九牧。琴有更张之义，瑟无胶柱之理。今存要去闲，并小为大。国家则不亏粟帛，选举则易得贤才，敢陈管见，伏听裁听。

杨尚希的奏折，直言不讳地指出了当时政府机构混乱的实际情形，令人触目惊心、振聋发聩。魏晋南北朝以来，几乎各个王朝都滥设州郡，以壮声势、收买人心。就以南朝为例：梁武帝天监十年（511年）有23个州，可是仅仅二三十年后，就猛增到了107个，数量几乎增长了4倍！陈朝的版图虽然不大，却也设置了42个州。南方混乱如此，北方的情况也好不到哪儿去。

《资治通鉴》记载：北齐天保七年（556年）文宣帝高洋，就指出北魏末年因为顾忌地方豪强的情面和势力，州郡过多，乱象和弊端丛生："魏末豪杰纠合乡部，因缘请托，各立州郡，离大合小，公私烦费，丁口减于畴日，守令倍于昔时，且要荒向化，旧多浮伪，百室之邑，遽立州名，三户之民，空张郡目，循名督实，事归焉有。"因此，北齐不得已进行裁撤，"并省三州、一百五十三郡、五百八十九县、三镇、二十六戍"。但是，经过一番整顿和裁减后，小小的北齐仍有55个州、162个郡、385个县。北周的情况还要更糟一些，《隋书·地理志》记载：大象二年（580年）它有156个州、346个郡、739个县。州—郡—县的三级地方行政体制几乎名存实亡，因为事实上由于不断地割地设州，当时的一些州甚至比以前的郡还小。即便这样，还经常需要几个不同级别的机构挤在一起办公。维持着这样一个臃肿的机构、庞大的烂摊子，国家财政不堪重负，行政效率也低得惊人，而且还助长了地方豪强士族的嚣张气焰。

战争时期，各个王朝用封官设职的形式，来拉拢地方豪强势力，可谓饮鸩止渴、被逼无奈。因此，到了全国大一统时期，就必须以壮士断腕的勇气痛加整治。这既是政府机构合理化、正常发展的需要，也是吸收消化地方势力、消除分裂隐患、稳固统一的需要，更是时代的发展趋势。杨尚希针砭时弊、言之凿凿，隋文帝读过这篇奏折后感同身受、兴奋不已，因为杨尚希与他的思路不谋而合，可谓"英雄所见略同"啊。那个时候，隋朝的中央制度改革已经初见成效，各项准备基本就绪。"帝览而嘉之，于是遂罢天下诸郡。"隋文帝决心以清除毒瘤的魄力，立即着手对地方行政制度的改革。

隋文帝断然决定对地方机构进行大刀阔斧的整顿，但是鉴于州郡重叠的现象极其严重，隋文帝并没有采取杨尚希"存要去闲，并小为大"的保守建议，而是采取了更为彻底的措施。他要一举取消"郡"这一级行政机构，废除实行了近600年的州—郡—县三级制，直接恢复到秦汉时期的二级制。这样一来，隋文帝的改革，就绝非是裁减州郡这种常见的小修小补，而是具有划时代意义的变革。这一重大决策，将直接裁减数百个郡，免去成千上万名

官吏的职务。因此，其直接触动了众多地方豪强士族的利益，显示出了隋文帝非凡的气魄与胆识。

更令人感到不可思议的是，雷厉风行的隋文帝完成这项常人看来几乎不可能完成的任务，竟然只用了不到一个月的时间。当年十二月，废郡的工作开始在全国启动，但年底就基本完成了。就如同一个国家得了600的陈年痼疾，竟被一代雄主隋文帝杨坚在一个月内给治愈了！这是何等荣耀的政绩，势必对后世产生深远的影响。

我们可以将这项伟大的工作，用表格的方式进行整理和展示，以求直观和客观：

隋文帝时代州郡废立情况简表

今政区	改郡为州		立州		废州		立郡		废郡	
	文帝朝	隋总数	文帝朝	隋总数	文帝朝	隋总数	文帝朝	隋总数	文帝朝	隋总数
内蒙古	0	0	2	2	0	2	0	2	2	5
新疆	0	0	0	0	0	0	0	3	0	1
宁夏	0	0	1	1	0	1	0	1	5	5
青海	0	0	0	0	0	0	0	2	1	3
甘肃	3	3	2	3	0	14	0	7	30	30
陕西	0	0	0	0	0	10	0	5	37	37
辽宁	0	0	0	0	0	1	0	3	0	0
河北	0	0	6	6	1	8	1	3	23	23
山西	1	1	5	5	2	9	1	11	34	34
山东	0	0	9	9	1	8	1	1	11	11
河南	2	2	10	11	9	28	0	4	61	63
湖北	0	0	2	4	5	11	0	4	26	28
安徽	1	1	2	2	1	4	0	2	22	23
江苏	1	1	3	3	2	4	0	0	21	21
浙江	1	1	5	6	2	3	0	0	6	6
江西	5	5	1	1	0	0	0	0	2	2
福建	0	0	0	0	0	0	0	0	3	3
广东	0	0	6	6	3	8	0	3	31	32
四川	0	0	7	9	4	18	0	0	79	80
贵州	0	0	1	1	0	0	0	0	0	0
云南	0	0	2	4	0	4	0	0	0	0
广西	0	0	3	3	0	8	0	0	28	32
越南	0	0	0	2	0	3	0	1	5	5
总计	16	16	70	82	30	144	3	52	434	452

从上面这张统计表，我们可以清楚地看到：在整个隋文帝时代，全国仅仅设立了 3 个郡。这就纯属特例，可以忽略不计了。也就是说，在灭陈统一全国后，陈朝旧地的郡也随即被废除。废郡制、改革地方行政体制，是隋文帝时代最具特色的强力改革举措之一。隋文帝以自己独特的果敢与魅力，赢得了后世史学家的广泛赞誉。

隋初的州、郡、县，均按照人口多少和经济繁荣程度分为上上、上中、上下、中上、中中、中下、下上、下中、下下九等。根据隋文帝开皇二年（582 年）颁行的制度规定：随着州郡县级别的降低，额定在册的官员人数也会依次递减。上上州级别的州额定官员 323 人，上中州 311 人，到了下下州仅有 156 人。上上郡额定官吏 146 人，到了下下郡仅剩 77 人。隋文帝一举撤销了将近 500 个郡，这将影响到数以万计的地方官员的政治前途，乃至生活来源。如果不能妥善处置这一问题，就将为社会动荡埋下新的隐患。

《隋书·百官志》记述道："旧周、齐州郡县职自州都、郡县正以下皆州郡将县令至而调用理时事。至是不知时事直谓之乡官。别置品官皆吏部除授每岁考殿最……开皇十五年罢州县乡官。"也就是说，原来那些飞扬跋扈、不可一世的州郡官员，一夜之间沦落为"乡官"。他们既丧失了既得利益，又有了身份上的巨大落差，怎能不怒火中烧呢、无事生非呢？

而且，这些地方僚属大多以豪强士族、富商大贾为后盾，绝非一纸公文就能轻易打发得了的。在南北朝时期，各个王朝立国之初，大肆用官职来拉拢地方豪强，一些王朝末期政治腐败又滋生卖官鬻爵，日益造成官员队伍膨胀。

《北齐书·后主本纪》记载：北齐后期，"赋敛日重，徭役日繁，人力既殚，币藏空竭。乃赐诸佞幸卖官。或得郡两三，或得县六七，各分州郡，下逮乡官亦多降中旨，故有敕用州主簿，敕用郡功曹。于是州县职司多出富商大贾，竞为贪纵，人不聊生。爰自邺都及诸州郡，所在征税，百端俱起"。"虐人害物，搏噬无厌，卖狱鬻官，溪壑难满。"

到了隋文帝实施地方行政改革时期，越是如此越得快刀斩乱麻地改，但又得动一番脑筋，给那些遭到裁汰的人以一定的出路，以免生事端。精明强干又机智灵活的隋文帝，向来知道如何使国家的利益最大化；在保障改革以自己预想的方向顺利推行，又最大限度地化解矛盾、巩固政权。隋文帝为此，将他们中的一部分必须团结的地方豪族和有才干的人，吸收到新的地方机构中工作。甚至，在北齐和陈朝旧地又增设了一些州，以这种较为折中的方式处置历史遗留问题。从而，保证了地方改革较为高效、彻底的顺利推行。虽然这里也有隋文帝一些不得已而为之的苦衷，但因为郡原本是介于州和县之间的行政区划，所以它的原班人马如要留用也就可上可下，这就给了隋文帝较大的处置余地。因此，在实施改革的过程中，也有不少郡官被充实到了县里。同时，由于县级区划作是基层政府直接管辖乡里，对于稳定社会秩序、加强中央对地方的控制起着极为关键的作用。所以县级政府官员的充实，对于处于上升时期的隋朝而言未尝不是一件好事。

完成统一后的隋文帝，为了将原北齐、陈朝地区更加牢固地控制在中央政府手中，维持大一统的局面，他又根据各地情况的差异对县级区划进行了废立与整合。原属北齐的华北地区（今河北、河南、山东、山西等）人口稠密，各县的平均人口基本都在万户以上，而且又是经济发达的地区，所以隋文帝在此大量设县。但江南地区当时地广人稀，当地地方豪强又不好驾驭，所以隋文帝在此裁减了很多不必要设置的县。这两种做法看似相反，但其巩固统治、加强中央和因地制宜的实质却是一致的。

而那些被从地方行政机构裁汰下来的成为乡官的人员，则必须接受新的考核方式，要不然就得卷起铺盖回家了。《隋书·百官志》记载：州县"别置品官，皆吏部除授，每岁考殿最。刺史、县令，三年一迁，佐官四年一迁"。也就是说所有的官员都有任期，要接受朝廷吏部的考核，以作为决定去留、升降的依据。这是中国地方行政制度史上一道具有里程碑意义的政令，它将地方官吏的任免权完全收归中央。因为，在隋朝以前，州郡的长官是由朝廷来任命的，而他们的僚属则都是他们自己聘任的，也就是所谓的"辟除"或"辟召"。地方上的人事权力过大，这显然是专制帝王所不能容忍的事情，也不利于国家的稳定和中央政府权威的维护。所以，朝廷开始回收人事权是隋文帝对中国历史的又一大杰出贡献。

通过一系列配套措施，隋文帝地方行政制度改革的发展脉络逐渐清晰。他改革的整套目标，就是最大限度地削弱，乃至清除各级地方政府中的门阀士族势力，以彻底扭转数百年来地方豪强把控地方行政的扭曲局面，从而消除地方分裂割据的隐患。精明务实的隋文帝，一旦通过折中、让步的方式，安抚了地方势力、踏出了艰难的第一步，后续的改革就变得容易多了。

开皇十五年（595 年），在十几年的压制和感化下，那些乡官早已被打磨得失去了威风，早也没有任何与朝廷对抗的能力了。这时，隋文帝才从容不迫地颁下了"罢州县乡官"的诏书，促进了地方机构的合理化和正常发展。"尚书举其大者，侍郎铨其小者，则六品以下官吏，咸吏部所掌。自是，海内一命以上之官，州郡无复辟署矣。"于是，气数已尽的乡官们便从此悄无声息地消失在大隋广袤的乡野间，甚至没有激起一丝波澜。要是一开始就蛮干，简单粗暴地和地方豪强一下子对立起来，恐怕大隋的江山很快就要处于风雨飘摇当中了。隋文帝此举彻底地废除了九品中正制留下的阴影，华丽地收拾了数百年分裂动乱的残局，确立了中央对地方的绝对领导。

走出了这最具根本意义的一步后，隋文帝又对地方机构进行了进一步改革。按照魏晋南北朝的传统，在纷繁复杂的战争年代，州刺史往往都要有军事职务，即地方行政长官又是军事长官。州长官一身两任便有了两套机构，一套管理军政（府官，长史、司马等）、一套管理民事（州官，别驾、赞务等）。隋初也沿袭了这种制度。隋初，州刺史下设的两套机构在实际运作中，并不是军民分离、互相平等的，而是主抓军政的府官占尽优势。因为府官经常是长期追随刺史左右的军事幕僚，与上司关系极为密切。再加上战争环境下，府官往往会直接插手行政，以军统民。由此，管理民事的州官地位日益下降，简直成为没有实权的闲散人员。鉴于这种情形，隋文帝在推行地方行政改革时，索性将两套机构合并。取消了州官，将其也纳入乡官行列。开皇三年（583 年）四月，"改别驾、赞务，以为长史、司马"，原先的军政机构完全取代了民政机构。这就既提高了行政效率，又清除了一些地方政府中的地

方豪强势力，使得政府机构更加精简合理。

改革的坚冰一旦打破，航道便近在眼前。在隋文帝改革的基础上，大业元年（605年），隋炀帝废除了各地的总管府。因为他从自己的弟弟汉王杨谅的反叛中看到，和平时期分封亲王、长期维持军事管制色彩的体制，会极大地削弱中央的权威。大业二年（606年）隋炀帝开始了隋朝第二阶段的改革，"遣使道使并省州县"，废除了很多州县。第二年四月，隋朝的地方行政制度的合理化改革终告完成。不过隋炀帝又做了一个颇有意味的改动，他将父亲设置的300多个州合并成了190个郡。这样仍然是两级制，不过"郡"摇身一变又从州的下属机构变成了直接管县的第一级行政区罢了。隋炀帝精简地方机构是在完成父亲的未竟事业，但终究顺乎历史潮流。至于他后来葬送了大隋基业，又另当别论，与地方行政制度改革无关。

总之，隋文帝大力推进的地方行政制度改革，从三级到两级，从四分五裂到大一统；从机构臃肿、人浮于事到制度合理、官员兢兢业业，一个庞大又伟大的帝国从此更加高效地运转了起来。

隋文帝的帝国从根本上来说，肯定还只是一个"人治"的国家，谁也不能确保所有官员都能做到像少数为官楷模那样好。因此，唯有以制度来约束和规范，才能真正有利于国家的长治久安。而治理国家归根结底不是个人的问题，制度健全、上下一心，又有了充足的人才储备，接下来再有各级地方管理的精诚团结、公忠体国、爱岗敬业，一个煌煌盛世的出现也就为时不远了。

完善监察机制

世界近代史上，被称为"美国宪法之父"、也是美国第四任总统的麦迪逊（1751—1836年），曾说过这样一句话："如果人都是天使，就不需要任何政府了；如果是天使统治人，就不需要对政府有外来的或内在的控制了。"200多年来，这句话被不同的人做过各式各样的解读与发挥。但有一点是世人公认的，那就是：人不是天使，也不是天使在统治人，因此人需要政府来保障，但同时也必须对政府和官员进行有效的监督。

中国古代的帝王们早就意识到了：官员手中都有权力，怎样才能很好地防范官员图谋不轨、以权谋私、贪赃枉法；进而提高政府的工作效率，化解社会矛盾，维护社会稳定，确保统治牢固？这些问题从国家、官制的产生，就开始存在。所以，必须要有一整套的制度来加强防范、监督政府官员，更好地为国家利益和皇帝利益服务，这就是——监察机制。历代贤君明主，为此可谓绞尽脑汁。经过不断地发展和完善，监督法律、法令的实施，维护国家法律、法令和法制的统一，参与并监督中央和地方司法机关对重大案件的审理活动，就成为中国古代监察机构和监察官员的主要职责。隋朝能够在吏治方面取得一定的成绩，一个很重要的原因就是隋文帝高度重视监察工作，建立了一套比较完善、有效的监察机制。

战国时期是中国古代监察制度的萌芽时期，秦汉是形成时期，魏晋南北朝是发展时期，隋唐是成熟时期，宋元明清是强化严密时期。战国时期，职掌文献史籍的御史官就已有明显的监察职能。秦朝统一中国后，在建立封建专制主义中央集权制度的同时，也创建了相对独立的监察制度。在中央设立御史大夫位列三公，属于副丞相的级别，负责掌管群臣奏折、天下文书和监察百官。在地方上，皇帝派御史常驻郡县，称"监御史"，负责监察郡内各项工作。秦朝之后，监察便日益成为历代的一项重要政治制度。经过长期的发展，这一制度逐步健全和完备。

汉虽承袭秦制，但比秦朝更加严密。汉武帝时，为加强中央对地方的控制，将全国分为13个监察区，称为"州"，每个州设刺史1人，作为专职监察官，对州内所属各郡进行监督。丞相府设司直，可以检举丞相的不法言行。朝官如谏大夫加官给事中衔，都有监察劾举之权。郡一级有督邮，代表太守督察县乡。此外，还有因特别使命而设的符玺御史、治书御史、监军御史、绣衣御史等，分别行使御史的职权。东汉时，御史台称宪台是最高监察机关，职权也有所扩大。它与地位显要的尚书台、掌管宫廷传达的谒者台，同称"三台"。司隶校尉负责监察除三台以外的朝廷百官和京师近郡犯法者，曹操也曾担任过这一职务。每州设置一名刺史，用以监察地方政情、受理案件、考核官吏。由于事权混杂，后来刺史逐渐变为凌驾于郡之上的一级地方军政长官，失去了监督地方的作用，所以改称州牧；州也由监察区变为行政区，地方的监察制度便基本瓦解。魏晋南北朝基本处于封建割据的分裂状态，各个王朝的监察机构名目不一，但体制与汉代相同，也有部分变化。魏晋时，御史台成为由皇帝直接掌握的全国性的监察机构。晋以后，御史中丞下设殿中御史、检校御史、督运御史等，分掌内外监察之权。此时，地方上不再设置固定的监察机构，由朝廷不定期地派出巡御史监察地方官员。此外，御史"风闻奏事"的制度也在这个时期形成，即举报人可以根据传闻进行举报，不必拿出真凭实据，也不必署名。

隋朝建立后，隋文帝就当即着手对官吏进行严格的监察，对为非作歹的行为严惩不贷。自古以来，赏罚分明就是吏治之本。赏不可滥，而罚必求其公正。作为成熟时期的隋朝监察制度，由两大部分组成：一是御史监察系统，二是谏官言谏系统。御史的主要职责是"典正法度"、"察举弹劾"；而谏官的主要职责则是"尽规献纳，纠正违阙"。一个针对百官，一个针对皇帝，两者相辅相成构成了隋朝完整的监察体系。

开皇元年（581年）二月，隋文帝代周自立后做的第一件事就是把北周附会《周礼》所建的六官制度废除，取而代之的是三省六部制，作为监察制度重要组成部分的御史台也同时建立。御史台（相当于最高检察院）是隋朝皇帝直接控制下的中央最高监察机关，隋文帝时代御史台的长官为御史大夫（相当于最高检察院检察长），下设治书御史2人为副职。下辖侍御史八人，殿内侍御史、监察御史各十二人，专门执掌外出巡察，此外还有录事二人。其中，御史大夫在魏晋时期称御史中丞，但隋文帝因避讳父亲名字里的"忠"字，就援引秦汉时期的先例将其改称御史大夫。御史为"风宪之官"、"治官之官"，担负着纠劾非法、肃正朝纲、举荐贤良等重任，隋文帝非常重视对监察官员的选任。开皇三年（583年），废除了北魏以来由御史台长官自选御史的制度，改由中央吏部铨选，或由三省长官荐举，再由皇帝任命。这一举措和隋文帝进行的地方行政制度改革同时开展，具有重大的政治意义。

隋朝州县地方不设监察机关，对地方的监察和监督主要是根据形势发展的需要，由中央临时选派御史或委任其他政府官员按道巡察。巡行大使代表皇帝出巡地方权力很大，这种临时性的巡察往往有非常明确具体的目的性，任期不长、时间也不固定，事情办完后就回京向有关部门或直接向皇帝汇报。朝廷再根据其完成任务的优劣，决定官复原职，还是升迁罢黜。

谏官言谏系统，是隋朝监察制度中的又一个重要组成部分，防范权力专横、滥用和腐败，保证国家机器正常运转的独特运作机制，具有惩恶扬善、防止和纠正偏差或失误的功能。隋朝的言谏机构为门下省，主要掌管封驳、百官奏事、"献纳谏正"。开皇元年（581年），隋文帝在建立三省六部制时，就明确了其职能。门下省设纳言（宰相级别，唐朝改称侍中）2人、给事黄门侍郎4人，为正、副长官。另设录事、通事令史各6人，分管省内具体事务。此外，还有散骑常侍、通直散骑常侍、谏议大夫、散骑侍郎、员外散骑常侍、通直散骑侍郎、给事、员外散骑侍郎、奉朝请等官员，执掌"部从朝直"、"出使劳问"，兼有皇帝顾问、侍从的性质。

谏官的职责是"讽议左右，以匡人君"，这就决定了谏官必须具有耿直敢言、精明能干、明辨是非的品格和能力，必须能够对国家的大政方针提出独创性的见解。开皇年间柳机做纳言，作为皇帝的近侍宰相，在职数年对政事"无所损益，又好饮酒，不亲细务"，结果被贬为华州刺史。对利用职权徇私枉法、搞权钱交易、索贿受贿的谏官，只要有人揭发且情况属实，隋文帝就会及时地将其绳之以法，毫不留情。《隋书·杨汪传》记载了一个利用职权索贿的典型案例：隋文帝对谏议大夫王达说："卿为我觅一好左丞。"（你替我找一个好左丞。）王达于是找到杨汪，私下对他说："我当荐君为左丞，若事果当以良田相报也。"结果，杨汪把王达索贿的情况如实向隋文帝做了汇报，王达很快便被大理寺（相当于最高法院）治罪，杨汪则真的被任命为尚书左丞（宰相尚书仆射的属官，正四品）。隋文帝时代，由于政治生活较为正常，社会正气因此得到了提倡和弘扬。隋文帝君臣励精图治，对谏官较为重视，所以其作用能够得到较好的发挥，先后涌现出苏威、刘行本、柳雄亮等一大批杰出的言官谏吏。

隋文帝建立了较为完备的监察机制，上至王公贵族、宰相将军，下至地方佐吏，凡是有违法、违纪、违礼、失职等行为，监察官均有弹劾权；对皇帝言行、中央决策等重大事项，谏官有谏诤与封驳权；对重大疑难案件和皇帝交办的案件，御史台官员有参与审判的权力；监察官代表皇帝出使地方、巡察抚慰，拥有一定的处置权；对中央和地方权力机关的行政行为、程序和文书档案等，享有检查权……隋文帝赋予监察机关如此广泛的权力，已经远远超出单纯行政监察的范围，其具有现代监察机关、检察机关、审判机关的一般权力，是一个综合型、集权式的国家机构。具体来说明一下：

1. 弹劾权

弹劾是封建法律赋予监察官最基本也是最重要的一项权力，类似于现代法律程序的提起公诉。隋朝御史弹劾的方式主要有两种：一是在皇帝坐朝时，当着各位大臣的面，对某官吏的违法失职行为进行弹劾并宣读文本，即"露章面劾"。二是"封章奏劾"，监察官将被弹劾人的犯罪事实调查清楚写成表状，密封后递交或转呈皇帝拆阅。御史弹劾大臣，不受任何其他国家机关和政府官员的制约，也不必经过部门主管的同意。至于御史采用什么方式弹劾，弹劾内容与弹劾方式有没有必然联系，就目前所见弹劾案中，似乎没有明确的规定。但有一点是明确的，那就是皇帝是受理弹劾的唯一主体。弹劾之后如何处理？是交众大臣集体讨论做出处理意见，还是交司法机关进入司法程序判决，抑或令几位重臣调查其罪状，追究其责任，决定权掌握在皇帝手中。同样，判决或处理结果也由皇帝最后裁定。在隋朝，御史弹劾后经过一定程序不予追究的有之，而皇帝对弹劾案不管不问、不了了之的则没有，无论隋文帝还是隋炀帝统治时期都是如此。隋朝监察官对官吏的弹劾对象，主要有：疏于朝政或不称职者、滥授人官和不举贤才者、违反法令者、违犯制度，骄纵不法者、侵扰百姓，索贿受贿者、结为朋党者、交通内臣者、私役部兵者、违反礼教者等。总之，隋朝监察官弹劾官吏的涉及面很宽，但弹劾以权谋私、贪赃枉法、违礼违制等为重点。

2. 谏诤权

谏诤是监察官的法定职权。凡是皇帝言行、国家政令乃至社会风俗习惯，在监察官看来，只要是不合时宜的，均可向皇帝提出建议或劝告。监察官行使谏诤职权，既可在皇帝诏令、国家政策酝酿颁行之前提出；也可在政令颁布之后，经过实践检验证明是有害的或不利于社会发展的时提出。监察官谏诤权的行使，实质上是对立法和决策的监督，是一种事先预防性的监督和事后补救性监督相结合的。隋朝谏诤的形式主要有"廷争"和"上封事"两种。廷争是在朝堂上当面向皇帝直言得失，这在隋文帝统治时期较为普遍；上封事则是用书面章奏，向皇帝指陈为政得失。隋朝监察官谏诤的事项主要有：减轻赋役；以才授官，反对地方官多任武将；限制贵宠擅权；殿廷去杖；禁奢侈，倡节俭；禁词华，提倡朴实文风；五品官以上妻妾不得改嫁等。

关于谏诤与弹劾的区别，简单地说就是：谏诤的对象为君主，而弹劾对象则是文武百官；言谏主要是对事，弹劾主要是对人；弹劾具有司法性质的法律制约和制裁性质的强制约束力，而谏诤没有强制性的约束力，只是一种对皇帝的建议或劝告而已。

3. 封驳权

封驳也是隋朝监察制度中言谏系统的法定权力，归属门下省。门下省有权审核内史省（唐朝改称中书省）起草的制敕诏令、政策法规，如有差失或不便施行，可驳正封还。如果认为不妥或不合时宜则驳正奉还重新起草，目的是保证诏敕不产生差错，避免危害结果的出现。对中央各部上奏的章疏表状，有违失则驳正；法司或三司（大理寺、刑部、御史台）会审的重大案件，如刑名不当、量刑轻重有失，有权依法驳回重判。开皇初年，柳雄亮做给事黄门侍郎，"尚书省凡有奏事，雄亮多所驳正，深为公卿所惮"，就是言谏官行使封驳权的有力证据。柳庄做给事黄门侍郎时，尚书省曾奏称一个罪犯依法当判处流刑（流放的刑罚），而隋文帝要处以大辟（杀头）死刑。柳庄上奏道："臣闻张释之有言，法者天子所与天下共也。今法如是，更重之，是法不信于民心。方今海内无事，正是示信之时，伏愿陛下思释之之言，则天下幸甚。"隋文帝虽然最终还是没有听从柳庄的谏言，仍对该罪犯处以极刑，但从中却也说明门下省对大理寺的判决或三司的定罪量刑有封驳权，对尚书省及百官的奏抄表状有驳正权，而对皇帝就只有谏诤建议的权力了。

4.审判权

隋朝监察机关不仅具有行政监察权，而且享有司法监察权和一定范围的审判权。司法监察权是通过参与立法、司法，监督法律的贯彻执行来实现的。隋朝刑事法典《开皇律》和《大业律》在制定过程中，监察机关的主要官员都参与其中并发挥了重要作用。而受理申诉和控告、巡视刑狱、审录囚徒等，则是监察机关法定的职权，隋文帝时这项权力归御史台。隋朝的地方审判权，由州（郡）、县行政长官兼理。县作为最低一级行政机构，也是最低的审判机关，县令、县丞（相当于副县长）有权审判一般的刑事和民事案件。开皇初，郎茂为卫国（今河南清丰南）县令，"时有系囚二百，茂亲自究审数日，释免者百余人。历年词讼，不诣州省。"特别强调民事调解在地方诉讼中，所取得的成果和达到的社会功效。大理寺是中央最高审判机关，专门负责中央百官犯罪及京城徒刑以上案件。对徒、流刑案件所作判决，必须交刑部复核；死刑案件必须奏请皇帝批准。大理寺对刑部移送的地方死刑案件有重审权。御史台所拥有的审判权是不完整的，监察官只有在下列两种情况下才能发挥作用：一是中央或地方遇有重大或疑难案件，由皇帝特诏，大理寺、刑部和御史台三大司法机关组成临时法庭，共同审理案件；二是皇帝交办的案件。除此之外，御史台官员参与司法审判，其职司主要是监督案件的审理，如审判是否依据法律规定，定罪是否准确，量刑是否恰当，随时予以纠正，体现的仍然是司法监督职能。

隋文帝时，治书侍御史柳彧奉旨审理尚书右仆射（宰相）杨素案，就是由监察官直接经办的案件。这类案件大都是皇帝交办的案件即"诏狱",涉案人员主要是朝廷重臣或皇室成员。但是,到了隋炀帝时代,裴蕴执掌御史台就完全看皇帝的脸色行事,"若欲罪者,则曲法顺情,锻成其罪。所欲宥者,则附从轻典,因而释之。是后大小之狱皆以付蕴,宪部大理莫敢与夺,必禀承进止,然后决断。"在这种政治环境极不正常的情况下,御史大夫的权力得到畸形发展,监察机关完全变成皇帝滥施淫威的工具。

5. 检查权

检查权是隋朝监察机关的又一项重要权力。门下省有审核下行诏书、上行奏章的法定权力;御史台有检查清核各类文书档案的职责。隋文帝称帝之初,就建立了公文档案制度,对各级机关的行政过程进行全面监察。政府机关的行政行为,必须在各项规章制度、法律条文、公文批示的框架内运作。隋文帝见尚书省文簿繁杂,认为这有可能使一些不法官吏利用批转公文、誊写、归档等公文运作过程作弊,于是令于仲文前往核查,果然发现了很多问题。隋炀帝时,吏部尚书牛弘对政府部门吏员倍增而公文也日益繁多的现象大惑不解,便向当时的知名学者刘炫咨询。

牛弘问:"案《周礼》士多而府史少,今令史百倍于前,判官减则不济,其故何也?"这个刘炫,对此做了一番很有意思的解释:

> 古人委任责成,岁终考其殿最,案不重校,文不繁悉,府史之任,掌要目而已。今之文簿,恒虑复治,锻炼若其不密,万里追证百年旧案,故谚云'老吏抱案死'。古今不同,若此之相悬也。事繁政弊,职此之由。

这里至少说明两个问题:一是,隋王朝建立以后,通过中央和地方政治制度改革,各级政府官员全部由吏部任免,财政、军事、司法等权力也最后集中到中央,社会分裂的因素在削弱,中央集权得到加强,国家面貌焕然一新。二是,公文档案制度的建立,对官吏依法行使权力起到相当的督察作用,有利于政府行政行为的规范化和合理化。监察机关依法清核检查文档的过程，实际上也是对各级官吏执行国家政策、法规等情况的一次大检查，是对政府官员遵纪守法的监督纠察。因而为了有效地行使监察权而适当增加一些职能部门和办公人员，是行政制度更加健全的表现，还谈不上人浮于事、机构臃肿的问题。隋文帝的这些措施，极大地改变了国家政权的形式和政治面貌。

监察官或皇帝特命大使定期或不定期巡按地方，采听风俗、救恤抚慰，明察暗访吏治得失，是行使检查权的重要方式和手段。隋文帝时对地方州县的监察，没有形成定制。所以，朝廷会根据形势需要，不定期选派御史台主官或其他政府官员巡视地方，事情办完后回京复命，或许被任命为新的重要官职。据《隋书·高祖本纪》和其他大臣传记粗略统计，在隋文帝统治的 24 年间，派大使出巡地方至少不下 17 次。既有开皇元年（581 年）二月、三年十一月、四年八月、仁寿元年（601 年）六月，涉及全国的行政、司法、财政等监督检查，又有就某地或某专项事务开展的检查。还有开皇元年九月、五年八月、六年二月、仁寿二年七月、三年十二月，中央所派特使对遭受水灾的州县和阵亡之家的抚慰救济。隋文帝派出的巡省大使代表中央行使权力，了解民风政情、检查文卷、稽查钱粮、举荐贤才、抚慰救济，充当皇帝的耳目，充分行使了检查权。发现问题及时上报解决，从而使监督检查处于积极主动的地位。监察机关的检查权既可以独立行使，也可以与其他职权同时行使。在更多的时候，检查权往往作为行使其他权力的前奏而先行运用。在实施检查权时，发现问题调查取证，弄清事实真相，然后启用弹劾权或处置权等权力。

6. 处置权

在封建专制时代，国家机器的正常运作有赖于各项制度、法律法规的约束规范，政府官员各司其职、各尽其责，不得有任何超越法定职权之外的权力。在隋朝，一般情况下监察官只有弹劾权、谏诤权、封驳权、检查权等，而没有处置权。但在特殊情况下，也就是监察官在远离皇帝出巡地方之时，根据实际情况可以有一定的处置权，这是在经过皇帝特许，不必请示的约定下实现的。例如，开皇十年（590年），裴矩以给事郎奏舍人事，奉诏巡抚岭南，"绥集者二十余州，又承制署其渠帅为刺史、县令。"这表明隋对边疆地区的用人政策发生了根本性的变化。由从中原派人治理到选用本地民族首领为地方长官统治，有利于地方的稳定和对中央的向心力，当地人就会在心理上有一种对隋朝的归属感。裴矩虽是奉皇命委任地方长官，但已经具有相当的人事处置权了。开皇十五年（595年），纳言苏威持节巡抚江南，得以"便宜从事"。

柳彧

　　开皇十七年（597年），治书侍御史柳彧"持节巡省河北五十二州，奏免长吏赃污不称职者二百余人，州县肃然，莫不震惧"。中央派出地方的监察官处置权进一步扩大。苏威作为隋文帝所倚重的大臣，历任纳言、尚书右仆射等宰相职务。他认为：临街设店从事饭店、旅馆经营，乃求利之徒所为，不符合鼓励以农为本的国家方针。于是向隋文帝奏请尽快拆除，遣散归农。如想继续经营，则须到州县登记载入市籍，同时拆毁旧店，限令在规定的时间内，迁往远离街道的僻处经营。当时正值寒冬，店家不敢向相关部门陈诉。治书侍御史李谔因为别的使命，正好看到这种做法。他认为此事有违民心，也违背事物的规律。"四民有业，各附所安，逆旅之与旗亭，自古非同一概，即附市籍，于理不可。且行旅之所依托，岂容一朝而废，徒为劳扰，于事非宜。遂专决之，并令依旧。使还诣阙，然后奏闻。"这是一个典型的御史台主官行使处置权的案例。李谔并非专门为此事而出使，他之所以敢于制止由当朝宰相提出的、经皇帝批准正在实施的政策，是因为他对这一政策有一个总体评价。那就是：这一政策不得人心，不合情理，"徒为劳扰"；还有一点就是对隋文帝抱有绝对的信心，虽然是先斩后奏犯了当权者的大忌，但在李谔看来当朝皇帝还是能够体谅下民，并有知错就改的胸怀的。果不其然，隋文帝称赞李谔说："体国之臣，当如此矣。"

　　隋朝监察机关的权力是广泛的，监察官除了上述六项主要权力外，还有荐举权、监军权、监决权和监督学术争鸣权等。隋文帝之所以赋予台谏机关如此广泛的监察职权，那是因为监察机关是皇帝的"耳目之司"，监察官就是为巩固皇权服务的，是皇权的延伸。

　　中国古代监察制度的一大特点，就是监察对象的广泛性和监察职能的广泛性。作为国家监控系统的监察制度，隋朝经过隋文帝父子两代人的发展，无论从机构建制、职责权限，还是从运作程序等方面，都已经非常完备、健全、规范。然而，由于监察制度是作为封建君主专制制度大系统中的子系统而存在的，它就不可能不受到大系统的制约。隋文帝时代，君臣励精图治、政治清明，隋文帝本人虚心纳谏，支持重视监察，所以监察的作用能够得到较好的发挥。隋炀帝时代，就监察制度本身而言是完善的，监察官员也能尽职守责，但由于隋炀帝本人唯我独尊、刚愎自用、不听谏言，对监察官"以匡人君"的调节制衡作用不予重视，甚至错误理解，才导致一个个重大失误政策的发生。因此，在君主专制制度下，监察的效果虽与制度的完善程度和监察官员的素质有密切的关系，但起决定作用的则是皇帝的重视程度、个人品格与素养。

　　如果要对隋文帝时代的监察机制，再做一个较为详尽的分析与评价的话，我们可以从以下几个方面来概括：

　　第一，组织建设方面：隋朝建立以后，一方面承继魏晋以来监察机关同行政、军事、司法等部门权力地位平行独立的传统，专门执掌行政监督和法律监督；另一方面，顺应时代发展的潮流，对监察制度进行大的改革。隋文帝对监察制度的改革与贡献主要有三点：其一，整顿御史台内部机构建制，废除魏晋南北朝以来御史台掌管皇帝印玺符节的符节署，罢除符玺郎、令史等员。御史作为天子监察官的身份淡化。其二，废除自北魏以来御史台官属由本部门主管任命的制度，改由中央吏部考核任命，或由三省长官推荐，皇帝下旨任命。这就掌握了"风险衙门"的用人关，具有重要的政治意义。其三，在言谏系统方面，南北朝均于门下省之外再设集书省，主掌献纳谏议，职掌颇与门下省重复。隋文帝将其并入门下省，使机构简化、职责明晰。

第二，职责权力方面：隋朝建立监察制度，是为了保障国家机器的正常运转，维护封建皇帝的专制统治，监督国家政策法令的贯彻实施，对违法、违纪、违礼行为进行纠察弹劾，对不合时宜的政策法规实行封驳谏诤。从监察事项和范围看，包括行政、立法、司法、经济、军事、文化等领域，甚至已经深入到官员的私生活。中央政府与少数民族的互市、学术讨论等，也都置于御史的监察视野。隋朝监察制度并不局限于察举非法、纠正违失，因为强调抑制和惩恶的作用，这只是监察职能的一个方面；另一方面是表彰善举、举荐贤才，对奉公守法、忠于职守，做出成绩的官吏或未入仕但有文武才用的知识分子给予推荐，请求朝廷表彰、奖励、任用或升迁，则强调的是激励与彰善的作用。

开皇三年（583年）十一月，隋文帝派监察官巡省地方，诏书明确规定此次的任务是："如有文武才用，未为时知，宜以礼发遣，朕将铨擢。其有志节高妙，越等超伦，亦仰使人就加旌异，令一行一善奖劝于人。远近官司，遐迩风俗，巨细必纪，还日奏闻。"把纠劾与举荐、肃贪与倡廉，作为相辅相成的手段运用于监察过程之中，从而保证了封建监察的全面性而非单一性，较完整地体现了监察的职能。赵轨任齐州别驾，连续四年考核优等，持节使者梁子恭将其事迹写成表状上报中央。隋文帝大喜，很快便对赵轨予以褒赏，调任其为京官。监察官褒荐贤良与弹劾非法手段不同，但目的却是一样的，都是为了弘扬正气、镇压邪气、整顿吏治，弘扬社会公平与正义。

第三，制约机制方面：隋朝监察机关拥有广泛的监察权，为了防止监察机关权力的滥用和失职渎职行为的发生，隋文帝在开皇三年（583年）四月，诏尚书左仆射"御史纠不当者，兼纠弹之"。左仆射可以对监察官的失职渎职行为进行纠察弹劾，这就从制度上建立了监督制约机制。这种对监察官的监察，旨在保证监察工作的健康发展。权力制约权力，使执法者也在法律的监督之下，才能保证权力运用的正当性，保证权力不被滥用与误用。在实际运行过程中，尚书左丞也确实承担起了监督弹劾监察官的职责。

《资治通鉴》记载：南朝降将萧摩诃在妻子病重期间，奏请让其子回江南老家收取家产，御史见而不言，知非不举。尚书左丞元寿上表弹劾，认为：萧摩诃不顾妻子病重，让其子远出重收家产，实为聚敛，是重利忘义的行为，严重违反礼教纲常。而兼殿内侍御史韩微之等竟不举发弹劾，犯有渎职罪，请将他们交付大理寺审判。隋朝还允许文武百官对监察官进行监督，造成了百官之间相互纠察的局面。例如，御史监师在朝会上对衣冠剑佩不整的武官，不加弹劾被杀案；谏议大夫王达向杨汪索贿案等，都属于这种情况。以此督促监察官恪尽职守，既不滥用权力，也不懈怠苟且，保证了国家机器稳固而高效地运转。

为了避免政策失误，对于存在的弊政，隋文帝鼓励百官多提意见和建议，并把此作为考核监察官的重要依据。他本人基本能够做到虚心纳谏，有时虽然表现得勉强些，但在大多数情况下还是能够采纳大臣的意见。在隋文帝父子两代皇帝当中，监察制度的实施效果和作用是截然不同的。总体来讲，当然是隋文帝时代好于隋炀帝时代，且两位皇帝即位前期也明显好于统治后期。所以，对国家最高统治者而言，虚心纳谏不仅能够减少政策上的失误，而且能够及时纠正错误，避免出现危害的结果。

开皇九年（589年），纳言苏威建议以500家为乡，置乡正，处理民间诉讼。隋文帝同意实行，"制五百家为乡，正一人；百家为里，长一人"。可是，乡正设立仅一年后，右武侯大将军（相当于禁卫军第六军军长）虞庆，则在关东诸道巡察时发现："五百家乡正，专理词讼，不便于民。党与爱憎，公行货贿。"于是，他回京后向隋文帝做了汇报，隋文帝又下令废除了乡正。从此事不难看出，古代巡视制度在下情上达方面的重要作用，同时展现了隋文帝知错就改的风范。大都督邴绍曾诋毁辱骂朝廷为"愦愦者"，有人向隋文帝奏报，隋文帝大怒要求将其斩首。工部尚书长孙平进谏说：

> 川泽纳污，所以成其深，山岳藏疾，所以就其大。臣不胜至愿，
> 愿陛下弘山海之量，茂宽裕之德。鄙谚曰："不痴不聋，未堪作大家

翁。"此言虽小，可以喻大。邴绍之言，不应闻奏，陛下又复诛之，臣恐百代之后，有亏圣德。文帝于是赦免邴绍，并敕群臣，诽谤之罪，勿复以闻。

隋文帝因此而废除诽谤罪，这在封建时代是弥足珍贵的。它不仅有利于言路的畅通，而且在隋朝严密的政治体制下，给予人们某种言论自由的宽松政治氛围，为开明政治的形成奠定了基础。所以，《隋书·长孙平传》中，史臣评价道："长孙平谏赦诽谤之罪，可谓仁人之言，高祖悦而从之，其利亦已博矣。"隋文帝一方面鼓励大臣谏诤，打通进谏渠道，兼听纳下；另一方面重视御史监察，对其工作大力支持，对其成绩予以表彰奖励。所以，隋文帝统治时期监察效果是非常好的，监察机关整饬吏治、维护封建君主专制统治的职能得到较好的发挥。

在灭陈后的庆功宴上，两位大将军虞庆则和杨素相互争功揭短，有失大臣体统。御史当场就要加以弹劾，被隋文帝制止，"今日计功为乐，宜不须劾"。隋文帝让群臣宴射行乐，虞庆则进言说："臣蒙赉酒食，令尽乐，御史在侧，恐醉而被弹。"最后，只有在隋文帝赏赐御史杯酒将其支走后，大臣们才敢放情尽欢。在经过数百年分裂，全国一统普天同庆的大喜日子里，高级将领的庆功宴会尚且如此，那么平日御史对百官言行举止监督的力度就可想而知了。隋文帝执法如山、赏罚公平，即便对开国功臣、身边亲信，甚至是宰相都不偏袒。因为他坚信："兴衰在于得人，得人务须公道。"赏罚不公会造成离心离德的恶果，为此他给予高度重视，并特别注意以身作则。张威是隋朝的开国功臣，其曾作为入蜀平叛的先锋，大破王谦叛军，因而深受隋文帝的信任，做到了青州总管。但功成名就的张威恃功自傲，在青州大肆置办产业，甚至指使家奴四处高价兜售芦菔根（萝卜），趁机讹诈百姓。隋文帝得到监察官的报告后，丝毫没有偏袒，依法对其进行严厉谴责，并将其免官。后来隋文帝在祭祀泰山，途径洛阳时召见张威，仍然对此记忆犹新。他痛心疾首地说道："自朕之有天下，每委公以重镇，可谓推赤心矣。何乃不修名

行，唯利是图？岂直辜负朕心，亦且累卿名德。"宰相杨素、苏威也曾因有违法乱纪的行为，而遭到怀疑或斥责。正因为有了隋文帝的支持、撑腰，御史或巡省大使才敢于秉公监察，不必过多顾忌嫌疑人的人事背景。使得在朝文武百官，在外封疆大员甚至宗室亲王都有所顾忌和收敛，不敢过于放纵。仁寿元年（601年），辛公义被委任为扬州道黜陟大使，当时任扬州总管的豫章王杨暕恐其部属官僚犯法遭弹劾，赶在辛公义进入州境之前远迎，请求网开一面。但遭到辛公义的拒绝，"奉诏不敢有私"。到了扬州之后，他厉行监察无所宽宥。隋文帝时代，不少贪官污吏就是在监察官员的纠举弹劾下被除名治罪的。

大业五年（609年），一代文学宗师薛道衡却因为向隋炀帝上了《高祖文皇帝颂》而遭到隋炀帝的嫉恨。又因为新的政令很长时间都不能确定，他便向大臣发牢骚，说道："向使高颎不死，令决当久行"而被缢杀。隋炀帝对言论的钳制与隋文帝废除诽谤罪形成极大的反差，其政绩必然大相径庭。一个迎来了开皇盛世，一个却日益走向黑暗。《隋书·五行志上》就忠言、直言与政权的关系，曾精辟地论述道："古先哲王之驭天下也，明四目，达四聪，悬敢谏之鼓，立书谤之木，以开言者之路，犹恐忠言之不至。由是泽敷四海，庆流子孙。而帝（隋炀帝）恶直言，仇谏士，其能久乎！竟逢杀逆。"言谏官的作用能否充分发挥，皇帝能否虚心纳谏、遵守法度，决定了政治状况的好坏和政权的长久与否。隋朝文、炀二帝对监察官谏诤的不同态度和产生的不同社会政治效果，正好从正反两个方面给后代留下了深刻的经验教训。

晚年的隋文帝曾于仁寿三年（603年）七月，在对古代治乱兴衰的经验进行反思后，总结道：

> 自王道衰，人风薄，居上莫能公道以御物，为下必蹈私法以希时。上下相蒙，君臣义失，义失则政乖，政乖则人困。盖同德之风难嗣，离德之轨易追，则任者不休，休者不任，则众口铄金，戮辱之祸不测。

由此可见，隋文帝对监察机制的认识是十分到位的，而这套机制也确实在他统治期间发挥了良好的作用。在他的强力扶持和悉心关照下，在完善而有效的监察机制的约束下，在儒家仁政道义思想的引导下，大隋的吏治逐步清明，呈现出了前所未有的状态。此后，能臣干吏不断涌现，也给刚刚走出乱世、走出迷惘的大隋子民带来了一股久违的清新空气。

整饬吏治

在隋文帝潜心的发掘和巧妙的调配下，大隋各级官员基本做到了人尽其才。隋文帝在位时期，大致上执行的是一条任人唯贤的路线。因此，他的代周自立、统一全国、治理天下，都是对任人唯贤路线的正确的贯彻实施。在那个时代，从中央到地方，从文臣到武将，各级各类人才从来都不缺乏，甚至还为后世的唐朝储备了不少国家栋梁。在隋文帝的统治集团核心，文有高颍、苏威、李德林等；武有韩擒虎、贺若弼、韦孝宽、于仲文、长孙晟等；文武双全的有杨素等，人人不俗、个个才俊，蔚为壮观。隋文帝身边人才济济，而更为关键的是他能很好地知人善任。或者说任何时代都不曾真正缺乏人才，缺的只是发现人才的眼睛。所以，细数起隋文帝知人、用人的政治艺术，在历代帝王中绝对属于佼佼者，即便和后来著名的唐太宗李世民比起来也不逊色。

隋文帝即位后，除了着力任用将相之才，加强中央政府的高级干部队伍外，还特别注重对地方官员的选拔和任用。因为，他深知广大的地方官员素质如何、表现怎样，国家发展和稳固的根本之道该怎样走。为了巩固地方行政制度改革和科举制改革的成果，确保地方行政机构的正常运转，隋文帝需要更多德才兼备的人才充实到各级地方政府中去。当政期间，他曾多次下达"举

贤良"诏书，对人才的渴盼非比寻常。开皇二年（582年），他下诏"举贤良之士"。开皇三年（583年），再次下诏："如有文武才用，未为时知，宜以礼发遣，朕将铨擢。"随后，又令公卿士庶，"见善必进，有才必举"，以求更快、更多地选拔到人才。科举制确立后，在其神奇作用下，满腹经纶的治国人才，更如长江后浪推前浪般层出不穷，极大地满足了隋文帝政府统治的需要。

隋文帝不仅重视地方官员的选拔，更重视对其政绩的考核。他经常巡视各地，并留意官员在寻常百姓中的口碑，回京后再及时做出奖惩。因此，官员中那些清廉公正、以德化民、政绩优异的贤才，常常能获得隋文帝很高的评价，也获得更多升迁的机会。20多年来，隋朝终于出现了吏治清明、循吏辈出的良好局面。一大批以勤政亲民、守土抚民著称的官员楷模，获得了隋文帝的赏识和重用。同时，也为隋朝在开国后很短的时间内就出现初步繁荣的局面打下了坚实的基础。这些亲民良吏中的典型代表人物，有：赵轨、樊叔略、王伽、梁彦光、刘旷、辛公义、公孙景茂、房恭懿、柳俭等。他们中的有些人虽官职不高，但其在百姓中的声望和对隋朝社会发展所作出的贡献，却足以使其彪炳千秋。

清廉如水——赵轨

赵轨，河南洛阳人。《隋书·赵轨传》记载：赵轨的父亲赵肃，曾在西魏大统十三年（547年）担任廷尉卿（相当于司法部长）。赵轨自幼勤奋好学，很有操行。北周蔡王宇文兑引荐他做了记室（相当于蔡王的秘书），在任期间他因为安贫刻苦而知名。后来，他升任卫州治中（刺史的高级属官，州治在今河南淇县）。隋朝建立后，他转任齐州别驾（相当于州政府秘书长，州治在今山东济南），声望很好。他家东边的邻居有棵桑树，有一次桑葚落到了他家，赵轨立刻派人把桑葚全都拾起来还给它的主人。他还借机告诫几个儿子说："吾非以此求名，意者非机杼之物，不愿侵人。汝等宜以为诫。"（我不是用这种行为求得名声，只是觉得不是自己劳作得来的东西，不愿意侵占。你们应该以此为诫。）

他在齐州任职 4 年，政绩考核连年获得第一。持节使者邰阳公梁子恭将此事上奏朝廷，隋文帝非常赞许赵轨，特赐给他 300 匹绸缎，300 石米，并征召他入朝做官。得知他将进京为官的消息后，齐州的父老乡亲纷纷挥泪相送，并真诚地说道："别驾在官，水火不与百姓交，是以不敢以壶酒相送。公清若水，请酌一杯水奉饯。"（您为官之时，水和火不跟百姓索取，因此不敢用酒送别。您清廉如水，请饮一杯水来为您践行。）赵轨被乡亲们的至诚之意所感动，接过水来一饮而尽。他知道这才是百姓对他的最高礼遇，也是他为官一任最大的收获。

开皇四年（584 年），赵轨进京后奉命与奇章公牛弘制定律令和法则。当时卫王杨爽做原州（今宁夏固原）总管，隋文帝见杨爽太年轻，而赵轨在做地方官时又久负盛名，于是任命他为原州总管司马（相当于参谋长）。一次在路上夜行，赵轨属下的马跑进了田地里，踏坏了庄稼。赵轨停下马来一直等到天亮，找到了庄稼的主人赔了钱才离开。原州的官吏和百姓听到这件事，没有谁不改变操行的。几年后，赵轨升任为硖州（今湖北宜昌）刺史，他安抚聚合各族人民，对当地百姓很有恩惠。不久，他又被任命为寿州（今安徽寿县）总管长史。当地著名而古老的水利工程芍陂（què bē）先前有 5 门围堰，但都已年久失修。赵轨于是鼓励督促官吏、百姓，又增开了 36 道围堰，灌溉田地 5000 多顷，造福了当地人民。为官期满后他回到乡里，在家中去世，享年 62 岁。

赵轨是隋文帝时代以德才兼备、安贫乐道而闻名的杰出地方官，更是中国历史上一位不可多得的廉吏。他为官廉洁尽职尽责，特别关心百姓疾苦；他不仅注重自身的修养，而且对部下也要求甚严，而对百姓秋毫无犯。他还注意发展生产、兴修水利，使百姓受益。由于他的清廉和务实，深得百姓的拥戴，从而也不断受到隋文帝的赞赏和重用。他为我们留下了"清廉如水"、"公清若水"的美名，而今"赵轨离任""赵轨还甚"也都成了著名的成语典故。尤其是"赵轨还甚"，早已作为今天幼教启蒙的"中国教子故事"，影响了一代又一代少年儿童的成长。

文武双全州刺史——樊叔略

樊叔略（526—594年），陈留（今河南开封西北）人。《隋书传·樊叔略》记载：他的父亲樊欢，曾在东魏时担任南兖州（今安徽亳州）刺史、阿阳侯。适逢高氏家族专权，樊欢密谋振兴恢复东魏朝廷纲常，而被高氏杀害。樊叔略当时还只是个孩子，竟然也被残忍地高氏被处以腐刑（宫刑），并被发派到宫殿衙门（殿省）做仆役。樊叔略成年后身高九尺、气宇非凡，因而很受高氏疑忌。樊叔略内心惶恐不安，于是就逃到了西魏。西魏权臣宇文泰一见面就认为他有才干，于是把他留在身边做事。不久，就授予他都督的官职，并让他世袭其父侯爵的爵位。按说樊欢的爵位是在东魏取得的，宇文泰完全可以不予承认的。但慧眼识珠的宇文泰并没有那样去做，为了挽留人才他毅然给予樊叔略很多关照。

北周建立后，宇文护做大冢宰把持朝政，又任用他做了中尉。樊叔略很有谋略，又通晓熟悉当时的政务，宇文护见他确实很有才能而且在北周又没有靠山，于是慢慢地对其委以重任，并且很信任他。宇文护让樊叔略同时督察朝廷内外政务，并提升为骠骑大将军、开府仪同三司。宇文护被诛杀后，齐王宇文宪欣赏他的才能，任用他做园苑监（相当于农业部的属官）。那时宇文宪早有吞并北齐的意图，樊叔略就借着别的事多次向其进献用兵之策，宇文宪更加认为他是个奇才。建德五年（576年），樊叔略跟随北周武帝宇文邕讨伐北齐。他率领精锐部队，每次作战都是身先士卒。战后，他因为军功被赐加上开府，晋封为清乡县公，食邑1400户。北周还任命他为汴州（今河南开封）刺史，其为政以英明果断著称。北周宣帝宇文赟时在洛阳营建东京，樊叔略因为心思巧妙，就被任命为工程督造负责人（营构监），宫室的规模形制等都是他确定的，但没等工程完工宇文赟就死了。

隋文帝刚取得北周实权时尉迟迥发动叛乱，隋文帝命令樊叔略镇守大梁（今河南开封）。尉迟迥的部将宇文威来进犯，被樊叔略率部击退。事后他因功被授予大将军，不久又出任州刺史。隋朝建立后，他又被升迁为上大将军，并进爵安定郡公。而他在当地任职几年后，就因为政绩突出"甚有声誉"。北齐旧都邺（今河北临漳）风俗轻薄，号称是最难教化的，朝廷认为樊叔略无论到了哪里都以治绩著称，就调他做相州（今河南安阳，辖境含原北齐邺）刺史。过了一段时间，结果经过考核，他的政绩又名列当时的天下第一。为此，隋文帝特意颁下诏书嘉奖他，并赐给他绸缎 300 匹，粟米 500 石，并且诏告天下。相州百姓也专门为他编了一首歌谣，来颂扬他的恩德和政绩：

智无穷，清乡公。
上下正，樊安定。

后来樊叔略被朝廷征召做司农卿（相当于农业部部长）。离任前，相州官员、百姓没有不流泪的，甚至还一起树碑颂扬他的德政。从做司农开始，凡是农业耕作的事情，樊叔略都另外进行整治规划，经常会有出人意料的成果。樊叔略虽然做的是司农，却常常参与九卿（相当于中央的 9 个部长）管理的事务。朝廷有疑难而公卿又决断不了的事务，樊叔略总是帮助他们进行评议和处理。尽管他没有学问，也不会引经据典，但所说的话常常有独到的见解，暗中于事理相吻合。所以，他很受隋文帝的亲近和信任，朝中重臣高颎、杨素也对他以礼相待。他的个性喜欢铺排奢华，每顿饭一定占用一丈见方的地方，备上山珍海味。开皇十四年（594 年），他跟从隋文帝到泰山祭祀。当走到洛阳时，隋文帝命令他审查记录罪犯的罪状。他写好奏章要上奏，早晨起来到了监狱门口，突然在所骑的马上死去，享年 59 岁。隋文帝闻讯，哀痛惋惜了很长时间，追赠他为亳州刺史，并赠谥号为"襄"。

诚信县令——王伽

王伽，河间章武（今河北黄骅）人。《北史·王伽传》记载：开皇末年，他出任齐州参军（相当于州刺史的秘书）。刚开始没什么值得称道的，后来他

奉州刺史的命令押送被流放的囚徒李参等70多人到京城。按照当时的制度，被流放的囚徒必须戴上枷锁押送。王伽一行在荥阳（今河南荥阳）停留时，王伽怜悯他们的艰辛和痛苦，就把他们都召集到一起，说道："你们既然已经犯罪被处以刑罚，使儒家礼教（名教）受到损害。给你们捆绑绳索，这是我的职责。如今烦劳押送你们的兵卒，难道不有愧于心吗！"李参等连忙道歉，并表示感谢。王伽又说道："你们虽然犯了国家法律，但是戴上枷锁也很痛苦，我想让你们去掉枷锁，到京城再集合，你们能够按时到达吗？"这些人都拜谢说："一定不敢违期。"王伽于是把他们的枷锁全除掉，不要押送的兵卒，并和犯人们约定道："某一天应当到达京城，如果没有遵守约定，我就要为你们受死。"说完就打开刑枷，放他们离去。囚徒都非常感动、非常高兴，最后都陆陆续续地按照约定的日期到达，没有一个人中途逃脱的。

隋文帝听说这件奇事后，感到非常惊异，召见王伽与他谈话，并由衷地称赞了他很久。于是，隋文帝召见了所有囚徒，还命令他们携带妻儿一起来，在殿庭设宴款待并当场赦免了他们。因为在隋文帝看来，诚信乃做人之本、立国之本，王伽和囚徒们能做到这么不可思议的一步，还让人有什么话可说呢？与其苛刻地死抠法律，倒不如顺水推舟树立一批诚实守信的道德楷模，这样对国家的良性发展和国民教育才更有意义呢！并且，隋文帝还颁下诏书说：

> 凡在有生，含灵禀性，咸知好恶，并识是非。若临以至诚，明加劝导，则俗必从化，人皆迁善。往以海内乱离，德教废绝，官人无慈爱之心，兆庶怀奸诈之意，所以狱讼不息，浇薄难治。朕受命上天，安养万姓，思遵圣法，以德化人，朝夕孜孜，意在于此。而伽深识朕意，诚心宣导。参等感悟，自赴宪司。明是率土之人非为难教，良是官人不加晓示，致令陷罪，无由自新。若使官尽王伽之俦，人皆李参之辈，刑厝不用，其何远哉！

此时，在隋文帝看来：凡是有生命的，都是有灵性的，知道好恶，认识是非。如果用至诚对待他们，明白地劝导他们，那么肤浅的风俗也会得到教化，人们就都会从善。以前海内乱离、德教废绝，做官的人没有慈爱的心，百姓怀有奸诈之意。所以狱讼不断，社会风气浮薄难以改变。我受命于上天，赡养万千百姓，遵守圣贤法制，用德来教育人，从早到晚孜孜不倦，用意原本就是如此。王伽深深明白我的意图，诚心教育引导；李参等感动觉悟，自己到了官府。由此可知，天下百姓并非难以教育，实在是做官的人没有加以晓谕，使得他们犯罪，没有办法自新。假如官员都和王伽一样善于教化，百姓都和李参一样明辨善恶，实现社会和谐，连刑罚都用不上的境界也就不远了。随后，王伽被提拔为雍县（今陕西凤翔）县令，他处理政务的才干更加为人所知，他的名声也越来越响亮了。

仁孝为本——梁彦光

梁彦光，安定乌氏（今甘肃泾川）人。《隋书·梁彦光传》记载：他的祖父梁茂，曾任北魏的华州（今甘肃宁县）、秦州（今甘肃天水）刺史；父亲梁显，曾任北周荆州刺史。梁彦光性情淳厚，他的父亲常常对亲近的人说："此儿有风骨，当兴吾宗。"（这个孩子品格、气概不凡，一定会使我们的宗族兴盛。）少年时期，梁彦光就以"至孝"闻名乡里。7岁时，他父亲身患重病，医师诊断后说道："饵五石可愈。"（必须服用紫石英，才能痊愈。）当时家人到处寻求都找不到，梁彦光为此整天都很忧伤。一天，他忽然在园圃中发现了一块特异的石头。他不认识于是抱回家中，没想到竟然正是块紫石英。他父亲的病因此痊愈，他的亲戚和乡邻都深感惊讶，认为这是他的至诚孝心感动了天地所致。

西魏大统末年，梁彦光进入国家最高学府——太学学习，广泛涉猎了儒家经典和史书的要略。从此，做事更加有规矩和法度，即使在匆忙之际也严守礼仪。17岁时他便进入仕途，被授予秘书郎（相当于国家图书馆属官）的官职。北周时武帝宇文邕，又提升他为小驭下大夫（相当于国防部属官，正四品）等职。母亲去世后，他暂时辞去官职，悲哀的程度远远地超过礼法。

没多久，北周武帝召他入朝为官，看到他憔悴过度的面容，感慨了很长时间。随后，又提升他为小内史下大夫、御正下大夫等。后来，他因为追随北周武帝灭北齐有功，被授予开府、阳城县公、食邑1000户。北周宣帝宇文赟上台后，他又被授予华州刺史、进封华阳郡公、食邑增加了500户，不久又进位上大将军、御正上大夫（相当于中央组织部副部长）、柱国、青州（今山东青州）刺史。

隋朝建立后，梁彦光出任岐州（今陕西凤翔）刺史。任职期间，他爱民如子，处处以恩泽加惠百姓，政绩卓著"甚有惠政"。开皇二年（582年），隋文帝驾临岐州视察工作，非常赏识梁彦光的才能，还下诏全国的地方官都要效法他的行政风格。诏书称：

> 赏以劝善，义兼训物。彦光操履平直，识用凝远，布政岐下，威惠在人，廉甚之誉，闻于天下。三载之后，自当迁徙。恐其匮乏，且宜旌善，可赐粟五百斛，物三百段，御伞一枚，庶使有感朕心，日增其美。四海之内，凡曰官人，慕高山而仰止，闻清风而自励。

与此同时，隋文帝还对梁彦光很是赏赐。隋文帝想通过褒奖梁彦光，来为天下地方官树立榜样，使其"闻清风而自励"。几年之后，他被调任更加难以治理的相州任刺史。梁彦光以前在岐州做刺史时，那里的民风很淳朴，所以他用"为政安定"的方式来治理，使得那个地方的风俗人心都受到了教育和感化。等到了相州，他仍然打算按照治理岐州的方法来治理。但是相州的民风不淳，民众大多"人情险诐"、"万端千变"、"凶悍难平"（善变、狡诈而凶悍）。当地人以为梁彦光软弱可欺，就给他编造了诽谤的歌谣，说他不能够治理州郡、教化民众。隋文帝听到了这首歌谣后，没做太多调查，以为是梁彦光处置不当，引发了什么事端，因而严厉地批评了他，并最终将他罢免。

过了一年多以后，梁彦光被任命为赵州（今河北赵县）刺史。但他向隋文帝请求道："请陛下再次任命我做相州刺史吧，我将改变策略，期望能有办法来改变那里的民风，来报答陛下对我的恩典。"隋文帝答应了他的请求，再次任命他为相州刺史。相州的强横狡猾、不守法纪之徒听说梁彦光是自己请求前来的，没有不嘲笑他的。但没想到，早已制定好新的治民策略的梁彦光一到任，就揭发隐匿的奸邪之徒及其罪行，如同神明一般明察。从此，狡诈之徒没有不潜逃的，整个地区的人们都非常惊骇。当初北齐灭亡之后，世族士绅和读书人大多迁居关中地区，只有工匠、商贩和乐户（以音乐歌舞专业活动为业的贱民）人家迁移聚居在相州城的外城一带，因此民风险恶邪僻，才会无端地编造歌谣诽谤、控告官员，并频繁地挑起许多事端。梁彦光想要彻底革除这种弊端、改变民风，就用自己的俸禄延请中原德才兼备的儒学大师，在每个乡里建立学校，"非圣哲之书不授"，以圣贤的道理教授百姓。他还在每个季度的第一个月，召集全州的读书人，并亲自对其进行考试和策问。有勤学超群、品行优异者，梁彦光就会在大堂上为其设宴，而其余人等则坐在走廊下。有些喜欢诉讼、懒惰又学业无成的，梁彦光就会让其坐到院子当中，只给他们粗劣的食物。从此，民众都能够互相劝勉、克制自励、敦励品行，民风由此大为转变。

有一个叫焦通的滏阳（今河北磁县）人，酗酒成性。他在对待父母的礼法上有过错，被堂弟告发。但梁彦光并没有立刻惩处他，而是把他带到州里的学校，让他在孔庙进行参观。焦通看到孝子韩伯瑜的画像《韩伯瑜泣杖》，这张图画描绘的是西汉时，韩伯瑜挨受母亲杖打不痛，因而哀伤母亲体力衰退，对着母亲悲泣的一幅感人情景。焦通于是受到了感化而醒悟，悲痛惭愧交加，自觉无地自容。梁彦光看他已经明白了事理，就引用古训对他谆谆教诲，之后就让他回家了。后来焦通痛改前非、洗心革面，磨砺自己的品行，最终成了有善行的士人。官吏、民众都被他的行为感化而爱戴他，相互之间都没有了争执。后来，他在相州任上去世，享年60岁，被隋文帝赐谥号为"襄"。他的儿子梁文谦效仿他的为官风范，出任鄱阳太守，其政风显著，被考核为天下第一。

梁彦光用德行来教育、感化民众的行为，都如这样的情况，"彦光易俗"

梁彦光教化焦通

也成为一个著名的历史典故。而梁彦光孝顺双亲的故事，也经常被列入"中华德育故事"，并赋予了"孝子不匮，永锡尔类"的教育意义，继续教化后人。

囹圄生草——刘旷

刘旷，生卒、籍贯不详。《隋书·刘旷传》记载他："性谨厚，每以诚恕应物。"开皇初年，他出任平乡（今河北平乡）县令，上任时不讲任何排场，单人独骑前往，一时传为美谈。上任后，遇到有人因争论而诉讼，他就会百般叮嘱，动之以情、晓之以理，绝不轻易施以刑罚，诉讼者往往各自引咎而去。这样，在无形中就化解了很多矛盾，也大大节约了政府有限的公共司法资源。他还经常拿出自己的俸禄来赈济贫苦百姓，县里的百姓被他的德政措施所感化，便相互劝勉自立地说："有君如此，何得为非！"（有这样好的县令，怎么可以为非作歹呢！）

刘旷在任平乡县令的 7 年里，当地的民风、教化大为改善，监狱中没有囚犯，没有诉讼案件。"囹圄尽皆生草，庭可张罗。"（监狱里都长满了杂草，甚至可以张网捕鸟。）那种古书里才会有的、圣贤所倡导的理想社会状态，似乎在这个小小的县里已经实现了。等到他离任时，当地的官员和百姓，无论男女老少都来送别，并且沿途啼哭、依依不舍。送别的队伍绵延数百里，刘旷简直无法前行，但又不能违背皇命。随后，隋文帝将他调到临颍（今河南临颍）做县令，他的"清名善政"经考核为天下第一。

宰相（尚书左仆射）高颎，将刘旷的事迹汇报给隋文帝后，隋文帝随即召见了他。见面后，隋文帝感慨地去劝慰他道："天下县令固多矣，卿能独异于众，良足美也！"（天下的县令一直那么多，只有你能与他人不同，的确足够称得上了不起了！）隋文帝又对身边的侍臣说道："若不殊奖，何以为劝！"（要是不给他特殊的褒奖，怎么算是鼓励呢！）于是，隋文帝特别下诏，直接破格提升刘旷为营州（今辽宁朝阳）刺史。

"慈母"刺史——辛公义

辛公义，陇西狄道（今甘肃临洮）人。《隋书·辛公义传》记载：他的祖父辛徽北魏时曾做过徐州刺史，父亲辛季庆曾做过青州刺史。他的父亲去世的早，因此从小由母亲一人抚养。他母亲贤惠而有远见，亲自教他读书。北周天和年间（566—572 年），朝廷挑选品性好的人做太学生。辛公义凭勤奋出名，被北周武帝召到露门学（中央官学），让他接受系统的道义教育。北周武帝每个月都会召他到身边，让他和学识渊博的学者谈论。谈论期间，他多次得到皇帝的称赞，当时他的同学都仰慕他。北周灭北齐时他随军出征，因功被授予掌治上士、扫荡将军。

隋文帝掌握北周大权后，辛公义被任命为内史上士，得以参与朝廷机要事务。隋朝建立后，他又升任主客侍郎（史部属官，掌管少数民族及外国宾客接待之事），兼内史舍人（起草诏令，正五品），赐爵安阳县男，食邑 200 户。陈朝使者来京时，他经常奉命接待宴请。后来他又转任驾部侍郎（兵部属官，掌管车舆、牛马厩牧等事，正六品），并被派往江陵（今湖北荆州），维护边境安定。开皇七年（587 年），隋文帝命他统计检查全国官营马场的马匹，他一举核查出被隐瞒、遗漏的 10 万匹。隋文帝为此高兴地说："唯我公义，奉国罄心。"（只有辛公义，是全心全意地报效国家。）评价之高，甚为罕见。

开皇九年（589 年），辛公义跟随大军参加灭陈战役，因军功被授予岷州（今甘肃岷县）刺史一职。当地有畏惧疾病的风俗，假如一个人患病，全家人都躲避他。父子之间、夫妻之间都不互相看护照料，忠孝仁义之道都没有了，因此患病的人死亡的很多。辛公义对这种情况感到十分担忧，就想尽快改变当地这个习俗。于是，他分别派遣官员巡行观察管辖地，凡是患病的人，都用床运到州里来，并把他们安置在处理政务的大厅里。夏天流行瘟病时，有时候聚集到了几百人，厅堂内外都躺满了病人。辛公义亲自摆放一张榻，独自坐在上面，从白天到黑夜，面对病人处理政务。他得到的俸禄，也全部用来给病人买药和请医生为他们治病。他还亲自劝他们按时吃饭、服药，于是他们全部被治愈。辛公义这时才叫来他们的亲人，并告诉他们说："死生由命，不关相着。前汝弃之，所以死耳。今我聚病者，坐卧其间，若言相染，那得不死，病儿复差！汝等勿复信之。"（死是由上天决定的，不会相互传染。过去你们抛弃他，这是死的原因。现在我将患病的人聚集起来，并在他们中间办公、休息，假如说会传染，我哪能够不死的？病人又恢复健康了！你们不要再相信传染这件事。）那些病人的家属，都十分惭愧地带着亲人拜谢回家了。后来有人患病，病人就争相到辛公义的大堂上去。就这样，慢慢地这里的人才开始关爱生病的人，那种陋俗也彻底得已改变了，岷州全境内的人都称呼他为"慈母"。

辛公义后来调任牟州（今山东莱州）刺史，刚一上任他就先到监狱里去，露天坐在牢房一侧，亲自审问案情。十多天的时间，就把积压的所有案件决断完毕。然后，他才回到州里的公堂大厅办公。在接受新受理的案件时，他都暂且先不立案，而是派一个掌管办事的辅助官员，坐在一旁讯问。要是案子没审完，当事人必须要监禁起来的时候，辛公义就停止厅内公务，搬到公堂里住宿。案子不结案，他就不回房内睡觉。有的人劝他说，"案子解决需要一定的时间，您何必折磨自己呢？"他却回答道："刺史无德可以导人，尚令百姓系于囹圄，岂有禁人在狱而心自安乎？"（我作刺史没有德行可以教导百姓，还让百姓拘禁在狱中，哪里有被监禁的人在狱中而自己心里踏实的呢？）那些犯罪之人听到这话后，都诚心服罪。后来有想打官司的，乡亲们就会劝导地说："这是小事，怎么能忍心让刺史大人辛苦劳累。"打官司的人大多双方相让，而不愿再打官司。辛公义以这样的方式，妥善处置上访、诉讼，化解"人民内部矛盾"的做法可谓极为高明。自己一时的辛劳，赢得了民心，也维护了社会的公平正义、团结稳定。大业年间，辛公义去世，享年62岁。

学者级的"良牧"——公孙景茂

公孙景茂（518—605年），河间阜城（今河北阜城）人。《隋书·公孙景茂传》记载：他身材魁梧、仪表堂堂，自幼勤奋好学，广泛涉猎经史。西魏时曾任太常博士，因为他博学多才，被人们尊称为"书库"，后出任高唐（今山东高唐）县令、大理正（相当于司法部部长）。北周武帝时，他被任命为济北（今山东济阳）太守。

开皇元年（581年），公孙景茂被隋文帝任命为汝南（今河南汝南）太守，后又改任息州（今河南息县）刺史。任职期间，他法令清明、修身洁己，抚恤百姓、发展生产，"法令清净，德化大行"，被人们尊为"良牧"（贤能的州郡长官）。

开皇八年（588年），隋朝灭陈战争打响。此时公孙景茂正任息州刺史，伐陈大军南下时正好经过他管辖的地方。几十万大军长途跋涉，兵士苦不堪言，无数患病的士兵散落于途、呻吟于道，伤病重者倒毙于野。公孙景茂目睹此情形，对士兵的疾苦极为关切。心动不如行动，他立刻决定减少自己的俸禄为他们置办稠粥、汤药，使数千士兵如得甘露，免于一死。隋文帝听说

后非常赞赏他，下令将他的事迹昭示给天下百姓。第二年，隋朝统一南方，结束了自东晋十六国以来数百年分裂割据的动乱局面，而这里面就有公孙景茂这样的普通官员的默默付出的功劳。

开皇十五年（595 年）隋文帝巡行洛阳，当时已经 77 岁高龄的公孙景茂奉命觐见。见面后，隋文帝哀怜他年迈，却还在为国家操劳，不由得感叹了很久。但心胸豁达的公孙景茂却安慰皇帝道："吕望八十而遇文王，臣逾七十而逢陛下。"（姜子牙 80 岁时才被周文王发现，我 70 多岁就有幸受到您的垂青。）隋文帝听到这句话非常欣慰，当场下令赐给他丝绸 300 匹，并下诏书：

> 景茂修身洁己，耆宿不亏，作牧化人，声绩显著。年终考校，独为称首，宜升戎秩，兼进藩条。可上仪同三司，伊州刺史。

一年后，公孙景茂因病再次被皇帝征召觐见，临行前息州的官员和百姓纷纷和他挥泪道别。身体康复后，他向皇帝请求告老还乡，但没有被批准，反而被调任道州（今湖南道县）刺史。已入暮年的公孙景茂更加注意抚恤百姓，以自己的德政感化州民。在道州刺史任上，他把自己的全部俸禄都拿来买牛犊、鸡和猪，分给孤寡老弱的，不能养活自己的百姓。他常常单独骑马外出巡视民情，深入到各家各户查看百姓们的生产生活状况，看到有德、贤能的就会在大众面前当面褒奖；如有过错行恶的他随时训导但不张扬，使人有悔过自新的机会。在他的悉心治理和仁德感化下，大家相互帮助、互通有无、"人行义让"。男的相互帮助耕田，妇女们就在一起纺织，大村或数百户就好像一家人一样，颇有一番"桃花源"的民风。之后，公孙景茂又担任了其他的职务，都是政绩斐然。大业元年（605 年），忧劳一生的一代干吏公孙景茂在任上去世，享年 87 岁，隋炀帝赐给他的谥号为"康"。他一生任职之处，"皆有德政，论者称为良牧"，这也是对他最高的评价，他完全可以凭此含笑九泉了。下葬那天，各地前来奔丧的人有上千人，有人参加不了葬礼，就向着他的坟墓的方向痛哭、野祭。即便在今天，"良牧"、"公孙景茂下基层"和他倾心打造的那个"现实版的桃花源,"还常常被人们所津津乐道。

"政为天下之最"——房恭懿

房恭懿,河南洛阳人。《隋书·房恭懿传》记载:他父亲房谟,曾任北齐的吏部尚书。房恭懿的性格沉稳,很有肚量,精于参与政事。他也曾在北齐为官,最初担任开府参军事,后来先后担任平恩县(今河北邱县南)县令、济阴(今山东曹县西北)太守。因他才华出众,所以留下了能干的好名声。只是正赶上北齐灭亡,他才失去了升迁的机会。尉迟迥作乱时,没有看清形势的他也参与其中,因此尉迟迥失败后,房恭懿就只得赋闲在家。

开皇初年,因为他是难得的人才,经过吏部尚书苏威的推荐,他才被任命为新丰(在今陕西临潼)县令。不久后,经过吏部考核,确认他的政绩是三辅地区(京畿长安地区)之首。隋文帝听到这个消息后,对他进行了嘉奖,赐给绢帛等物 400 匹。但房恭懿却很快就把所得的赏赐,分给了县里贫困的百姓。不久,皇帝又赏赐了他 300 石米,他又把它用来赈济贫穷的百姓。隋文帝闻讯怕房恭懿再周济别人,他自家的日子就过不下去了,于是就制止了他。当时,每月初一,雍州(州治在今陕西西安)所属的县令都要朝谒天子。每次隋文帝见到房恭懿时,都一定要把他叫到坐榻前,向他征询治理百姓的方略。后来,在苏威的再次举荐下,他被破格提拔为泽州司马(相当于州政府秘书长,州治在今山西泽州)。因为政绩卓著,隋文帝再次赏赐他 100 匹绢帛和一匹良马。随后,他改任德州(今山东德州)司马。一年多后,吏部尚书卢恺又上奏朝廷说,"恭懿政为天下之最"(恭懿的政绩是天下最好的)。从此,隋文帝更加看重他了,就又赏赐了他绢帛 100 匹。隋文帝还特意将各州的朝集使(各州每年派往京城报告政情及财经情况的地方官员)召集到一起,对他们讲道:

> 如房恭懿志存体国,爱养我百姓,此乃上天宗庙之所佑助,岂
> 朕寡薄能致之乎!朕即拜为刺史。岂止为一州而已,当今天下模范

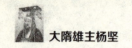

之，卿等宜师学也。

　　房恭懿所在之处，百姓视之如父母。朕若置之而不赏，上天宗庙其当责我。内外官人宜知我意。

　　隋文帝说："有像房恭懿这样一心想着国家，爱护黎民百姓的官员，这实在是上天和祖先保佑我大隋王朝，哪里是我微薄的能力能招致的呢！我立刻封他为刺史。这不仅仅是为了一个州郡，当今天下人都要以他为模范，你们都应该向他学习。""房恭懿所在之处，百姓把他看作父母。我如果视而不见，不加奖赏，那么，上天和祖先该会责备我了。宫廷内外的官员应当理解我的心意。"随后，他又颁下诏书：

　　德州司马房恭懿出宰百里，毗赞二藩，善政能官，标映伦伍。班条按部，实允金属，委以方岳，声实俱美。可使持节海州诸军事、海州刺史。

　　隋文帝通过谈话与诏书，一举将房恭懿抬举到了一个前所未有的高度。其实，作为皇帝，隋文帝的真实意图仅在于使天下官吏都能像他那样"志存体国，爱养我百姓"，来以此巩固自己的统治地位而已。因此，在感觉到谁可能危害到自己统治时，处置起来隋文帝也丝毫不会手下留情，哪怕是那个人昨天刚被自己表彰过。

　　《资治通鉴》记载，隋文帝提拔房恭懿做了梅州（今广东梅州）刺史后，"由是州县吏多称职，百姓富庶"。可见榜样的力量确实是无穷的，然而老话说"不招人嫉是庸才"却也是实打实的至理名言。因为，就在房恭懿被隋文帝大肆表彰后不久，国子博士（相当于国立大学教授）何妥上奏朝廷说："房恭懿是尉迟迥的余党，不应该在朝为官。苏威、卢恺二人相互勾结，故意隐瞒了这一点举荐他，不知道是何居心。"这本是"欲加之罪何患无辞"，但正在气头上的隋文帝也来不及多想，盛怒之下便立刻下令将房恭懿治罪，将其发配到岭南充军。时隔不久，隋文帝觉得尉迟迥的事已经过去很久了，并且从房恭懿的从政表现来看他对大隋确实毫无二心。于是，隋文帝又下令将其召回京师。但这时房恭懿的身体已经被折磨的体弱多病了，当他才走到洪州（今江西南昌）就病死了。一直到唐朝，谈到这件事的人都认为他是被冤枉的。可惜一代名吏，就此做了政治斗争、小人陷害和皇帝专断的牺牲品。

"清名天下第一"——柳俭

柳俭，河东解县（今山西临猗）人。《隋书·柳俭传》记载：河东柳氏是名门望族，人才辈出。柳俭的祖父柳元璋，在北魏时就曾经担任过司州大中正（相当于州政府组织部部长，州治在今河南洛阳）、相州和华州的刺史。他的父亲柳裕，曾经担任过北周的闻喜（今山西闻喜）县令。因为祖上都是清官，家里并没有积累下多少钱财，所以柳俭在青年时代，并没有像当时的一些世家大族的纨绔子弟那样，养成什么不良习气。柳俭过的都是清苦的日子，但他宽宏大量、刻苦耐劳，因此很受乡邻们的尊敬。而且，他这个人很严谨，即使是最亲近的朋友，也不敢轻易地和他开玩笑。

柳俭出身好，又有品德、学问和名声，所以很容易就做了官。北周时代，曾经做过宣纳上士和畿伯大夫。隋朝建立后，隋文帝仍然很器重柳俭，提拔他为水部侍郎（工部属官，主管水利事务），封爵率道县伯。不久，又拜他为广汉（今四川广汉）太守。柳俭在太守任上，干得很有成效，获得了"能吏"的名声。但是，由于隋文帝重新分划行政区域，广汉郡的设置被废弃了。刚刚取得天下的隋文帝，正在奋发有为、励精图治之时，对地方官的选择和任命非常严格。当他听说柳俭有"仁明"的名声，就提拔他为蓬州（今四川蓬安）刺史。

柳俭在蓬州处理官司时，很有特色。"狱讼者庭遣，不为文书，约束佐史，从容而已，狱无系囚。"也就是说，他把原告、被告召集过来询问几番，大概做一个判决，就把人放回去了，从来都不立案，监狱里也不关犯人。非但如此，他还十分注意约束手下的官吏，不让这些人与老百姓为难。隋文帝的第四子蜀王杨秀镇守益州（今四川成都），了解到柳俭的政绩就上书给皇帝，请求对其进行表彰。于是，隋文帝提升柳俭为邛州（今四川邛崃东南，邛州的级别比蓬州高）刺史。柳俭在邛州任上待了十几年，深受百姓爱戴。但是，好官并不一定总有好运气。蜀王杨秀因为争太子的事情得罪了父亲，被废为庶人。柳俭是受过杨秀推荐表彰提拔的，也被算作是杨秀的"派系"，这时候便受到牵连被免了官。可怜他做了十几年的邛州刺史，竟然没有置办下一点家当，瘦马拉着破车，全家人落魄回乡，到解县老家居住。《隋书》记载，"及还乡里，乘敝车羸马，妻子衣食不赡，见者咸叹服焉"。柳俭连妻子、儿女的衣食都不能保障，真算是一位清官。乡亲们除了叹息、佩服，也必须得救济救济这位原刺史大人了。

隋炀帝杨广即位后，没有计较柳俭与杨秀交好的事情，立即征召柳俭出来做官。当时的地方官，比如刺史、太守等，都由功臣担任，除了文官的俸禄，还享受一份将军的待遇。杨广知道柳俭是"良吏"出身，家境贫寒，特意地给他加授"朝散大夫"，并拜为弘化（今甘肃庆阳）太守。这样，柳俭的俸禄可以稍多一些。这还不算，隋炀帝另外赏给柳俭100匹布帛，贴补家用。隋炀帝是中国历史上著名的昏君和亡国之君，但对待柳俭还真是比较周到的。柳俭深受皇恩，自然感激涕零，到弘化郡上任后，更加的清正廉洁，严格自律。

隋大业五年，隋炀帝召集全国各地的老年官吏入朝参加盛会，柳俭也在被召之列。在大会上，隋炀帝询问纳言苏威和吏部尚书牛弘："天下清名第一为谁？"（谁是天下第一名大清官？）苏威和牛弘都知道柳俭的名气，就推举柳俭为第一。杨广再问第二名第三名清官，苏威和牛弘推举了郭绚和敬肃。巧的是，柳俭、郭绚、敬肃三位大清官，全是河东人氏。杨广重赏了三位清官，柳俭得到200匹帛，郭绚和敬肃各得到100匹帛，发奖仪式搞得轰轰烈烈，朝野尽知。

隋朝是个短命的王朝，天下大乱时柳俭虽然在偏远的弘化郡，但也受到了起义军的冲击。所幸，柳俭深得民心，百姓们都不肯背叛他。大家团结一心，暂时抵挡住了起义军的攻势，保全了弘化。隋炀帝被宇文化及逼死在江都（今江苏扬州），李渊的军队占领长安，扶植隋炀帝的孙子杨侑为隋恭帝。听闻隋炀帝的死讯，柳俭感念旧主、率领所属官吏们穿起白色孝衣，朝着隋炀帝去世的江都方向痛哭一场，算是尽了君臣之义。不久，他回到长安，相国李渊优待老臣，赏给他300匹布帛，并拜他为上大将军。柳俭心中五味杂陈，过了一年多就去世了，享年89岁。柳俭作为中国历史上有名的清官，他的故事被一再传诵。

以上9位官员的突出表现，感动了后世无数的史学家。因此唐朝魏征等人在编撰《隋书》时，特意写有一篇《循吏传》来表彰他们的事迹。而"循吏"指的正是奉职守法、清廉贤能的官吏。这些平凡而又伟大的人物犹如星星之火，他们是封建时代底层百姓真正的希望所在，也就是人们口中常常念叨的"好官"或"青天大老爷"了。

魏征在《隋书·循吏传》的序言中写道：

古之善牧人者，养之以仁，使之以义，教之以礼，随其所便而处之，因其所欲而与之，从其所好而劝之。如父母之爱子，如兄之爱弟，闻其饥寒为之哀，见其劳苦为之悲，故人敬而悦之，爱而亲之。若子产之理郑国，子贱之居单父，贾琮之牧冀州，文翁之为蜀郡，皆可以恤其灾患，导以忠厚，因而利之，惠而不费。其晖映千祀，声芳不绝，夫何为哉？用此道也。然则五帝、三王不易人而化，皆在所由化之而已。故有无能之吏，无不可化之人。高祖膺运抚图，除凶静乱，日旰忘食，思迈前王。然不敦诗书，不尚道德，专任法令，严察临下。吏存苟免，罕闻宽惠，乘时射利者，多以一切求名。既炀帝嗣兴，志存远略，车辙马迹，将遍天下，纲纪驰紊，四维不张。其或善于侵渔，强于剥割，绝亿兆之命，遂一人之求者，谓之奉公，即时升擢。其或顾名节，存纲纪，抑夺攘之心，以从百姓之欲者，则谓之附下，旋及诛夷。夫吏之侵渔，得其所欲，虽重其禁，犹或为之。吏之清平，失其所欲，虽崇其赏，犹或不为。况于上赏

其奸，下得其欲，求得廉洁，不亦难乎！彦光等立严察之朝，属昏狂之主，执心平允，终行仁恕，余风遗爱，没而不忘，宽惠之音，足以传于来叶。故列其行事，以系《循吏》之篇尔。

这段文字中，将魏征记载"循吏"的由来、缘由和重大意义，以言简意赅的形式进行了表述。因此也体现了魏征作为唐朝贞观王朝的重臣，对"循吏"的认识，以及唐政府对这类人才的热切期盼之情。古代史学家正是要通过为这些勤政亲民的普通官员立传，使其青史留名，同时鼓励后辈效仿。"留取丹心照汗青"，不正是古代士人做人、养心的至高追求吗？！

魏征后来又在《隋书·循吏传》的末尾，为我们留下了一段著名的"史臣曰"：

古语云，善为水者，引之使平，善化人者，抚之使静。水平则无损于堤防，人静则不犯于宪章。然则易俗移风，服教从义，不资于明察，必藉于循良者也。

一句"善为水者，引之使平，善化人者，抚之使静"（善于管理水的人，设法让水平衡。善于管理人的人，设法让人安静）尤其使人印象深刻，这里面寄托着千百年来儒家仁政治国、教化为先的崇高政治理想。

隋文帝时代，在广袤的帝国里，像这样兢兢业业、勤政安民的普通官员还有很多很多。我们不过是撷取了9位典型代表，来帮助大家深入了解隋文帝的庞大帝国，国家昌盛、百姓富庶的基层原因，和探究历史存亡兴废之道罢了。隋文帝时代，有这样一批清廉亲民的州县官员，在皇帝的屡次褒奖、表彰下，开创了一个吏治清明的良好局面。这些卓越的地方官员，也为国家的蒸蒸日上、繁荣昌盛做出了杰出的贡献。他们的突出表现、能力和业绩，放在任何一个时代都会熠熠生辉。万丈高楼平地起，没有他们的兢兢业业、奉献才智、亲力亲为、鞠躬尽瘁，隋文帝要成就什么不世功业是不可想象的。

君臣齐心、制度发力，为一个辉煌盛世的到来做好了充足的准备。皇帝兢兢业业，大臣上行下效，工农商各业奋发勤俭。政通人和，行政效率提高；物阜民丰，人民生活稳定。接下来，在隋文帝及其领导班子的共同努力下，经过点滴的积累、勤恳扎实的工作，历史上一个著名的璀璨时刻、伟大盛世，一个"人尽其才、物尽其用、地尽其利、货畅其流"的美好时代，就要喷薄而出，涌现到我们眼前了。

制定《开皇律》

隋文帝绝对是一位高效的实干家，他的敬业精神和超强能力都令人深感佩服。我们仅以其即位之初一年多所经历的一些重大事件来看，这位强悍的政治家基本上是一天都没闲着啊。不仅没闲着，并且干得还都是些关系到国家前途命运的大事啊。

开皇元年（581年）八月，吐谷浑进犯弘州（今甘肃碌曲西南）、凉州（今甘肃武威），隋文帝迅速派大将元谐将其击破。九月，他又连干了两件大事：反击陈朝，收复长江以北；统一货币，铸造五铢钱。十月十二日，他颁布实施了《开皇律》。4天后（十六日），他开始巡视岐州（今陕西凤翔）一带，奖励和提拔有政绩的地方官。这次巡视一直持续了两个多月，临近春节（十二月二十五日）他才返回长安。

开皇二年（582年）正月二十九日，他就下诏令各地推举贤良，求贤若渴之情溢于言表。五月初六，因为关中长期大旱，他决定亲自审讯囚犯，结果当天就下了大雨。六月二十三日，他下令营建一座新的都城。七月，他又宣布继续推行均田令。这期间，隋朝还在不断地与突厥展开激战。十月，操劳过度的隋文帝终于被累得病倒了。饶是他身体底子好，经过近20天治疗和调

养才日渐康复。

不过，隋文帝的辛苦也没有白费，他和一干大臣的殚精竭虑终于为中国缔造了一个伟大的盛世，这就是史上著名的"开皇之治"。关于这段历史，惜墨如金的《隋书》却几乎用尽了最华美祥和的辞藻来讴歌："鸿恩大德，前古未比……七德既敷，九歌已洽，要荒咸暨，尉候无警。于是躬节俭，平徭赋，仓廪实，法令行，君子咸乐其生，小人各安其业，强无凌弱，众不暴寡，人物殷阜，朝野欢娱。二十年间，天下无事，区宇之内晏如也。考之先王，足以参踪盛烈。"

那么，被后世史学家所津津乐道、羡慕不已的"开皇之治"究竟是一幅什么样的景象呢？

其一，经济领域

隋初，在经历了南北朝的长期分裂和战乱后，民生疲弊困苦、国库空虚。所以，从开皇九年（589 年）隋朝统一天下后，隋文帝就以富国作为首要目标。他实行轻徭薄赋以解百姓困苦，在确保国家赋税收入的同时，致力稳定民生。在苏威的建议下，他废除了盐、酒专卖及入市税，其后又多次减税，以减轻人民负担，促进农业生产，稳定经济发展。例如，《隋书·食货志》记载：开皇十七年（597 年），"户口滋盛，中外仓库，无不盈积。所有赉给，不逾经费，京司帑屋既充，积于廊庑之下。高祖遂停此年正赋，以赐黎元"。

农业方面：中国古代长时期实施"农本"和"农业立国"，隋文帝对作为基础性产业的农业当然也高度重视。他采取了减轻赋税徭役、减轻刑罚和重新统计户口（"大索貌阅"和输籍制）等多项措施，为农业发展提供有利条件。隋文帝时代的富庶并不是建立在苛捐杂税的基础上的，究其原因与其在全国推行均田制大有关联。均田制的顺利推行，既可增加赋税又可稳定经济形势，对隋前中期的经济发展贡献甚大。隋朝还在边疆地区推行屯田制，以维持军队开支，而这在很大程度上减轻了百姓的负担。

中古时期最能说明经济繁荣程度的是人口，因为只有以高度繁盛的经济为依托，才能需要和养活众多的人口。根据《文献通考》和《旧唐书》等资料提供的数据来核算：隋文帝即位时，隋朝统治区域内（不含陈朝）全国人口 460 万户，2900 多万人。在他的治理和引领下，到二十多年后他儿子隋炀帝杨广时，已达 890 万户、4600 多万人。而这一组数字，唐朝差不多直到"开元盛世"才能达到。因为，"贞观之治"后的唐高宗李治继位，全国人口不过380 万户。唐玄宗李隆基时代，全国 760 万户、4100 万人，这才比较接近隋朝的极盛时期。

隋朝前后户口变化

年　代	户　数	口　数	备　注
陈宣帝太建九年（577 年）	600,000 户	2,400,000 人	
北周静帝大定元年（581 年）	4,622,528 户	29,016,484 人	
隋文帝开皇九年（589 年）	7,000,000 户	约 40,000,000 人	隋朝发动灭陈之战，全国统一。
隋文帝开皇十七年（597 年）	8,700,000 户	44,500,000 人	
隋炀帝大业五年（609 年）	8,907,546 户	46,019,956 人	此为隋朝户口最多时期，大体上恢复了 4 个世纪以前东汉极盛时期的户口数。
隋炀帝大业九年（613 年）	8,613,345 户（估计）	约 44,500,000 人	612 年隋朝征伐高句丽失败损失惨重，611 年后陆续发生农民起义和兵变。
隋恭帝义宁二年（618 年）	1,800,000 户	约 9,259,200 人（估计）	从隋朝大业五年到唐朝成立，人口下降率约为 80%，主要原因为战乱和人口隐匿无法统计。
唐高祖武德六年（623 年）	2,190,000 户	约 11,199,660 人	刚达到隋朝极盛时的四分之一。

隋朝人口的持续增长，为农业提供了大量劳动力，使得垦田的面积也不断增加。开皇九年（589 年），全国已开垦田地 1940 多万顷，杨广的大业中期已达 5585 万多顷。而唐朝天宝十四年（755 年）已垦田地才 1430 万顷。可见，

唐初和隋末的国力，还有不小的差距啊。仅由此，就不难看出隋文帝杰出的政治才能。此外，隋文帝时代还大力修复、兴建和改造了许多水利工程，为农业的发展奠定了良好的基础。例如，其在寿州（今安徽寿县）修复的芍陂（què bēi），就可灌溉农田 5000 多顷。

手工业方面：隋朝手工业的组织规模和技术水平，在不少方面都超过了前代，其中最具代表性的是丝织业、陶瓷业和造船业。河北、河南、四川和江南，都是丝织品的重要产地。相州（今河南安阳）的绫纹布非常精美，四川蜀锦也十分有名。江南地区的宣城（在今安徽）、吴郡（今江苏苏州），会稽（今浙江绍兴）、余杭一带的妇女勤于纺织，以鸡鸣布最为著名。《隋书·地理志》记载："豫章之俗，颇同吴中……一年蚕四五熟，勤于纺绩，亦有夜浣纱而旦成布者，俗呼为鸡鸣布"。陶瓷业中，1957 年在陕西西安出土的隋朝李静训墓中的白瓷鸡首壶，质地坚硬、造型美观，是公认已知中国最早的白瓷器物之一。

为朝廷服务的官营手工业，组织庞大、人数众多，工艺水平高超，在手工业中占据主导地位。隋朝经常把全国各地大批优秀工匠，轮番组织到长安、洛阳服役。这些能工巧匠在工部、将作寺和太府寺（下设有左尚、右尚、内尚、司织、司染、掌冶、铠甲、弓弩等署）等部门的领导下，和官奴婢、刑徒等一道为皇室、官吏和军队生产各种生活用品和军需器械。

隋朝白瓷鸡首壶

商业方面：统一的大好局面，使隋朝的商业比魏晋南北朝时要发达得多。当时规模宏大、商业繁华的大兴（今陕西西安）和洛阳，在当时都是世界上的超级国际大都会。大兴的东市和西市，常年有很多外国商贾。而洛阳在大运河开凿前后，也逐步成为南北货物的集散地。毗陵（今江苏常州）、吴郡（今苏州）、会稽（今绍兴）、余杭（今浙江杭州）、东阳（今浙江金华）等，都是当时江南繁华的商业城市，而广州则是海外贸易的重心。当时隋朝的贸易路线分为海陆两条：陆上丝绸之路经河西走廊、西域，可以到达萨珊波斯（今伊朗）、东罗马帝国（在今欧洲东部）；而海上贸易，可以连通南洋诸国和日本。隋朝和日本的联系尤其密切，日本使者曾经四度入隋，而其中的第一次正是在开皇二十年（600 年）。《隋书·倭国传》记载："开皇二十年，倭王姓阿每，字多利思北孤，号阿辈鸡弥，遣使诣阙。上令所司访其风俗。使者言倭王以天为兄，以日为弟，天未明时出听政，跏趺坐，日出便停理务，云委我弟。高祖曰：'此太无义理。'于是训令改之。"

货币方面：由于长期战乱，货币的信誉急剧下降，自魏晋以来谷物和绢帛等实物经常被用作商品交换的媒介。南北朝时期货币不一，南朝的梁和陈有五铢钱，而岭南盛行用盐、米、布交换；北齐有常平五铢，北周有永通万国、五行大布、五铢钱三类，而河西地区则惯用西域金银钱。隋朝建立初期，全国各地仍然使用形色各异的钱币。开皇元年（581 年）九月，隋文帝下令统一货

隋朝的五铢钱

币，废除其他比较混乱的古币和私人铸造的钱币，而改铸新的、统一的五铢钱（每 1000 钱重四斤二两）。并且，陆续在江都（今江苏扬州）立了 5 个铸造炉，在江夏（今湖北武汉）立 10 个，在成都（今四川成都）设立了 5 个。当时的五铢钱成色足、信誉好，社会上物价稳定，为"开皇之治"提供了强劲的动力。但是杨广即位后，货币的成色下降，钱贱物贵、币制崩溃，这也成为其政局动荡乃至亡国的重要原因。

其二，政治领域

隋朝建立后，隋文帝就立即着手彻底废除了宇文泰、高欢等人的鲜卑化政策，将被改成鲜卑姓的汉人恢复汉姓，他自己当然也改回了"杨"姓。恢复姓氏，代表了汉化主流和中原先进文明的胜利，也表明北朝以来胡汉之分至此消除。

开皇三年（583 年），隋文帝又对地方行政机构进行了改革，将原来比较

混乱的州、郡、县三级制精简为州、县两级制（杨广时代改州为郡，但仍为两级制），并且合并一些州县，裁汰一批冗官。这就极大地节约了政府开支，提高了行政效率。近代学者钱穆就曾讲道："开皇之治的成功，简化地方行政机构是一个基本因素。"据统计：隋文帝时代朝廷的开支减省了2/3，地方官府的开支减省了3/4，全国行政经费开支大约只是南北朝时的1/3而已。所以，隋朝的国库想不充足都难啊。

秦至隋地方行政区划变化简表

时　代	州	郡（国）	县
秦	无	48	1000 多
汉	14	约 100	1500 多
西晋	19	172	1232
东魏、西魏与萧梁	220	999	约 1500
北周与陈	263	617	1562
隋文帝时	300	无	约 1500
隋炀帝时	无	190	1255

同时，为了更好地行使权力、严密地控制地方，隋文帝又下令：九品以上的官员一律由中央任免，而且每年都要由吏部进行考核，以决定其奖惩、升降。后来，他又实行了官员的3年任期制，州刺史和县令3年后都要轮换到另一个地方做官，以防止一个官员在一个地区长期掌权、树大根深，形成地方割据势力对抗中央。

在整顿吏治方面，以隋文帝的励精图治和明察秋毫，当然不能容忍贪赃枉法行为的存在。他曾命柳盛代表自己巡视河北52州，结果一下子罢免了贪官污吏及不称职的官员200多人，由此全国州县无不肃然。因此，当时的政治较为清明，政府和官员的威信较高，政局平稳，没有突出而棘手的矛盾。

法律方面，隋文帝也进行了卓有成效的改革，对中国古代法制建设做出了重要贡献。北周的法律既混乱又残酷，隋文帝在掌握北周实权后就曾经对其进行过改革，但不太彻底。隋朝建立后，他下令苏威等人制定《开皇律》，将北周原来的枭首（砍下头，悬挂在旗杆上示众）、车裂（五马分尸）等酷刑予以废除，仅保留了律令500条。而刑罚则分为死、流、徒、杖、笞（chī）5种，这就是"封建五刑制"，基本上完成了自汉文帝刘恒刑制改革以来的刑罚制度改革历程。《开皇律》定立了国家刑法，使人民有法可依，又减省刑罚，死刑只设绞、斩二等。中国古代现存最早最完整的法典《唐律疏议》，实际就是从《开皇律》中继承过来的，只是刑罚顺序稍有变化（其将顺序颠倒过来，从轻到重），但基本内容并无太大变化。

其三，军事领域

西魏、北周以来，在军事上实行的是府兵制。西魏大统八年（542年），权臣宇文泰将关中地区的六镇军人编成六军，并由他出任全军统帅。后经过不断编整、扩充，到大统十六年（550年）时已建立起八柱国、十二大将军、二十四开府的庞大军事组织。北周时的府兵将士是皇帝的亲军（侍官），一个人当了府兵，全家都会被编入军籍。府兵制兴盛的时代，府兵的地位很高、战斗力很强，是社会上令人羡慕的职业。但光环的背后，府兵的义务并不轻松。比如，著名的北朝民歌《木兰辞》写道："东市买骏马，西市买鞍鞯，南市买辔头，北市买长鞭。"为什么花木兰代父从军，还要自己准备行头呢，这些东西难道不该是国家提供的吗？其实，这些东西还真得他们自己准备。因为，府兵接受国家分配的土地，既要给国家赋税，还要随军作战。打仗的时候光卖命还不行，他还必须自行准备武器和马匹。花木兰为什么要准备这些？因为，她父亲就是北朝的府兵！

开皇十年（590年）隋文帝下诏："凡是军人可悉属州县，垦田籍账，一与民同，军府统领，宜依旧式。"这就使府兵制成为一种"兵农合一、寓兵于农"的特殊军事制度。府兵的户籍划入所在州县，其平时和均田制下的农民没什么两样，政府也为他们分配土地。他们农忙时务农，农闲时在折冲将军领导下进行日常训练，战时由朝廷另派将领聚集各地府兵出征打仗。这样就既提高了府兵的战斗力，又加强了皇帝的权威，防止出现军阀割据。

其四，工程建设

隋文帝时代以其强大的国力，兴建了许多大型工程设施，如大兴城、大型粮仓、运河、驰道与隋长城等。这些工程，极大地提升了隋朝政治、军事、经济与贸易的影响力，也彰显了其盛世王朝的气象。

隋朝以关中作为基地，但其地人口负荷较大，粮食经常紧缺。开皇四年（584年），隋文帝命宇文恺主持开凿漕渠，以解决都城附近的粮食、物资运输问题。这条漕渠从大兴城西北引渭水，沿着汉朝漕渠故道向东至潼关汇入黄河，全长150多公里，这就是著名的广通渠。这是隋朝修建大运河的开始，而后杨广时代开凿的工程浩大的大运河，经黄河、沿广通渠逆流而上即可抵达大兴城。不过要从广通渠逆流而上，其难度还是比较大的，沿途的粮食损失也不小。

从全国来看，隋朝的粮食供应很充足。在这种情况下，隋文帝在全国各地广设官仓与义仓，以积累战略储备、防治荒灾。民间的义仓（又称社仓）防小灾，政府的官仓防大灾。开皇五年（585年），隋文帝采纳民部尚书（相当于财政部部长）长孙平的建议，设置义仓。开皇十六年（596年），隋文帝

广通渠示意图

又下令：各州在收获时，必须留出部分粮食存于义仓。遇有灾害，就在当地赈济。义仓设在乡间，西北地区设在县城，开仓较为方便。为了保证关中地区粮食稳定，他还下令在大兴、洛阳、洛口（今河南巩义）、华州（今陕西华县）和陕州（今河南陕县）等地建筑了许多大粮仓，在大兴、并州（今山西太原）的等地又储藏了大量布料。到隋文帝时代后期，天下积储的粮食竟然可以供应五六十年的使用！这一数据是异常惊人的，也几乎是空前绝后的。

为了防范突厥，隋文帝还曾 4 次下令修筑长城。据《隋书·高祖本纪》记载，第一次是在开皇元年（581 年）四月，"发稽胡修筑长城，二旬而罢"，此次所修长城在今山西北部。第二次在黄河东岸。后两次所修长城，除新建一些城堡外，多是对以前所修长城进行的整修和加固。

其五，思想文化

隋朝经济的繁荣，也为其带来了思想文化的全面繁盛。隋朝最著名的思想家和大儒，是谥号"文中子"的王通。他主张执政者应该"先德后刑"，才能让人心服；提倡儒、道、佛三教应该共同相处，而不是互相抵制等。他著有《太平十二策》、《续六经》（又名《王氏六经》）与《文中子》等，其学说对后世影响深远，宋代的理学就与他的学说有很深的渊源。王通的后辈也不乏英杰才俊，他的弟子是唐初名臣、李世民贞观王朝的重臣——魏征，而其孙子则是被誉为"初唐四杰"之一的王勃。

宗教方面，隋文帝主张调和宗教与儒学，采用儒释道三教并重、兼容的策略，以辅助自己治国。由于隋朝高度开放，流行于西亚的袄（xiān）教也在中国广为流传。因为隋文帝与佛教的特殊渊源，所以佛教在隋朝进入极盛阶段。开皇元年（581 年），隋文帝下旨邀请隐居的僧侣出山，号召佛教徒"为国行道"，并且听任百姓出家。整个隋朝

王通（580—617 年）

展子虔（约 550—604 年）《游春图》

共修建佛教寺院 5000 多所，塑佛像数万尊，翻译佛经数万卷，并使佛经的流布要远多于儒家经典。

道教在南北朝时，分成南、北天师道，隋朝统一后南北开始相互交流。茅山宗成为道教的主要派系，元始天尊被奉为最高神灵。因为道士张宾曾协助大隋建国（擅长以符命参与改朝换代，曾为隋文帝上台制造舆论），所以隋文帝对道教极为尊重。他下诏对道教进行保护，并下令重修楼观宫宇。甚至，隋文帝"开皇"的年号，就是取自道教经典中所谓的"天地开劫"。当然，"开皇"也是一个非常大气的年号，反映了隋文帝要恢复三皇五帝以来的雄伟基业，给百姓一个清平盛世。隋朝还设立了道举制度，规定知识分子必须兼通《道德经》。但是总体看来，在隋朝道教始终不如佛教兴盛。

隋朝绘画的艺术水平很高，虽然绘画仍以人物或神仙故事为主，但山水画已发展成独立体系。展子虔和董伯仁是当时最著名的画家，其中展子虔与东晋的顾恺之、南朝萧齐的陆探微、南朝萧梁的张僧繇并称为"前唐四大画家"。展子虔历经了北齐、北周与隋朝 3 个朝代，曾在隋朝任朝散大夫（文散官，无实权）、帐内都督。天下名寺都有他的画作，其传世杰作《游春图》，被公认为中国现存最早的山水画。元朝汤垕（hòu）的《画鉴》就认为，《游春图》是山水画正式的始祖。其用勾勒刷法，空间透视安排合理，注意远近关系和山树人物的比例，能够"于咫尺之中，具备千里之趣"。

其六，科学技术

隋朝的科技成就也很突出，其在天文历法、数学、博物学、建筑学、医学等方面均有不凡建树。中国古代以农业立国，而农业与历法的关系十分密切。只有精确的历法，才能正确地指导农业生产，否则就可能耽误农时。数学、天文、历法之间，有着密切的关联，因而为了满足农业生产的需要，中国的应用数学、天文观测与记录、历法，在整个古代世界都是绝对领先的。

隋朝数学发达，当时的知识分子都必须学习数学，国家在太学设有算学（相当于数学系）。专门数学人才的培养，也在隋朝才正式确立。隋朝历法比前朝更加精密。开皇二十年（600年），刘焯（chāo）借用北朝张子信的数据，测定岁差（回归年与恒星年的时间差）为76年差一度，这已经非常接近准确值。仁寿四年（604年），刘焯又制定出《皇极历》，其关于黄道、月道、日月食的描述，都比以前的历法更精密。其中，后世广泛应用的定朔法、定气法，也都是他的首创。虽然这部历法因为受到不同政治势力的干扰而没有施行，但其仍为后世历法提供了新标准。天文方面，隋灭陈后将南朝的浑仪、浑天象和天文图书都集中到了长安，并命庾季才、周坟绘成星图。丹元子还按照东晋陈卓所定的星宫，将星座位置编成一篇七字长歌——《步天歌》，文句浅显便于传诵。隋末唐初，李播写成《天文大象赋》，用诗赋描述了全天星官，对星象进行普及。

隋朝的医学也相当发达，中央设有太医署（相当于卫生部），临床医学出现分科的趋势。隋朝医学家以巢元方最为著名，他的《诸病源候论》是中国第一部详细论述疾病分类和病因、病理的著作。书中记有用肠吻合手术治疗外伤断肠，是中国外科手术史上的重大成就。隋朝还特别注意学习外来的医学经验与成果，翻译了十余种天竺（今印度）和西域的医方书。

其七，社会风气

隋文帝统一中国后，奉行勤俭治国。他深知古帝王没有不好奢侈而能持久的道理，所以从他在北周辅政时，就开始提倡生活节俭。宫中的妃嫔不得佩戴奢侈昂贵的装饰，一般士人多用布帛，饰带只用铜铁骨角而不用金玉。有一次，隋文帝想用胡粉和织成的衣领，找遍整个宫殿竟然都找不到。这种躬行节俭的风骨，使人民的负担相应得到减轻，而且有利于各项措施的推行。

总之，在隋文帝的精心治理下，他的时代政权稳固、社会安定、文化发达、国力强盛，人口和垦田增长迅速，是一个无比辉煌的盛世皇朝。开皇之治时间虽短，但成就很高，那是一段隋朝最值得称道的美好时光。而这个庞大帝国的心脏和众多重大诏令的颁布地，都是大隋帝国的新都——伟大的大兴城。

恢宏帝都大兴城

京城也称国都，表面看来就是一座防御性工事。但和其他古代城池不同的是，京城的规模更大，功能更完善。因为，皇帝也住在这里，"天子脚下""首善之区"就是这个意思。实质上在中国古代，都城被历代统治者视为国运所在，其选址、规划、营建、迁徙等都会经过最全面、缜密、科学的考量。那可是一门涉及多学科交叉的专业学问，现在我们称之为"古都学"。现在公认的（经过中国古都学会认定、符合大众认知心理的）有八大古都：西安、洛阳、北京、开封、南京、杭州、安阳、郑州。这些城市都有过骄人的历史，曾在某几个时期做过中国的政治、经济、文化和交通中心。而在这些古都中，西安尤其显得璀璨夺目。

西安古称长安，是举世闻名的历史文化名城，是世界四大古都（西安、罗马、雅典、开罗）之首、中国八大古都之首。西安曾是中国历史上周、秦、汉、唐等多个强盛王朝的都城，在中外历史上影响深远。因此，其不仅在中国历史上拥有无与伦比的重要地位，而且还享有崇高的国际声誉。世人常用"要了解三千年的中国必须到西安"，来形容其历史地位与作用。从公元前11世纪中叶的西周开始，秦、西汉、新莽、东汉献帝、西晋愍帝、前赵、前秦、后秦、西魏、北周、隋、唐等13个王朝，曾在此建都。另有，西汉末更始帝刘玄、赤眉帝刘盆子，唐末黄巢的大齐、明末李自成的大顺等农民政权，也先后在西安小平原上建都。西安建都史累计长达1100多年，在近3000年的历史时期内，中国有三分之一的时间是以西安为首都的。西周初年至唐末近2000年中，则有一多半的时间定都于此。诗圣杜甫也在《秋兴·其六》中写道："秦中自古帝王州。"为什么中国古代帝王对西安如此青睐？西安究竟有哪些独特的建都条件，使它在中国古代史的前半段这般光彩照人？

西安地处关中平原中部，南依秦岭、北靠渭河，古代属于雍州，其自然环境非常适宜古代人类生活栖息。早在孔子编订的《禹贡》中，就将这块土地的土壤性状列为华夏九州的第一等。特别是关中平原处于我国中心腹地，居天下上游，加之具有众多险关作为屏障，特别有利于抗击强敌。著名历史地理学家朱士光先生在其《西安的历史变迁与发展》一书中谈道：（西安）"西北通西域中亚，东抚诸侯，南控荆湘、吴越与巴蜀滇黔。因而，自古即成为历代帝王将相、英雄豪杰建邦立国设置都城的首选之地。"

西汉初年，在讨论建都问题时，一代战略家张良用了8个字总结了关中的军事、经济和地理特点："金城千里，天府之国。"这几个字可谓一语中的，将关中地区在全国的优越地位作了最简洁而准确的陈述。历史地理学泰斗史念海先生认为，张良的这句话是"历代统治者在关中建都基本决策的指导思想"。"金城千里"指关中平原四周山原、河川、险关环抱，犹如一座规模庞大的天然城堡。西安东有函谷关（在今河南灵宝）、潼关（在今陕西潼关），西有大散关（在今陕西宝鸡），南有武关（在今陕西丹凤），北有萧关（在今宁夏固原），关中的名字就是由此而来的。关中可谓易守难攻，占尽地利之便，在冷兵器时代对统治者有着不可阻挡的诱惑。关中的富庶也是举世瞩目的，"天府之国"最早指的就是关中。《史记·苏秦列传》记载，公元前338年，苏秦游说秦惠王时说："秦四塞之国，被山带渭，东有关河，有汉中，有巴蜀，有代马，天府也。"而那个时候，四川的都江堰还没修呢，当然指的不是那里。关中土地肥沃、水利发达、交通便利、漕运通畅，雄关环绕、易守难攻，的确是古代建都的理想选择地。《史记·留侯世家》中，张良还有过进一步论述："诸侯安定，河渭漕挽天下，西给京师；诸侯有变，顺流而下，足以委输。"（如果函谷关以东地区发生动乱，朝廷可以从渭河、黄河顺流而下，运输物资和粮食，保证征讨作战供应。天下太平时，则可以反过来通过黄河、渭河，把关东地区的粮食和物资源源不断运到京城，以维持长安的繁荣和保持强盛国力。）让我们再把千百年来帝王定都西安的心理隐秘和如意算盘，说得更透些吧：定都西安，退足以自守，进可驾驭天下！隋唐的帝王也是出于这样的考虑，义无反顾地把帝国的都城建在这里。

随着各项改革的顺利推进，大隋帝国的缔造者隋文帝极为振奋，在他的脑海里各种建设新帝国的构想不断涌现。于是，他决定要在自己的宏伟蓝图上浓重地加上点睛之笔。那就是建造一座新都城，作为大隋王朝的象征。但旧长安城，和隋文帝心中勾画的世界帝国的蓝图很不相称。长安城自东汉末年以来，久经战争早已残破不堪；而且宫室形制狭小，已经不能适应大隋帝国的需要。旧的皇城位于长安城西南，也不能体现自己君临天下的气度；再加上几百年来长安的城市污水沉淀，饮水供应也成问题。《隋书·庾季才传》记载，为了坚定隋文帝营建新都的决心，时任通直散骑常侍（相当于皇帝的侍从顾问，从三品）的庾季才进言道："臣仰观玄象，俯察图记，龟兆允袭，必有迁都。且尧都平阳，舜都冀土，是知帝王居止，世代不同。且汉营此城，经今将八百岁，水皆咸卤，不甚宜人。愿陛下协天人之心，为迁徙之计。"高祖愕然，谓颎等曰："是何神也！"遂发诏施行。（我观察天象，又查看了图记，龟兆已呈现，一定要迁都。自从汉朝建立这座城，到现在已有八百年，水都变咸了，不适合居住，希望陛下早日考虑迁都。皇帝很惊奇，对高颎等说："是什么样的神人啊！"就颁布诏书下令迁都。)因此，隋文帝在和高颎、苏威等人商议后，大隋营建新都的大计就此拍板。

隋朝建立的第二年（582 年）六月十八日，隋文帝决定放弃位于今天西安龙首原北侧的破败、狭小、低洼的旧长安城，下令在开阔高爽的龙首原南侧，营建新都。因为，隋文帝在北周时被封为大兴郡公，并且这又是个吉利而又响亮的名号，所以新都被命名为大兴。尚书左仆射（宰相）高炯、将作大匠（相当于工程部部长）刘龙、钜鹿郡公贺娄子干、太府少卿（相当于皇家财务部副部长）高龙叉等人负责主持营建，而具体负责设计和督造的则是隋朝的天才建筑家、鲜卑人宇文恺。宇文恺以"营新都副监"的身份，马不停蹄、披星戴月地投身于这项举国瞩目的重大工程。在他的总体规划和指挥下，以隋朝雄厚的国力为基础，整个工程进度神速，仅仅用了 10 个月就完美收官了。十二月初六，隋文帝高兴地为新都命名"大兴"。他期待着都城的这个好名字，会给自己和帝国带来好运。开皇三年（583 年）初，隋文帝为即将迁都兴奋不已。他下令大赦天下，让所有臣民都来分享自己的喜悦。三月十八日，在庄严的鼓乐声中，隋文帝身着盛装，带领文武百官和各中央机构，隆重地乔迁新都。

宇文恺以北魏洛阳城和北齐邺都南城（今河北临漳）为参照，将长安城龙首原以南的 6 道高坡视为《易经》乾卦的六爻（yáo），并以此为核心作为大兴城总体规划的地理基础。"六坡"是大兴城的骨架，皇宫、中央政府机关和寺庙都高高在上、龙盘虎踞，与一般居民区形成鲜明对照。大兴城北临渭河，南依灞水、浐水，地形南高北低。龙首原以南的"六爻"依次称为初九、九二、九三、九四、九五和上九。根据《易经》的说法，初九代表"潜龙勿用"；九二是"见龙在田，利见大人"。"大人"代表德位兼备的人，所以只能建造皇帝的宫城。并且，因为代表皇宫的紫微宫居于北天中央，所以皇宫也只能布置在较低处的北边，而且城北有渭河也比较适合防御。九三代表"君子终日乾乾，夕惕若，厉无咎"。随时警惕居高位而不骄，处下位而不忧，所以兴

建皇城，安置中央官署，让文武百官坚强不息、忠君勤政。九五代表"九五至尊"，属"飞龙"之位，不能让寻常人居住。因此，隋朝在这条高岗的中轴东西向，对称地修了佛教的大兴善寺和道教的玄都观，希望能借用神明镇压那里的"帝王之气"。

大兴城充分利用地形的优势，增大了立体空间，显得十分雄伟壮观。其在冈原之间的低地，除居民区外均开渠引水、挖掘湖泊，增大城市的水域。整个城市的平面布局整齐划一，呈为规整的长方形。全城由宫城、皇城、外郭城3部分组成，完全采用东西对称布局，外郭城面积约占全城总面积的88.8%。居民住宅区的大幅度扩大，是大兴城建筑总体设计的一大特点。在此之前，从秦汉一直到南北朝，都城之中的城市格局，没有章法、没有布局，皇宫、官署、民居，交错相处，十分杂乱。到大兴城建成后，都城的均衡对称格局才开始形成，街道整齐划一、南北交错、东西对称，大街小巷井井有条。皇宫、皇城、民居3个部分相对分开，界线分明，既安全又实用。因此，大兴城堪称中国古代都城的典范，也是中国乃至世界古代建筑史上的杰作，宇文恺的英名将和这座史诗般的城市一起永垂不朽！

这是一座理想化、几近完美的大都市，也是一座前所未有的巨型都城。其布局巧妙，既充分借助地形又符合礼制。150米宽的朱雀大街将大兴城一分为二，全城从南至北共设置13行坊（居民区），象征着一年的12个月再加闰月。皇城之南设置4列坊，象征着一年的4个季节，每列设9座坊，象征着《周礼》"王城九逵之制"。它着重要突出的是皇权至高无上，而这也正是隋文帝勾画新都的核心理念。人们从未见过这样一座规划整齐、宏伟壮丽的都城。当臣民、外国人置身其中时，面对着一片片宫殿、一条条广场般宽阔的大道，不由得感受到：这里才是世界的中心，自己何其渺小，从而对皇权充满崇敬。然而，生性喜欢奢华的杨广即位后，真正待在大兴城的时间却并不多，他大部分时间住在繁华富庶的洛阳或江都（今江苏扬州）。唐朝建立以后，完全继承了这座伟大的都市，没对它做太多的改造，而只是在其东北角修筑了一座空前绝后的宫殿——大明宫，在其城内东侧修筑了一座兴庆宫。

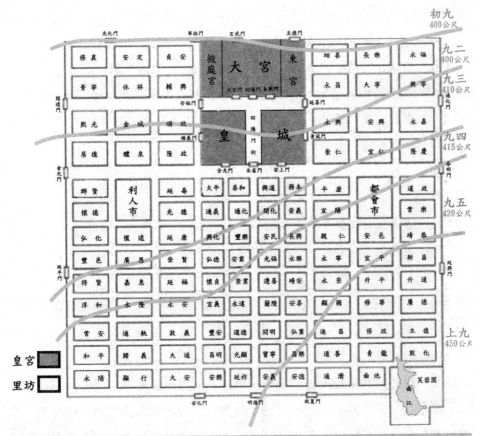

隋大兴城平面图

　　纵观整个大兴城，宫苑相连、街坊纵横，规整方正、布局合理，规划严正、气势恢宏，它是当时全国政治、经济、文化中心，也是世界上人口最多和最为繁华的大都会。它由外郭城、宫城、皇城和坊、市等组成，北部中心是宫城，是皇家的领域；中间是皇城，是中央政府主要机构的所在地；南部是商业区（市）和平民居住区（坊），东西两市分别在皇城的东南和南方。大兴城内有南北向大街 11 条东西向大街 14 条，街面宽阔。城内共划成 110 个坊，布局十分规整。各坊均采取封闭式管理，坊门有卫兵把守，夜晚实行宵禁。街道的两侧都设排水沟，并种植榆、槐等行道树。城内还有四条渠道流经，供应城市用水。大兴城除了宫内的皇家圃苑、芙蓉园等人工园林，还有

著名的风景区曲江池。为这个繁华、喧闹的大隋帝国的首都，平添了几分秀色。有八条河流经此城，号称"八水绕长安"。八水指的是渭、泾、沣、涝、潏（jué）、滈（hào）、浐、灞八条河流，它们在长安城四周穿流。八水之中，渭河汇入黄河，而其他七水各自直接汇入渭河。美不胜收、妙不可言，达到了人与自然的高度和谐统一。这才是真正的"天人长安·创意自然"（2011 年西安世界园艺博览会的主题）。

关于这种格局，晚唐大诗人白居易在他的《登观音台望城》中写道：

百千家似围棋局，十二街如种菜畦。

遥认微微入朝火，一条星宿五门西。

大兴城内百业兴旺，人口最多时将近 80 万。城内街道平行对称，最宽的朱雀大街 155 米，主街道都在 100 米以上，其他街道最窄的也在 40~60 米宽。而今天北京的长安街，最宽处 120 米，最窄处仅 60 米。并且，我们要明白的是：现在的北京长安街上有很多汽车，而隋唐长安城内最多只是马车而已。别怪当时的外邦人来到长安后，感到长安的朱雀大街宽阔如同广场、直通云霄！隋唐长安城面积 84 平方公里，是中国也是世界古代史上最为宏伟的都城。隋唐时代的皇帝们正在这里，"以雍容华贵的自信气度，接受着四方来朝、万国钦羡"。它是汉长安城的 2.4 倍，明清北京城的 1.4 倍。是同时期的拜占庭帝国都城君士坦丁堡（今土耳其的伊斯坦布尔）的 7 倍，罗马的 12 倍，巴格达城的 6.2 倍，也是今天西安城墙内（明清时期营建的）面积的 8 倍。今天，城墙之内的西安，只是唐朝帝王的皇宫内院！当代著名文化学者肖云儒先生说："长安城，是一个民族盖在这个黄土地上的一颗金印。永不磨灭的一个印，它印证了这个民族的伟大。"历史地理学家侯甬坚先生则认为，长安城是"人类史和自然史研究之胜地"，"观摩和认识东方文明、中华文化内涵的珍贵标本"。隋唐长安城在中国乃至世界古代史上是空前绝后的杰作和绝作。因为，隋唐以后的王朝既没有像这样雄厚的国力，甚至都没有像宇文恺这样的绝世良匠了。

隋文帝以一个大一统王朝皇帝的姿态傲然于世,他采用兼容并收的措施,吸收南北、利用东西。从大兴城的规模来看,他将大兴城建造得规模空前庞大,不仅超越前朝,甚至后世都城也不能与之相比。这一方面反映出隋朝在建筑风格上的宏大气魄,同时也是隋文帝利用都城体现天人合一、巩固南北思想的具体措施。大兴城兴建时,陈朝尚未灭亡。规划中的这座巨城,就已经在为将来迁徙江南贵族,以充实京师,加强对全国的控制。开皇九年(589年)隋朝灭陈,三月陈朝君臣被押解至大兴。《隋书·天文志》记载,“江南士人悉播迁京师”。《资治通鉴》又记载,“陈叔宝与其王公百司发建康,诣长安,大小在路,五百里累累不绝。帝命权分长安士民宅以俟之,内外修整,遣使迎劳;陈人至者如归”。由此可见,大一统的文化与思想,在大兴的城市规划中得到了充分的体现。大兴城这样的城市建筑杰作,其出现绝非偶然,而是与当时的时代背景息息相关。

大兴城的兴建,是以隋朝雄厚而强大的经济实力为前提的,因此其不仅是中国古代城市建设规划高超水平的标志,而且也是当时国家的经济实力和科技水平的综合体现。大兴城是当时名副其实的“世界第一城”,它的设计和布局思想对后世都市建设及日本、朝鲜等国都有深刻的影响。倭国(时为日本的飞鸟时代)的平城京(今日本奈良)、平安京(今日本京都)和8世纪的渤海国上京龙泉府(在今黑龙江宁安),都效仿了隋唐长安的规划。

开创了一段辉煌盛世的大隋开国皇帝隋文帝,正是在这座空前宏伟壮丽的大兴城里,接受着万国来朝、四方同贺。隋朝声名日盛,隋文帝志得意满、如沐春风、如日中天,感觉非常良好。

第四章

隋文帝最后的日子与身后功过

废立皇储五子内斗

　　所有专制集权体制下的最高领导人，最关心的共同问题有两个：第一，怎样使自己健康长寿；第二，谁是自己最可靠的接班人。这两个问题，不仅棘手、敏感，而且几乎没有哪个身处此境的人能将其一一完美解决。一代雄者，常常会为此留下巨大的历史遗憾！为实现长寿，古代皇帝常常想尽办法养生保健，但收效甚微。新陈代谢的规律不可逆转，相反有很多皇帝服用了含铅、汞、砷等剧毒元素的"仙丹"后，早早毙命、提前交权。秦始皇嬴政、汉武帝刘彻、唐太宗李世民等圣明之主，也难免落入此俗套。而接班人问题，也是困惑李世民、康熙帝等明君终身的问题。立了废，废了再立，最终也不能令自己满意，因而抱憾终生。

　　要是真能长生不老，当然用不着考虑接班人问题了。但问题是，古往今来没有一个人能真正的长生不老。因此，这个问题还真是个问题，而且还是个关于国家前途命运的大问题。历史事件一经发生，结果自然不可逆转；但在很多重要的历史拐点，却经常会面临不同选择的机会和发展方向。例如，我们可以断言：由秦始皇的长子扶苏和由第十八子胡亥继承皇位，其给历史带来的影响肯定是大相径庭的！

　　在皇帝眼里，真正理想的接班人应该正是"四有新人"：有理想，胸怀天下，可以保全甚至能发扬光大祖宗的江山社稷；有道德，忠孝两全、仁爱有加，堪为天下楷模；有文化，文武双全，精通治国之道；有纪律，耐得寂寞，不逾越礼制、不抢班夺权、不急于接班！

　　立嫡、立贤、立长、立爱，都是历代帝王册立储君的参考依据之一。因个人喜好和具体形势差异，最终选中哪位都有极大的不确定性。在很多时期，被立为太子并不等于一定是绝对的准接班人。甚至被立为太子，可能都不是一个好兆头。因为他：

第一，会成为众矢之的，随时面临弟兄、叔侄们的嫉妒和攻击。

第二，要面临皇帝的长期考验。皇帝在他认为需要的时候会随时换人，因为太子的才干和孝心很可能不是最出众的，或者很可能不是真相。

第三，要有足够的耐心，可能他的父亲很长寿或过于迷恋权力，而他自己由于长时间接触权力愈发感到权力的可爱，难免想急于接班。实际上皇帝都是很迷恋自己的权势和地位的，谁会甘愿提前退休做个有名无实的太上皇呢？李渊不愿意，李隆基也不愿意呀。

就隋文帝而言，他的皇后是独孤氏，妃嫔还有宣华夫人陈氏（南朝陈宣帝陈顼第十四女宁远公主）、容华夫人蔡氏、弘政夫人陈氏（陈宣帝第二十四女临川公主）和宫人尉迟氏。和历史上的绝大部分皇帝比起来，他的后宫确实相当寒碜。他有5个儿子：房陵王杨勇、晋王杨广、秦王杨俊、蜀王杨秀、汉王杨谅，这哥几个都是一母同胞的亲兄弟，他们都是独孤皇后的亲生儿子。此外，他还有几个女儿（有些具体姓名和排行已不可考）：长女乐平公主杨丽华、第五女兰陵公主杨阿五、襄国公主、广平公主等。隋文帝曾得意地对着满朝文武百官，大"秀"自己和独孤皇后的相敬如宾、爱情操守。"以前的帝王们，很多都偏爱小老婆。所以引起嫡子与庶子的争斗，经常弄得废黜太子甚至国家败亡。我没有其他妻妾，5个儿子全是一母所生。他们是真正的手足情深，所以我从来没有这种担忧。"谁知，这一组父子、兄弟后来仍不免疯狂地相互猜忌，兄弟五人竟没有一个是终其天年、得以善终的！

客观讲来，隋文帝的这几个儿子，没有一个真正具备盛世仁君的素质，甚至没有一个是真正的忠厚良善之辈。历史告诉我们：嫉妒使人变得丑恶，野心使得兄弟反目。这弟兄几个成年后，不仅没有一个要实实在在地辅助父亲成就一番辉煌的事业，反而整天忙着相互算计、拉帮结派排除异己。而且，实际上隋文帝对他这几个儿子也都不大放心。美国历史学家彼得·布德伯格在其《北朝史琐谈》论述到："隋文帝的青云直上使他一生被自危感和自大狂所折磨，因而促使他去寻求一切他感到放心的形式和一切能得到上天眷顾的象征。"隋文帝不仅不敢大胆给儿子们放权，而且还得处处防范，一不留心说不定就掉进哪个儿子挖的"坑"里去了。但他也就这么几个儿子，选择的余地就这么大，和人家李世民（有14个儿子）、康熙（有24个儿子）等人都没法比啊。因此，这样的父亲也不好做啊。

我们来挨个分析一下隋文帝的这几个儿子：

长子：杨勇（？—604年）

《隋书·杨勇传》记载，杨勇容貌俊美，生性好学，善于写诗作赋，个性宽厚温和而率真。他为人"忠厚善良"，不矫揉造作，小时候很受父母喜欢。还在北周时，因为祖父杨忠的显赫军功，幼年的杨勇就被封为博安侯。隋文帝执掌北周大权后，在所有儿子中年龄最大的他，就理所当然地做了随国公以及后来的隋王的世子。隋朝建立后，杨勇也就当然地成了皇太子。杨勇刚被立为太子的时候，在父亲的允许下得以参与、见习军国政务，隋文帝对他的表现也很满意。而他上书言事，也每每能得到父亲的赞许和采纳。他还有一定的文学才华，和他交往的朋友明克让、姚察、陆开明等，也都是当时很有名气的文人。

但是，成年后的杨勇却变得好色而奢侈，他纳有很多侧室，还有很多珍宝。而奢侈成性就犯了父亲的忌讳，迷恋女色则会令母亲讨厌。《资治通鉴》记载，有一次杨勇正在装饰一件蜀地制作的精美铠甲，父亲看了很不高兴。担心他染上奢侈的恶习，特地告诫一番："历观前代帝王，未有奢华而长久者。汝为储后，当以俭约为先，乃能奉承宗庙。"说完，隋文帝把自己的腰刀、一些旧衣服和一盒酱菜赐给了他，责令他不要忘记这次训诫。这件事被称为"诫太子勇"，《北史》和《隋书》都有记载，可见隋文帝确实很生气、很失望，影响很大。然而，不久又发生了太子接受百官朝和的事件。那一年冬至，百官为了巴结太子就去朝见杨勇，而他也傻乎乎的、高兴地接受了群臣的祝贺。就在他正惬意之际，隋文帝讯问太常少卿辛亶，这是哪种礼节？

辛亶表示，按规定太子只能用敬贺，而不能用朝见。隋文帝据此认为，太子违反礼制，有僭越的嫌疑。于是下令臣下不得再以朝见礼去见太子，并且由此开始疏远、怀疑他。得意忘形的杨勇，为此付出的代价将越来越惨重。后来，隋文帝在挑选侍卫官时，特意把武艺高强的都选到了自己身边。高颎便进谏表示，这样恐怕保护东宫太子的防卫力量就显得太弱了。这又让隋文帝很不高兴，他认为太子在东宫修身养性，要那么多大内高手干什么呢？恐怕高颎因为是杨勇的亲家，才帮他说话的，从此对他们就更加提防了。

　　独孤皇后最反感男人有三妻四妾了，但杨勇的私生活就很腐化。杨勇死时仅 30 岁左右，但光儿子就有 10 个，而且是多位老婆分别为他生的。他的姬妾除了太子妃元氏外，还有高良娣、王良媛、云昭训、成姬等。其中，云昭训因姿色娇美最受宠爱，并为他生下 3 个儿子，受到的待遇甚至与正室不相上下，这让独孤皇后相当不满。太子妃元氏没有儿子，又因为常年受冷落被气出了心病，没两天就死了。寡情薄义的杨勇不仅不悲伤，反而随即就让云昭训主持东宫事务。独孤皇后怀疑元氏很可能就是杨勇和云昭训合谋害死的，因此不但责备了杨勇，而且还派人去暗中调查这件事。调查发现，杨勇的问题确实很多，他不仅不守规矩，而且还经常对父母有埋怨之言。既然父皇母后都不喜欢他了，那他的地位也就岌岌可危了。在当了整整 20 年太子后，杨勇却好像离"接班人"越来越远了。等杨勇像斗败的鹌鹑一样，也开始模仿二弟杨广，摆出艰苦朴素的姿态，以图改变自己在父母和群臣面前的印象。但"一步赶不上步步赶不上"，杨勇的这些拙劣的表演显然已经不是"亡羊补牢"，反而类似于"东施效颦"了。和老谋深算的杨广相比，杨勇是政治上的弱智。罢黜太子的事，早已顺理成章、水到渠成了。果然，开皇二十年（600年）十月初九，隋文帝下令废黜杨勇和他的儿子们为庶人。

　　次子：杨广（569—618 年）

　　《隋书·炀帝本纪》称其"美姿仪，少敏慧"。其虽容貌俊美，但实际生性好色、阴险狡诈，工于心计、残忍狠毒。他在所有兄弟中文采最高、最有抱负，而且城府最深、才干最突出。真实的杨广残暴而不昏庸，并且很有才

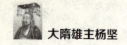

能，仅《全隋诗》收录他的诗就有40多首。作为隋唐两代代表性的诗人之一，他的诗风广阔，既有千军万马出征时的雄伟，又有描写夕阳下长江宁静的江景。其抒情诗在文学史上，享有较高的地位。

乐府春江花月夜二首其一

暮江平不动，

春花满正开。

流波将月去，

潮水带星来。

在隋朝统一的过程中，文武双全的杨广曾经发挥了极其重要的作用，但接下来的他将乏善可陈。知人知面不知心，这句话用给杨广再合适不过了。为了争夺皇位的继承权，他对父亲表现得谦恭而节俭，对母亲表现得守规矩、不好声色，在百官面前也装出一副礼贤下士、恭谨仁厚的模样。他是那么的会伪装自己，在父皇母后眼里这个次子显得朴素而单纯，并与他不成器的大哥形成鲜明对比，所以他逐渐深受父母喜爱和关注。

杨广

中国古代厚黑达到此种境界，而且前恭后倨达到此种程度的人，恐怕就只有两个：王莽和杨广。他们两人都是极品伪君子，其经历也惊人的相似，都是先蒙蔽上级以获取信任，然后在大位上热热闹闹地折腾一番，最终身死国亡。在目标实现前他们都深藏不露，让世人好似看到圣贤投胎转世，给国家带来了新的希望。王莽为获得姑母王太后的赏识，夫妇终日破衣烂衫、深居简出。他为证明自己的大公无私，甚至杀死了自己可怜的儿子。王莽有 4 个儿子，其中长子王宇、次子王获都是被他处死的。看来那句"虎毒不食子"，用到他身上肯定是不合适了。而杨广简直像是尽得王莽真传，他在做晋王时，每次父皇母后造访看到的景象，都让他们感到大隋后继有人。杨广小两口总是在大门外很远的地方，恭敬而耐心地候着父母的驾临。表面看起来，杨广的日子过得实在寒酸：仅有萧妃一个老婆，并且夫妻之间和谐美满；家中的奴仆都是又老又丑（杨广看似忠贞于爱情，而实际上他把美女妻妾们都藏到了别的屋子），穿的也只是没有彩纹的帛衣；他家的乐器上常满布灰尘，甚至连琴弦都断了；屏风、幕布都很整洁朴素，生活似乎极其简朴。其实他家啥没有？他还有很多另类的爱好呢！他暗中派人赠送金蛇、金骆驼等稀世珍宝，以取悦父亲的嫔妃宣华夫人。因此，宣华夫人常常替杨广美言，并进谗言诋毁杨勇。杨广还结交宰相杨素，屡次设计谋陷害大哥。而杨勇也确实不争气，有很多辫子可供杨广来抓。

开皇二十年（600 年）四月，杨广率军北上大破突厥，又立下了赫赫战功。朝堂内外，大臣们也都夸杨广仪表堂堂、聪明好学、才华横溢、礼贤下士，皇帝真是好福气，有这么个贤德又争气的孝顺儿子。因为父母的感情很深，所以在母亲独孤皇后去世时，杨广在父皇和宫人面前，悲痛欲绝哭得死去活来，有几次还好像真的昏死了过去。但是，回到家中密室，他就立刻谈笑风生、歌舞依旧。他甚至把美酒佳肴放在桶中用蜡密封，再用衣服裹着，然后慢慢享用。在仁孝贤明外衣的包裹下，一个声色犬马的恶棍在得意地笑；在大家的交口称赞声中，一个败家子离权力的魔杖不远了。杨广用了长达 14 年的时间，以自己的智慧和才华，处心积虑地把自己伪装成一个几乎具有人类所有美德于一身的、具有领袖气质的完人。以至于他父亲，常常以自己有这样的好儿子而感到庆幸和骄傲。相比之下，他大哥杨勇则显得是那么的逊色和卑鄙。这一切，都让隋文帝在失望之余不得不重新考虑接班人选。再加上杨广用尽各种卑劣的手段，制造舆论处处排挤、诋毁他忠厚老实而又不注重生活细节的兄长，并力图取而代之。两相比较，孰优孰劣似乎不言自明。隋文帝越来越清晰地认识到：杨广无疑是大隋太子的不二人选。开

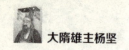

皇二十年（600年）十一月，在兄长杨勇被废黜1个月后，杨广终于如愿以偿地被立为新太子，成为大隋皇位的法定接班人。隋文帝可能还在得意：嘿嘿。看我多英明，为自己和大隋子民挑选了多么优秀的接班人，这下大隋必将江山永固，万世流芳！

第三子：杨俊（571—600年）

《隋书·杨俊传》记载，他生性仁恕慈爱、崇敬佛道，曾请求去做和尚，但父亲没批准。隋朝建立后，他被封为秦王，任上柱国、河南道行台尚书令、洛州刺史等职。起初他还很有作为，父亲很高兴，对他寄予厚望，还专门下旨奖励他。在灭陈之战中，他指挥有方、立有战功。其出任山南道行军元帅，下辖30个总管、水陆军十多万，屯兵汉口，统领长江上游隋军。当时陈将周罗目侯、荀法尚等在鹦鹉洲屯兵数万，隋军总管崔弘度请求出击。但杨俊担心杀虐太重，没有应允。最后，在杨俊大军的威慑和劝降下，周罗目侯等不战而降。

但后来，杨俊却像换了一个人似的，也像他大哥一样渐渐奢侈了起来。他多次违反制度放高利贷，让官员和百姓苦不堪言。隋文帝接到举报后，派使者前去调查，结果逮捕了相关违法人员100多人。即便如此，杨俊还是不思悔改，仍继续修建豪华的宫殿。每当他有巧妙的构思时，还会亲自拿起工具制作器具，并拿华丽的珠宝、玉石去装饰。他为自己的妃子制作的七宝幕篱、水殿，都是用香料粉刷墙壁，玉石和金银做台阶。他还在梁、柱之间装饰了大量的镜子和宝珠，并经常和宾客、歌姬在这里歌舞升平、醉生梦死。其奢华腐化之态，比大哥杨勇更加明目张胆。他也有众多姬妾，然而他的王妃崔氏却是位妒忌心极重的女人，也比他大嫂元氏厉害多了。崔氏常常因为丈夫的好色而愤愤不平，为了报复丈夫的冷落，便在他吃的瓜中下了毒（应当是慢性毒药）。杨俊由此落下了病根，被调回京城。父亲也因为他生活太过奢侈和骄纵，而罢免了他的官职，只让他以亲王的身份安分地待在王府里。左武卫将军刘升进谏说："秦王没有其他过错，只是浪费了些，臣认为可以赦免他。"但隋文帝坚持认为法不可违，因此刘升的进言只能让他越来越生气。

之后，杨素也进言道："秦王的过失，罪不至此，请皇上再三考虑。"隋文帝
这才说出了他心底的想法："我是五儿之父，若如公意，何不别制天子儿律？
以周公之为人，尚诛管、蔡，我诚不及周公远矣，安能亏法乎？"（我是五个
儿子的父亲，如果依你们的话行事，那怎么不来制定一套天子儿子专用的法
律？想当年以周公的为人，都可以诛杀管叔与蔡叔，我既然和周公还差得
远，又怎么能做出违法之事？）最后，隋文帝仍坚持己见，自始至终也没有
再重用杨俊。

　　后来杨俊的健康状况越来越差，已经不能起床了，于是他派人代表自己
向父亲谢罪。隋文帝让来人转告他："我这么努力地处置关塞之事，开创大
业，就是要作为传世之典范，而臣下们也应该守住大业不失本分。你身为一
个皇子，却竟然要败掉大业，我不知道要怎么责备你了。"杨俊一看父亲真的
不肯原谅自己了，于是羞惭恐惧之下病得更重了。大都督皇甫统又上表，请
求恢复秦王的官职，但仍然没有得到同意。1 年后杨俊病危，才被恢复了上柱
国的虚位。开皇二十年（600 年）六月，杨俊在秦王府去世，时年 30 岁。然
而老来丧子的隋文帝，竟然仅仅是哭了几声而已，可见仍然没有原谅他。杨
俊所有华丽奢侈的遗物，均被父亲下令烧掉。而陪葬的东西，也被要求一切
从简、厉行节俭，以作为以后的法式。杨俊的幕僚请求为其立碑纪念，隋文
帝却气呼呼地说："如果想要留名，记在一卷史书上也就够了，哪还需要用到
石碑？如果子孙不能保存家业，以后石碑也不过是给人拿来做镇石而已。"王
妃崔氏因为对杨俊下毒的关系，被下诏废黜并赐死。令人可敬的是杨俊的长
女、12 岁的永丰公主，父亲去世后她便从此吃素，每当忌日便痛哭流涕而不
吃不喝。杨俊的属下、忠诚的将军（秦王府开府）王延，在其过世后绝食数
日，隋文帝深为感动，下令为其赐药、加官。但就在杨俊下葬那天，王延竟
然悲痛而亡。感慨哀叹之余，隋文帝命人将他葬在杨俊的墓旁，以褒奖其忠
烈。

　　第四子：杨秀（573—618 年）
　　杨秀胆气豪壮、容貌雄伟，成年后留有一把漂亮的胡子，并且武艺超群，

朝廷百官对他非常敬畏。他不但奢侈，而且野心膨胀、性情暴烈。《北史·元岩传》记载，他甚至"生剖死囚，取胆为乐"。活生生的将死刑犯的胆挖出来，自己还笑得出来，其残忍之状令人发指，简直不亚于商纣王。隋朝建立后，他被封为越王，不久又改封蜀王，任柱国、益州（今四川成都）刺史、益州总管等职。

在他的高参（总管长史）、老臣元岩的辅助下，蜀地一片繁荣兴盛。但老百姓真正感激和佩服的还是元岩，连被判刑的犯人都说："平昌公（元岩的爵位是平昌郡公）治我们的罪，我们还有什么怨恨的呢。"但是，元岩于开皇十三年（593年）病逝，时年63岁。噩耗传来，益州百姓没有不痛哭流涕的。元岩死后再也没有人能够约束杨秀了，他的本性日益暴露，逐渐走上奢靡骄纵之路。很快，他就因为车马服饰违反制度、兴建宫殿比拟皇宫（违反制度，车马被服，拟于天子），再加上二哥杨广、权臣杨素的谗言陷害，而被父亲召回京师严加管束。大哥杨勇被废后，二哥杨广被立为皇太子，但杨秀对二哥杨广向来不满。为排除后患，杨广与杨素派人四下探查杨秀的"罪状"，并向父亲密告其意图谋反。仁寿二年（602年），杨秀被杨广、杨素诬陷"使用巫蛊诅咒文帝及幼弟汉王杨谅"而被剥夺官爵贬为庶民，并和自己的儿子们一道被软禁。杨广真的就那么在乎自己的幼弟吗？"欲加之罪何患无辞"而已！隋文帝并不了解事情的真相，只是很感慨地说道："元岩若在，吾儿岂有是乎！"

杨勇、杨俊、杨秀都是在杨广、杨素的百般陷害下，而被废为庶人或免官的。那么，隋文帝为什么会轻易相信杨广对自己同胞兄弟们的谗言和陷害呢？恐怕这除了隋文帝天性猜忌外，这兄弟三人的"奢侈逾制"也是其覆亡的重要原因。正所谓"不怕被贼偷，就怕被贼惦记"啊！杨秀的失败在于培植势力、违法乱纪太显露，结果被杨广等人寻找借口、强加罪名而打倒。而隋文帝对奢侈腐化和图谋不轨是那么的在意，那么的深恶痛绝，也就屡次为杨广扳倒自己的兄弟提供了可乘之机。那么，年龄最小的杨谅又能否逃脱厄运呢？

第五子：杨谅（575—605 年）

他在隋朝建立后被封为汉王，当时年仅 6 岁。11 年后（592 年），又被授予雍州牧，加上柱国、右卫大将军等职。他有一定的军事才能，最初也很得父皇宠爱。《隋书·杨谅传》记载：开皇十七年（597 年），杨谅出任并州（今山西太原）总管，统领西起太行山、东至渤海、北达燕门关、南距黄河的 52 个州。出于老年人宠爱幼子的惯例，隋文帝甚至还授予他"遇事不必拘于律令限制，可自行行事"特权。

开皇十八年（598 年），高句丽婴阳王高元率骑兵万余进扰辽西，隋文帝任命杨谅为行军元帅，与王世积、周罗睺等率 30 万大军前往征讨。虽然，最终因遭遇雨季和瘟疫无功而返，但也能从中看出，他在父皇心目中的地位还是很重要的。1 年后，突厥进犯边境，隋文帝再次任命杨谅为行军元帅，这次他在杨素的辅助下，大败突厥。正因为如此，二哥对他由嫉生恨，总视之为眼中钉，并多次想除之而后快。

大哥杨勇、四哥杨秀因罪被废，都曾令兔死狐悲的杨谅心神不宁。但是，因为据守在当时天下精兵之地，他心中便也有了更大的图谋。他上书给父亲说："突厥方强，立即让太原为重镇，宜修武备。"隋文帝信以为真，便准许招兵买马加强边防。而他却趁机招募了很多工人为他打造兵器，贮存于并州；而且还暗中积蓄力量，招雇了数万名亡命之徒；他又重用原南朝梁将王僧辩的儿子王頍（kuǐ）和陈将萧摩诃。然而在父亲有生之年，他始终没有获得与二哥争斗的优势，仅仅是因为领兵在外而暂得保全罢了。

客观来说，隋文帝夫妇曾对长子杨勇寄予了很大的期望，在代周立隋的关键时刻，少年杨勇也曾亲涉危局匡助父母。立为皇太子后，隋文帝更是对其谆谆教导，而杨勇也不乏良好表现。然而他向来行事率性、不拘小节，这就与父母一贯严正的作风相冲突；其喜好声色、虐待太子妃又引起了独孤皇后强烈不满。杨勇的这一系列行为，严重违背了独孤皇后重视嫡长、重视世家门阀联姻关系、保证宗法权力稳定过渡的政治理念；加之，杨勇久居皇太子之外，必定有一定政治力量的依附和投靠，久之自然形成了一股政治势力，这又不得不引起其父的猜忌。于是父皇母后和皇太子之间，产生了供人乘虚而入的巨大裂缝。相比之下，才智出众、素有抱负，"忠孝两全"、"人格高尚"的次子杨广，当然更能讨得父母欢心，并获得父母对其另眼相待和重点培养了。然而，他们确实是被杨广作风简朴、不好声色、礼贤下士、谦恭谨慎的虚伪表现给蒙蔽了。最终，杨广以其过人的才智和心计，赢得了朝野称颂和父皇青睐而被立为太子。在这个过程中，独孤皇后的强大影响力和隋文帝的急功近利、刚愎自用都起了决定性的作用。但令他们没有意识到的是，他们都被自己的二儿子阴谋家、伪君子——杨广给欺骗了、利用了！

杨广最终被历史确认，未能担当起让大隋长治久安的重任，反而使其二世而亡。但是，杨广的失败主要是即位后盲目追求发展速度、穷兵黩武、好大喜功、暴政伤民的结果。他的这种性格，在当皇帝之前并未充分暴露。所以，如果仅以当时的情况而言，隋文帝夫妇选择杨广似乎并没有什么不妥。而独孤皇后主要也是从巩固新政权的角度来考虑的，绝非仅为一己之私。因而，《隋书》简单地将她的行为曲解为"心非均一，擅宠移嫡"，显然就不太合适了。纷纷扰扰的家事国事，搅得隋文帝夫妇的晚年很不安生，他们也是超脱无门啊。

开国皇帝的苍凉晚年

废立太子的事情办完后，隋文帝没有感到丝毫"胜利的喜悦"，反而心头若有所失。在他制造的多次"大清洗"中，敌人越清洗越多，而且都是他以前的亲密战友。这到底是怎么回事呢？为什么人们都变了呢？他对所有人充满疑虑，更使自己感到无比的孤独寂寞，而这种抑郁的心情一直伴随了他的晚年。

太史令（相当于国家天文台台长）袁充很会揣摩皇帝的意图，他不断地报告喜庆的天象，暗示皇帝：大隋运道正旺、大吉大利。"隋兴以后，昼日渐长……时运最是太平上道……伏惟大隋启运，上感乾元，景短日长，振古稀有。"袁充的奏章以看似严谨、科学的天文观测立论，使人觉得毋庸置疑，但明眼人一看就知道这只是他的牵强附会之言。然而，这还是让隋文帝在瞬间获得了安慰和自信，看来凡人不能理解的事情自有上天明白啊。于是，他趁机据此向满朝文武发出指示："景长之庆，天之祐也。今太子新立，当须改元，宜取日长之意，以为年号。"就这样，在这个本命年（600年，杨坚时年60岁）年底，太子新立、万象更新之际，"仁寿"的年号新鲜出炉。隋文帝想借此驱散阴霾，以示庆祝，营造祥和。

和他前面那个著名的年号——"开皇"比起来，"仁寿"只剩下功成名就后享福的意味了。看来那时的隋文帝，锐意进取的宏伟抱负早已消失殆尽，取而代之的是自我陶醉的沉沉暮气。他最渴望的不再是忠臣良将的逆耳忠言，而是虚幻的祥瑞和精神上的满足。似乎只有这样，他日益空虚的心灵才能得到慰藉。《隋书·庾季才传》记载，在十一月初三册立杨广为太子的仪式上，京城突起大风雪，有些地方还发生了地震，一下子搞得人心惶惶。头脑敏捷的袁充赶紧奏报，这也是祥瑞的象征。但隋文帝为求稳妥，还是决定再向大预言家庾季才求证。因为，当年他登基的吉时挑选和迁都的决策都是在庾季才的推动下顺利成功的。但这次，"不识好歹"的庾季才竟然说袁充是一派胡言，其报告纯属荒谬的无稽之谈。然而，隋文帝此时最需要的并不是这样的大实话。渴望顺天应民、风调雨顺的他，即便明知袁充是在编瞎话，他也不愿意清醒。因为那才是他最需要的，最能满足他的虚荣心和平衡感，而庾季才无异于是将他的希望之火一盆冷水给扑灭了。恼怒的老皇帝杨坚当场下令，免去庾季才一切官职。只念其是开国元老，不再追究刑事责任，赏他一半俸禄，命其回乡养老。但是，此后如果有异常的征兆出现，隋文帝还是会派人到他家中加以询问。3年后庾季才去世，时年88岁。袁充呢，后来为取悦新君杨广，又编织了更多美妙的谎言。他撒了一辈子的"弥天大谎"，最终于

618年在杨广被宇文化及杀死时一同遇害，时年75岁。

隋文帝的老妻独孤皇后笃信佛教，并且是一位热心的施主。她的名字就极富佛教色彩，"伽罗"（Tagara）在梵语中意为沉香木、奇楠香。《北史·文献皇后传》记载，她非常仁爱，"每逢大理（大理寺，相当于最高法院）决囚，未尝不流涕"。在隋文帝改了新年号的第二年（602年）八月，了无牵挂的独孤皇后在平静中寿终正寝于永安宫，享年59岁。虽说"年过五十不称夭"，她在当时社会条件下也不算低寿。但她的离去，对垂垂老矣的隋文帝造成的打击却是毁灭性的。时年62岁、和她整整做了45年夫妻的隋文帝，仍然像一个热血冲动的热恋少年，纵情而放肆地思念追怀着他深爱的妻子，其用情之深、思恋之苦，实在让人不忍卒读。她的去世标志着隋文帝大展雄图时代的结束，他失去了爱侣、亲人、唯一知己和精神支柱，真的成了彻底的孤家寡人，从此凄怆哀伤大鹏折翼。独孤皇后既是隋文帝生活中的伴侣，更是其政治上风雨同舟的战友。尤其是在隋文帝疏远了朝臣，而家庭惨剧一再上演的时候，上天又夺去了他唯一能够信赖的对话者。满腹心思、一腔哀愁，从此何处话凄凉？"问世间情为何物，直教人生死相许"，古往今来最动人心魄的情语莫过于这一句。不是沧桑阅尽，不到晚霞朝露，又怎知情最难留、情之沉重？

从皇后发病开始，隋文帝早就失魂落魄得人尽皆知。此时，老来丧偶、痛失爱妻的他悲苦而不能自拔。《隋书·王劭传》记载，非常善于把握皇帝心思的宫廷史官（著作郎）王劭，不失时机地上书对皇帝安慰道："佛说：'人应生天上及生无量寿国之时，天佛放大光明，以香花妓乐来迎。'伏唯大行皇后福善祯符，备诸秘记，皆云是妙善菩萨。臣谨按八月二十二日，仁寿宫内再雨金银花；二十三日，大宝殿后夜有神光；二十四日卯时，永安宫北有自然种种音乐，震满虚空；至夜五更，奄然如寐，遂即升遐，与经文所说，事皆符验。"（佛祖说："'人应运生在天上和生在无量寿国的时候，天佛会大放光明，以香花妓乐来迎接。'大行皇后的福善征兆，在诸秘记中都有记载，都说皇后是妙善菩萨。我考察到八月二十二日，仁寿宫内再降下金银花；

二十三日，大宝殿后夜里出现神光；二十四日卯时，永安宫北面出现自然种种音乐，声震虚空，到夜里五更时，皇后沉寂得如睡着一样，随即死去，这些与经文上所讲的，事事都应验了。"）隋文帝看到这道奏折时的反应是又悲又喜。另一位天竺高僧同样声称，皇后是被诸神佛迎接到西方世界，隋文帝激动之下赐其丝绸2000余段。而这种数额的赏赐，一般只有身死王事、忠义节烈、立下巨大功劳的人才能得到。要何等深厚的恩爱之情，才会让他傻傻地用这种不经之语来麻醉自己。

独孤皇后的丧事规格之高，是异常罕见的，也是绝对超规格的。丧事由宰相（尚书左仆射）杨素亲自负责。56岁的杨素不仅要统筹安排丧葬各项事宜，而且身为宰相的他居然带着人马日晒雨淋，亲自到荒郊野外山川田原之中为皇后寻找福地。不仅如此，在选定陵址后，他仍始终坚持在第一线，凡事亲力亲为、辛苦不已，连隋文帝都被他感动了。隋文帝在后来表彰他的诏书中称："杨素经营（皇后）葬事，勤求吉地，论素此心，事极诚孝，岂与夫平戎定寇比其功业？"杨素所部是平陈统一全国的一支主力，之后又转战江南各地两年多平叛，而且还在开皇末年数次出击突厥。但在隋文帝眼里，杨素为皇后办后事的功劳，只有他这些南征北战平戎定寇的战功能够相提并论；也就是说，在隋文帝看来，皇后就等同于他的人生帝业。独孤皇后的葬礼极其盛大，据唐朝释道宣的《续高僧传·智脱传》记载，"及献后既崩，福事宏显"。隋文帝命50名高僧大德入宫，在皇宫内做了七七四十九天的宏大道场，超度皇后亡魂。至于其他追悼活动，更是不可计数了。在一次为皇后进行的佛事活动中，在场的隋文帝想起爱妻内心伤痛，情不自禁地泪流满面，并重赏做法事的高僧。《续高僧传·灵干传》记载："灵干尝为献后述忏，帝心增感欻歔连洏。乃赐帛二百段，用旌隆敬"。

62岁的隋文帝，接着又做了一件相当震撼的举动：晚年迷信的他，不顾术士萧吉"皇帝今年送葬不利国家"的劝谏，亲自冒着严寒奔波了数百里，把亡妻送到陵园下葬。当初他把14岁的小新娘伽罗接回来，从那时起他们就成了血肉相融的一个命运共同体。如今阴阳两隔，他决心要陪着心爱的伽罗走完人生最后一程。他甚至一反节俭作风，修建了一座极其奢华、天下规模最大的禅定寺为妻子祈祷冥福，并将释迦牟尼佛牙舍利供奉于此。《续高僧传·昙迁传》云："及献后云崩，（隋文帝）于京邑西南置禅定寺。架塔七层骇临云际，殿堂高竦、房宇重深，周间等宫阙林圃如天苑，举国崇盛莫有高者。仍下敕曰：自稠师灭后禅门不开。虽戒慧乃弘而行仪攸阙。今所立寺既名禅定。望嗣前尘。宜于海内召名德禅师百二十人各二侍者并委迁禅师搜扬。有司具礼。即以（昙）迁为寺主。"

光阴似流水，岁月催人老。年过花甲的隋文帝，又日益感伤子欲养而亲不在的凄凉，于是无比思念自己的父母，并下诏向天下提倡孝道。《隋书·高祖本纪》记载，仁寿三年（603 年）五月，隋文帝下诏："哀哀父母，生我劬劳。欲报之德，昊天罔极。但风树不静，严敬莫追，霜露既降，咸思空切。六月十三日，是朕生日，宜令海内为武元皇帝、元明皇后断屠。"到了六月，他又命人专门制定了一套重视丧礼的制度。自他下令废学校以来，儒家学说已被他完全割裂，只剩下用以支撑统治的孝道和王道。

仁寿四年（604 年），隋文帝感到前所未有的疲倦。晚年与儿子和大臣们没完没了的斗争，耗尽了他的全部心血。尽管如此，他还是眷恋这个似乎并不十分美好的世界。他想通过佛的力量，挽留住生命的流逝。于是，他再次下令："朕已分布远近皆起灵塔，其间诸州犹有未遍。今更请大德奉送舍利各往诸州，依前造塔。……乃敕洪遵律师等，送舍利往博、绛等三十余州。一依前式，于四月八日（佛诞节，释迦牟尼佛降生的日子）期同下塔。"这已经是继 601 年、602 年以来第三次建舍利塔的诏令，由此全国又掀起了一轮建寺起塔的狂潮，简单的旋律不知道还要重复多少次。但是，仁寿年间（601—604 年）隋文帝举全国之力进行的大规模崇佛运动，短短 4 年全国仅指定修建的大型寺塔就达 110 多处。如此轰轰烈烈的大兴佛教，是隋朝开国以来所没有的。我们只能将其理解为，隋文帝晚年屡兴大狱造成强烈的政治震撼。他这是要转移百姓注意力，进而粉饰太平啊。他企图用宗教的狂热，来神化帝王，来重新凝聚起社会的精神力量。

但这一切，并没能使隋文帝后期的统治形势趋于缓和。事实上，就在他第二次发起崇佛建塔诏令后不久，就发生了"蜀王杨秀事件"。已经成为孤家寡人的隋文帝，确实需要以佛教作为自己的精神慰藉。既然与人对话已经曲高和寡，那就只能转而与神灵对话了。这大概也是那个时代，众多独裁者共同的内心悲哀吧。劳民伤财的颁赐舍利，不仅没有为隋文帝带来预期的安定祥和，反而因加重了百姓的负担而造成了多地民众的反叛。在隋朝统治力量相对薄弱的一些地区，动荡一直持续到隋朝灭亡。仁寿元年（601年），资州（今四川资中北）的山獠人造反，隋文帝紧急调卫尉少卿（相当于中央警卫局副局长）卫玄率兵镇压。不久，邻近的嘉州（进四川乐山）也爆发夷、僚的反抗，并且规模很大，他又派名将元褒率兵两万前往镇压。但镇压的结果是，越镇压起义的范围越广。史载"西南夷、僚多叛"，隋文帝无奈之下只得再调心腹爱将郭荣带着8个州的兵力进行征讨。就这样，又用了1年多时间，西南地区的造反风潮才算勉强被平息。然而好景不长，一波未平一波又起，岭南潮州（今广东潮安）、成州（今广东封开东南）等地的僚人也相继反叛。消息报到京师，弄得年老体衰的隋文帝简直夜不能寐。

仁寿二年（602年），处于隋朝直接统治下的交趾（今越南河内）俚人首领李佛子也发动了叛乱，并且一度攻占了越王故城（今广东龙川）。在杨素的举荐下，名将刘方被任命为交州道行军总管，并命他即刻率27营隋军前去平叛。在人生地不熟、瘴气疟疾盛行的恶劣环境下，刘方恩威并施和将士们的浴血奋战，最终使隋军大获全胜，李佛子被斩杀。但这边事态刚平息，朝中便立刻有人向隋文帝进言，称林邑国（今越南中南部）有很多奇珍异宝，并且其多年没来大隋朝贡，不如派大军乘胜攻击。于是，在好大喜功心理的作用下，隋文帝命刘方、李纲等人再率大军水陆并进，乘胜前往征伐。但这场战争却远没有想象中那么简单，一直拖了将近3年，直到后来杨广都登基了才攻破林邑国都城（今越南广南省会安市）。隋军刻石记功而还，但并没得到多少传说中的珍宝。这场理由并不充分的战事，纯粹就是为了满足隋文帝的成就感，结果导致隋朝远征军将近一半葬身丛林，统帅刘方也在凯旋途中染

病而逝。早知今日，又何必当初？白白令一代名将殒命，并且是死于非正义的战争。简直比那"一将功成万骨枯"还要惨！这又是何苦来哉？！

地方的变乱加剧了局势的动荡，但一时半会儿倒还不至于颠覆隋朝。更令人担忧的是当时官场的腐败和违法行为，已然普遍存在。隋文帝使用棍棒责打百官的做法，使他的统治变得可憎而恐怖。而上行下效，也使得每一级官僚对下级都越发傲慢专横。仁寿三年（603年）八月，隋文帝赐死了幽州总管燕荣。这个燕荣是隋朝著名的酷吏，他每天就是以打人为乐。他死后，接任的是以前被他关在大牢里的副手（总管长史）元弘嗣。元弘嗣出狱后，非但不总结经验教训，体恤民情、改弦更张，反而更变本加厉。其残酷比燕荣还要厉害得多，并且整人花样百出，他发明了鼻孔灌醋的酷刑，使得手下官员和百姓苦不堪言。在隋朝的专制体制下，贪污腐败也不断滋生。而对此，隋文帝似乎已经有心无力了。居功自傲和极权政体，已经把他腐蚀得面目全非了，臣民们已经很难希望他能再度振作起来，重振大隋雄风。而且，随着身体日益衰老，他的心理也越发僵化。正如那些看似热闹的佛事活动，反映的正是整个大隋帝国的停滞和萎靡。

隋文帝已经疲倦思归了。此时，疾病和死亡这些以前他连想都没想过的问题，突然如此清晰而无情地摆在了他的面前。死亡的阴影，不知从何处倏忽出现？尤其是下一场最无情、最无原则、最疯狂的斗争，即将来临的时候？看来，王者也没有天命，历史的规律终归无人能够逃脱。

仁寿宫的惊魂之夜

开皇十五年（595年），在开皇之治的鼎盛时期，随着大一统局面的确立、大隋各项事业的蒸蒸日上，辛勤工作多年、步入晚景的隋文帝夫妇终于轻轻松了一口气，修了一座用来避暑的离宫——仁寿。这座宏伟的宫殿在唐朝被改名为九成宫，并随着张旭的一篇书法杰作《九成宫醴泉铭》而名扬四海、永垂青史。

自仁寿宫修成后，杨坚夫妇就喜欢上了这里。从开皇十七年（597年）开始，他们每年都会在春天离开京城大兴去仁寿宫，直到秋高气爽的九月份才回来。但是，独孤皇后去世的第二年，隋文帝整年都窝在京城的大兴宫，不忍再去爱妻离世的仁寿宫，以免触景伤情。

仁寿三年（603年）上半年，隋文帝似乎还没有从独孤皇后逝世的阴影中走出来。史书上没留下多少他处理政务的记载，倒是对他的后宫生活有了较为细致的描述。隋文帝在最后的日子里，最喜欢的是宣华夫人陈氏和容华夫人蔡氏。尤其陈氏善解人意，特别讨人喜欢，所以在独孤皇后在世时、严密控制的后宫中，她还能受到独孤皇后的青睐，并得以侍奉皇帝。在废立太子的风波里，她又能见风使舵、推波助澜，大胆收受杨广的贿赂，并最终促成了杨勇垮台。独孤皇后去世后，她被晋封为贵人，俨然成为没有皇后名分的后宫之主。蔡氏仪容婉丽，也在独孤皇后去世后晋封贵人。在两位如花似玉

隋仁寿宫仁寿殿复原图

的美人的环绕下，隋文帝心中的苦楚暂时得以宣泄。但他所寻求的东西，好似又每每化为泡影。一段时间下来，精神的苦闷非但没能解脱，身体却更加虚弱不堪了。病重时，他才无不悔恨地说"使皇后在，吾不及此"。然而，一切似乎都太晚了。

七月二十七日，隋文帝似乎想重新振作一番，于是颁布了一道长长的诏令，向全国求贤。"令州县搜扬贤哲……不限多少，不得不举。限以三旬，咸令进路。"经过几次大的政治运动，建国 20 多年的隋朝硕果仅存的开国元勋已步入老迈，人才面临断层，确实到了该吐故纳新的时候了。但是，除了这道诏令外，也就是些设置常平仓、赈济水灾和几件普通的人事变更了。隋文帝再无新举措，再也找寻不到昔日敏锐的政治家风范了。

仁寿四年（604 年）正月十九日，隋文帝宣布天下大赦。随后便准备再度前往仁寿宫，术士卢太冀闻讯多次进行劝阻。《隋书·卢太冀传》记载：卢太冀坚称，"臣愚岂敢饰词，但恐是行銮驾不返。"杨坚一听这个家伙竟敢咒自己再也回不来了，便立刻命人将其押入大牢，以备回京时将其处决。谁料一语成谶，这次还真让人家给说中了。正月二十七日，隋文帝来到仁寿宫，并于第二天下诏将国家大权全部委托给太子杨广处置。这道前所未有的诏令，仿佛隐隐透露出一丝不祥的预兆。果不其然，四月皇帝病重的消息传了出来，宰相杨素、元岩，兵部尚书（相当于国防部长）柳述等进宫候命，太子杨广也入居仁寿宫大宝殿。隋朝有两个元岩，一个是蜀王杨秀的长史，《隋书·元岩传》就是写他的，他已于开皇十三年（593 年）去世；另一个是隋文帝的孙子华阳王杨楷（其父为杨秀）的岳父、龙涧县公，其事迹在《隋书·列女传》。这里说的元岩，就是后者。六月初六，隋文帝再次大赦天下，但这种善举仍然没能给他带来好运。七月十三日，大隋开国皇帝杨坚逝世于仁寿宫大宝殿，享年 64 岁，在位 24 年。

十月十六日，隋文帝被葬于泰陵（又称太陵），庙号高祖。根据他的遗愿，和独孤皇后合葬在一起，异穴同坟，夫妇二人得以相守千年。后来，新皇帝杨广还专门举办了无遮法会为父母祈福祷告。泰陵陵冢封土为覆斗形，东西横距 166 米，南北纵距 160 米，高 27.4 米。陵寝所在地——杨陵镇也因此得名（现在为了招商引资方便，此地已改名为"杨凌"。泰陵在其城西 5 公里处）。满座的宾客早早散了、巍峨的宫殿已成废墟，煌煌帝业化作薄薄几卷残章，是非功过任由他人评说。只有关中平原上这个寂寞的荒冢，大隋开国帝后长眠于此间历历千年，其中有隋文帝对独孤皇后热烈而真挚的爱，纵使

隋文帝杨坚泰陵远眺

泰陵墓碑

青史成灰而万古不灭。

那么，在隋文帝生命的最后 100 天里，到底发生了些什么？他又究竟死于何因？这些问题，千百年来人们一直议论纷纷，莫衷一是。

说法一：久病不愈，正常死亡

《隋书·高祖本纪》记载："秋，七月，甲辰，上疾甚，卧与百僚辞诀，并握手歔欷，命太子赦章仇太翼。丁未，崩于大宝殿。"也就是说，隋文帝知道自己大限将至，并于七月初十在仁寿宫和百官依依诀别。这显然是，从容的、有预感的正常死亡。

说法二：死因不明

《隋书·后妃传》记载："初，上寝疾于仁寿宫也，夫人与皇太子同侍疾。平旦出更衣，为太子所逼，夫人拒之得免，归于上所。上怪其神色有异，问其故。夫人泫然曰：'太子无礼。'上恚曰：'畜生何足付大事，独孤诚误我！'意谓献皇后也。因呼兵部尚书柳述、黄门侍郎元岩曰：'召我儿！'述等将呼太子，上曰：'勇也。'述、岩出阁为敕书讫，示左仆射杨素。素以其事白太子，太子遣张衡入寝殿，遂令夫人及后宫同侍疾者，并出就别室。俄闻上崩，而未发丧也。夫人与诸后宫相顾曰：'事变矣！'皆色动股栗。"

这段史料极为重要，情节也较为完整，因而被广泛应用。其文称：杨广和庶母（父亲的姜）陈氏一起侍候隋文帝，天快亮时陈氏外出上厕所，路遇杨广非礼，经过一番反抗才得以逃脱。隋文帝见爱姜衣衫不整、神色慌张便问她原因，听完陈氏的哭诉后，他这才发现自己当初选错了接班人。但他并没有想到自己的过失，而是直接将责任推给了亡妻。他怒不可遏地喊道："畜生何足付大事，独孤诚误我！"说完，急忙对柳述和元岩说道："召我儿！"他俩还以为要找杨广，隋文帝连忙进行纠正："勇也。"换句话说，他这会儿是要废黜杨广，重立杨勇为太子！于是元岩、柳述赶忙去起草诏令，并让杨素过目。杨素是杨广的死党（这一点难道元岩和柳述就想不到吗），便火速将这一消息告知了他。政治军事斗争经验丰富的杨广临危不惧，立即着手进行政变布置。他派心腹张衡进寝宫侍候父皇，实为监视；并下令撤换宫中侍卫，再让自己的亲信将领宇文述、郭衍对仁寿宫实行戒严；同时假传圣旨将知情人元岩、柳述逮捕入狱；之后，又将陈氏及宫女一概逐出寝宫。绝望的老皇帝行将就木，毫无办法，他只能躺在床上恶毒地诅咒乱伦的杨广是"畜生"，埋怨死去的老婆误国，妄想被废黜的长子救驾……可惜，一切都是徒劳的。苦心经营多年的杨广羽翼丰满，老爹和整个朝廷已经尽在他掌握之中。没多久，隋文帝就驾崩了，但具体死因《隋书》的这段记载并没有明说。

说法三：被毒死

谨慎的司马光在《资治通鉴·考异》中，为我们留下了隋末唐初赵毅的《大业略记》的相关记述："高祖在仁寿宫，病甚，炀帝侍疾，而高祖美人尤婕幸者唯陈、蔡二人而已。帝乃召蔡于别室，既还，面伤而发乱，高祖问之，蔡曰：'皇太子为非礼。'高祖大怒，啮指出血，名兵部尚书柳述、黄门侍郎元严等令诏废追庶人杨勇，即令废立。帝事迫，召左仆射杨素、左庶子张衡进毒药。帝简骁健宫奴三十人皆服妇人之服，衣下置杖，立于门巷之间，以为之卫。素等既入，而高祖暴崩。"这里说，隋文帝是被太子杨广派亲信杨素、张衡给毒死了。并且遭到杨广调戏的人，也被换成了蔡夫人。

说法四：被杀死

《资治通鉴·考异》同时还留存了唐朝马总在《通历》的一段记载："上有疾，于仁寿殿与百僚辞诀，并握手欧欣。是时唯太子及宣华夫人侍疾，太子无礼，宣华诉之。帝怒曰：'死狗，那可付后事'。遽令召勇，杨素秘而不宣，乃屏左右，令张衡入拉帝，血溅屏风，冤痛之声闻于外，崩。"这又说，隋文帝是被杨素等人推搡打死。有些史料进一步补充细节说是，其被"刀砍斧劈"，死状甚惨。隋文帝口吐鲜血，哀号的声音传入后宫，后宫陈夫人以下全体宫女，都屏住呼吸、面无人色。

说法五：愤病交加致死

蒙曼教授在"百家讲坛"提出，杨广发动宫廷政变幽禁其父，结果隋文帝愤病交加而死。

说法六：纵欲过度而亡

当代学者郑显文的《隋文帝死因质疑》一文（载于《史学集刊》1992年02期），则对传统上认为的隋文帝死因提出了质疑和新论点，认为其是死于纵欲过度。

仔细分析一下，第五、第六种说法其实与第一种大同小异，基本还认为其是正常病死。但蒙曼关于幽禁的说法缺乏有力证据，有主观臆测的嫌疑。而郑显文的文章论据也显得单薄，说服力不强。韩升先生的《隋文帝传》倒是对隋文帝的死因，有很精辟的分析。但是其指出的"杨素给太子手书的回复，被宫人误送给了文帝。加上宣华夫人的事，这才引起文帝发怒，演出杨素调兵入宫的一幕，碰巧文帝在当天病逝"却未免太过牵强。历史哪有那么多的巧合呢？

《大业略记》和《通历》关于隋文帝被害死的记载，均没有被《隋书》所采用的，也没被《资治通鉴》载入正文。但其写得煞有介事，如同亲眼所见一般。这显然是暴虐的杨广引起民愤、导致亡国，因此小说家对其人身进行了最大限度的攻击和丑化。这些观点对学术界的影响很大，但并不靠谱。因而，魏征、司马光等严谨的古代大历史学家，面对着极其丰富的原始史料，在考证后均没有采信。司马光《资治通鉴》本着客观负责的史学精神，只是将不同观点和记载作为备注，而他自己并不认为隋文帝是非正常死亡。《隋书·后妃传》的说法很含混，并且也没下定论。这么大的事，其实是不应该被含糊其辞的。《资治通鉴中》正文中，隋文帝的结局只被二十几个字一笔带过："右庶子张衡入寝殿侍疾，尽遣后宫出就别室；俄而上崩。"所以，我们认为：虽然杨广弑父有不少史料证据，但彼此矛盾且有很多不合逻辑的地方，不足为凭。有较充足史料且符合政治逻辑的，还是"病死说"。也就是说，隋文帝属于正常死亡！

这里面还有一些问题，尤其值得注意：

首先，柳述是隋文帝的女婿（其妻为隋文帝的小女儿兰陵公主），其常跟随晚年岳父左右，很受信任。他既无功勋，又恃宠傲慢、欺凌朝臣，甚至还对杨素也很不客气，因此群臣对他都很反感。"调戏事件"发生后，与杨素、杨广势同水火的柳述，自然要火上浇油，力劝皇帝废黜杨广，重立杨勇。这是一场权力之争，而柳述也绝非善类，因此史书有关他的记载未必客观。

而且，以隋为鉴的唐朝李世民君臣，也没有一个人指控过杨广的"弑父"罪行。即便在如火如荼的隋末农民起义中，也没有哪个人站出来揭露杨广"弑父"。而如果他真有这样的罪行，那该具有多强的煽动性啊？那么，既然没有人说，就足以证明至少当时并没有这种说法！后来人对这件事却越弄越详细，细节越弄越清楚，这显然是违背常理的。恐怕，其中猜测、杜撰的成分就很大了。

再者，史书对隋朝的这个张衡评价很高。《隋书·张衡传》称其"幼怀志尚，有骨鲠之风"，并且在杨广上台后多次对其进行规劝。而后他遭到杨广的忌恨，于大业八年（612年）被安置了个"谤讪朝政"的罪名而赐死于家，也并非是出于什么"被杀人灭口"啊。因为，如果他真的是杀害隋文帝的凶手，李渊即位后为什么还会赐给他"忠"的谥号，并追赠其为大将军、南阳郡公？这可是涉及国家赖以生存的伦理道德问题，是丝毫容不得马虎的！《隋书·张衡传》对张衡的所谓"罪行"也只字未提，只是他在临死前说了句颇为耐人寻味的话："我为人作何物事，而望久活！"以至于监刑者捂住自己的双耳，急令将他杀死。由此可见，张衡肯定掌握了杨广一些不为人知的秘密。但是，他究竟参与"仁寿宫政变密谋"到何种程度，尚无史料可以做定论。

还有，不管杨广调戏的是陈夫人还是蔡夫人，显然都不符合他一贯的性格和处事原则。多种证据表明，有关隋文帝父子的关键性细节，都是发生在七月初十这一天或者之后的。而此时无论是杨广还是隋文帝本人都已经知道他时日无多，事实上隋文帝也的确是在三天后就死了。可见这是一个高度敏感的时刻，对于杨广来讲，虽然他距离帝座只剩下最后一小步；但恰恰这一小步，往往是最危险、也是最艰难的，稍有不慎就会功亏一篑、满盘皆输。在这种情况下，像杨广这么一个善于隐忍并具有高度自制力的人，肯定会比平时表现得更为谨小慎微，甚至会在百官面前亲自为父亲端茶送水、亲尝药石。可杨广如果真的在大局已定的情况下，一反常态地做出了对他自己最不利的举动——丧心病狂地去非礼自己的庶母，这无疑是极其愚蠢的。这不仅会轻易间断送自己前程，甚至会招致杀身之祸。他能肯定父亲带来的大臣和军队，都能听命于自己吗？！

政权交接之际，看似不动声色，其实步步暗藏杀机。权力中枢的宫闱始终按照自己的行为准则办事，看似莫名其妙的死亡总有心照不宣的背景。因此，杨广借助内外形势很快就完全控制了局面，他有什么必要非得冒天下之大不韪去弑父？！他不是真孝子，但却是精明的政治家。看来，群众的眼睛不总是雪亮的，"民意"也有靠不住的时候啊。当初舆论一边倒地倾向杨广当太子时，谁会料到他竟会是个极品伪君子和荒淫乱行的储君。话又说回来，即使起用杨勇也未必是隋朝的福音。一个刚愎自用、贪恋声色的年轻人，同他的弟弟相比，不过是伪君子和真小人较劲儿罢了，说不上谁比谁更祸国殃民呢！

所以，真实的情况应当是，隋文帝经过利弊权衡，在临终之际心态已经比较平和了，他凄楚而不糊涂。调戏事件应该属于杜撰，起因仍然是唐人刻意给杨广抹黑。《隋书·何稠传》记载：隋文帝临终前，对皇太子杨广和负责山陵的官员何稠，似嘱托又似自白地说了这样一段话："汝既曾葬皇后，今我方死，宜好安置。属此何益，但不能忘怀耳。魂其有知，当相见于地下。"（你曾经安葬了皇后，如今我也要死了，你同样要用心安置。嘱咐这么多是为什么呢？只是因为忘怀不了皇后啊！如果灵魂真的有知觉，一定要让我们夫妻在黄泉之下团聚。）这番对话，使冰冷的史书在这一刻也变得温柔起来。他还用手摩挲着杨广的脖子，说："何稠用心，我付以后事，动静当共平章。"（何稠此人做事很用心，我已经把后事托付给了他，行事应当和他商量。）

《隋书·卢太翼传》又记载到：隋文帝病危期间，想起临行前卢太翼对自己的劝阻，甚至还记得卢太翼本姓章仇。于是他把太子杨广叫到床前，叮嘱道："章仇翼，非常人也，前后言事，未尝不中。吾来日道当不反，今果至此，尔宜释之。"临死之前交代太子杨广，让他赦免了尚在狱中的卢太翼。而这些史料串联起来，就基本上构成了一条比较清晰而可靠的"证据链"。

在做完这一系列的交代后，一代雄主、隋朝开国之君杨坚与世长辞。临终前，他还为后世留下了一份著名的遗诏：

嗟乎！自昔晋室播迁，天下丧乱，四海不一。以至周、齐，战争相寻，年将三百。故割疆土者非一所，称帝王者非一人。书轨不同，生灵涂炭。上天降监，受命于朕，用登大位，岂关人力？故得拨乱反正，偃武修文；天下大同，声教远被，此又是天意欲宁区夏。所以昧旦临朝，不敢逸豫；一日万机，留心亲览；晦明寒暑，不惮劬劳；匪曰朕躬，盖为百姓故也。王公卿士，每日阙庭，刺史以下，岁时朝集。何尝不罄竭心府，诚敕殷勤。义乃君臣，情兼父子，庶藉百僚之智，万国欢心。欲令率土之人，永得安乐。不谓遘疾弥留，至于大渐。此乃人生常分，何足言及。但四海百姓，衣食不丰；教化政刑，犹未尽善。兴言念此，唯以留恨。朕今逾六十，不复称天；但筋力精神，一时劳竭。如此之事，本非为身，止欲安养百姓，所以致此。人生子孙，谁不念爱？既为天下，事须割情。勇及秀等，并怀悖恶；既无臣子之心，所以黜废。古人有云："知臣莫若君，知子莫若父。"令勇、秀得志，共理家国，亦当戮辱遍于公卿，酷毒流于人庶。今恶子孙已为百姓黜屏，好子孙足堪负荷大业。此虽朕家事，理不容隐，前对文武侍卫，具已论述。皇太子广，地居上嗣，仁孝著闻。以其行业，堪成朕志。但念内外群官，同心戮力，以此共安天下。朕虽瞑目，何所复恨？国家大事，不可限以常礼；既葬公除，行之自昔，今宜遵用，不劳改定。凶礼所须，才令周事，务从节俭，不得劳人。诸州总管、刺史以下，宜率其职，不须奔赴。自古哲王，因人作法，前帝后帝，沿革随时。律令格式有不便于事者，宜依前修改，务当政要。呜呼！敬之哉，无坠朕命。

遗诏中，隋文帝回顾了自己一生的经历，并进行了深刻的反思。他认为

"四海百姓，衣食不丰；教化政刑，犹未尽善"，自己留下了很多遗憾。言辞恳切，态度真诚。"开皇之治"华丽的外衣揭开后，后期存在的一些社会矛盾和社会问题，病危的隋文帝也不再回避、不再忌讳了。临终前能有这样的见识，隋文帝的这种度量与气魄，确实很值得我们学习与敬佩。直到这时，他似乎才认识到国家基本制度建立后，当务之急是让百姓休养生息，以恢复和发展生产。但这一反思却来得太晚了，所以他只能寄希望于后继者将大隋的事业发扬光大。然而，身后之事已经不是他所能左右的了，后来发生的很多事情，都既不是他预料的样子，更不是他想看到的结果！既然杨广是木已成舟、大势所趋，因此隋文帝就在遗诏中，叙说了废杨勇、杨秀为庶民的缘由，又盛赞了太子杨广的德行与才干，来为其树立威信。在强调杨广合法继承人身份的同时，隋文帝也一再嘱咐他要克勤克俭，灵活掌握法度，戒急用忍、爱惜民力。"务从节俭，不得劳人"，一定不能辜负父皇和历史的重托。

安排好一切，隋文帝带着他的无限幽怨与遗憾，极不情愿地阖然长逝。由他所开创的大隋辉煌的"开皇之治"，也随之烟消云散。接下来，隋朝将跑步进入灭亡倒计时。

隋文帝身后的隋朝

《资治通鉴》记载：隋文帝死后杨广秘不发丧，因为仁寿宫以外还没有尽在他掌握之中。他唯恐他的兄弟们耐不住寂寞，眼馋皇位，再起异心，再惹事端。正好这时杨广的亲信、杨素的弟弟、伊州（今河南汝南）刺史杨约到仁寿宫汇报工作，杨广立刻命令他和郭衍赶回京城，换防京城卫戍部队。并假称隋文帝的诏令，缢死了杨勇。因为杨勇生年不详，所以其享年也不得而知。完全控制京城后，杨广这才对外发布了父皇逝世的消息。七月二十一日，杨广在仁寿宫父亲灵前继位，并为父亲发丧，而这时隋文帝已经去世8天了。八月初三，新皇帝杨广扶先皇灵柩回京。十二日，又在皇宫正殿——大兴殿为父亲举行了隆重的追悼仪式。

同时，杨广下令革除父皇逝世前后所有大事的参与者和知情者柳述、元岩的一切职务，并将他们发配到了遥远的龙川郡（今广东惠州）。杨广甚至还责令妹妹兰陵公主与柳述离婚，但妹妹誓死不从。兰陵公主要求随夫发配，但没有被批准。没过多久，兰陵公主便在百般无奈中忧愤而死，年仅32岁。《隋书·列女传》记载，临终前她给杨广上书道："妾虽负罪，窃慕古人；生既不得从夫，死乞葬于柳氏。"岂料杨广在读完妹妹的这段悲切表白后更加愤怒，对于兰陵公主之死非但毫不哀伤，还下令将其草草葬在洪渎川（今陕西西安北）。但公道自在人心，朝野上下都为公主的不幸遭遇感到悲伤。

之后，杨广便开始论功行赏。为他夺位立下汗马功劳的杨素荣升尚书令（尚书省长官，宰相职务），第二年又进位司徒、封楚国公。杨约也因为派人杀了杨勇，为杨广清除了后患，而备受宠信。不久，杨约升任内史令（内史省长官，宰相职务），几年后又被加授右光禄大夫（从二品荣誉称号）。即位后的杨广，很快就暴露出了荒淫奢靡、残忍专制，穷兵黩武、好大喜功的本性。并且，他仍然在不断地盘算，谁还会给自己带来威胁呢？恐怕还是自己的兄弟和侄子们啊。于是，以六亲不认著称的他，又开始大肆挥舞屠刀了。

在杨勇被废黜时，也有不少声音表示其罪不致被废，但那时的隋文帝已经全然听不进去了。杨勇也多次想面见父皇，再表表忠心、诉说一下自己的冤屈，但都被杨广的心腹给拦在宫外。情急之下，杨勇曾爬到树上大声呼喊父亲，希望其听见后可以见他一面。然而，早已被杨广买通的宣华夫人却趁机进谗言说："杨勇已经丧志心智被妖魔附身了，魂都收不回来了。"隋文帝竟然也不去调查，就听信了她的鬼话，因此杨勇终究没能再见上父亲一面。杨勇被废为庶人后，据称隋文帝弥留之际曾有意将其召回重立为太子，但在杨广森严的戒备下未能如愿。杨勇被矫诏处死后，他的宠妃云昭训也被弟弟杨广纳为妃子。杨广呢，在"笑纳"了嫂嫂后，又假惺惺地追封大哥为房陵

王——这是个郡王级别的、无足轻重的封号。并且，杨勇的儿子们谁也没机会来继承这个爵位，因为他们的二叔、现任皇帝杨广已经在打他们的注意了。杨广先是将他们全部流放济南，三年后（大业三年，607年）又将杨勇的这十几个儿子、也是自己的亲侄子：长宁王杨俨、平原王杨裕、安城王杨筠、安平王杨嶷、襄城王杨恪、高阳王杨该、建安王杨韶、颍川王杨煚（jiǒng）、杨孝实、杨孝范等全部秘密处死。

这样一来，对杨广而言，能威胁他至高无上皇权的就只剩下四弟杨秀和五弟杨谅了。因为，三弟秦王杨俊早已于4年前病死。杨俊这一支呢，大业十四年（618年）宇文化及在隋末的变乱中杀死了隋炀帝杨广，并立杨俊的儿子杨浩为傀儡皇帝。半年后的九月，宇文化及又废黜了杨浩自立为帝，并杀死了杨浩和他的弟弟杨湛。

四弟蜀王杨秀在杨广的打击和诬陷下，也早已被剥夺官爵贬为庶民，成了奄奄一息的"死老虎"。因此，杨广即位后，依然对其实施软禁。不过，杨广只是一直把他带在身边，并没有置他于死地。大业十四年（618年），杨广被杀死后，宇文化及想拥立杨秀为帝，但大臣们都不同意。于是，杨秀和他的7个儿子都被宇文化及杀害。

接下来，能对杨广造成威胁的就只剩下五弟汉王杨谅了。因此，这骨肉相残的悲剧，还要继续上演它的最后一幕。这个杨谅还真不是好惹的，他坐镇并州，统领山东52州兵马，野心极其膨胀。大哥、四哥相继被废除后，他就开始积极谋划以备不测，四处招兵买马、豢养死士。在父皇死后，他还没有接到讣告、大家还被蒙在鼓里时，杨广派车骑将军屈突通带着伪造的以隋文帝名义发布的圣旨，征召杨谅入朝。但精明过人的杨谅看到圣旨上并没有他与父皇秘密约定的暗号而拒绝听命，可见隋文帝还是给挚爱的小儿子留了一条退路啊。杨谅从诏书上猜出朝廷一定是发生了重大变故，二哥又对自己早有不满，此番要是回京无异于羊入虎口。于是，他索性一不做二不休立即起兵造反，以图争夺皇位。

杨谅决定起兵后，他的总管司马（相当于参谋长）皇甫诞却来劝阻。但皇甫诞的多次进谏，杨谅都没有理睬。《隋书·皇甫诞传》记载，皇甫诞痛哭流涕道："窃料大王兵资，无敌京师者，加以君臣位定，逆顺势殊，士马虽精，难以取胜。愿王奉诏入朝，守臣子之节，必有松、乔之寿，累代之荣。如更迁延，陷身叛逆，一挂刑书，为布衣黔首不可得也。愿察区区之心，思万全之计，敢以死请。"（我料想您的兵器物资，没有哪一样能抵挡京师军队的。加上君臣的名分已定，谋反和拥护朝廷的情况不同，你兵马虽精，也难以取胜。希望您奉命入朝，恪守臣子的节操，一定会有赤松子和王子乔的长寿，几代人的荣华。如果再拖延，身陷叛逆，到时一上刑书，想做平民百姓也不可能了。希望您体察我的苦心，想一个万全之计，我斗胆冒死请求。）杨谅这会儿根本听不进去任何意见，一看他竟然让自己向二哥委曲求全、承认既成事实，还断言自己的事业不会成功。于是，杨谅一下子怒火中烧，只是碍于皇甫诞的声望较高、平时对自己帮助很大，才没将其处死，而只是下令把他囚禁了起来。

杨谅的另一位高参（谘议参军）王頍（kuǐ）对他建议道："大王手下将领士卒的家属们，都在关西（函谷关以西），如果用他们当主力，就应该主动发动攻击，长驱直入直接夺取京师，这就是所谓的迅雷不及掩耳。如果只打算占据北齐旧有疆域（杨谅管辖地），则应任用关东（函谷关以东）人。"杨谅在进攻和防守之间犹豫不决，一时不能决定，于是兼用两种策略，同时宣称"杨素谋反，要诛杀他，以清君侧。"闻喜（今山西闻喜）人总管府兵曹（相当于司令部作战参谋）裴文安也建议道："井陉（今河北井陉西）以西地区（即今山西），完全在大王控制之下，山东（太行山以东）武装部队，也由大王指挥，应该全部动员，派老弱残兵驻守险要，但仍命他们随时扩充土地。然后率领精锐，直入蒲津关（今山西永济西黄河渡口），我愿充当前锋，大王率主力继续西进，挺进霸上（今陕西西安东灞河畔）。咸阳（今陕西咸阳）以东地区，则可以从容不迫的平定。那时，京师震动骚扰，军队不能马上集结，上下互相猜疑，人心离散。我们再马上发号施令，谁敢不听！这样用不了十天，大事可定。"杨谅大喜，派大将军余公理，从太谷（今山西太谷）出发，前往河阳（今河南孟州）；大将军綦良，从滏口（河北武安西南）出发，前往黎阳（河南浚县）；大将军刘建，从井陉（今河北井陉西）出发，夺取燕赵地区（今河北）；柱国乔钟葵从雁门（今山西代县）出发。他又任命裴文安当柱国，与大将纥单贵、王聃、茹茹天保（柔然人）等一道率军直指关中。

然而，杨谅注定是成不了大事的人。他虽早有异心，但由于魄力和能力都很有限，因此随着造反大业的真正铺开，几个尖锐的问题似乎越来越清晰而紧迫地萦绕在自己心头：

其一，朝廷在关中有十几万精兵，还有身经百战的统帅杨素，更兼战将如云。而自己派出的总负责人裴文安只是一介书生，到底究竟能有几成胜算？

其二，大兴城城高墙厚、兵精粮足，非自己亲征不能有丝毫希望。但如果自己倾巢而动的话，势必造成根据地并州空虚。到那时，自己的强敌北方代州李景，东方幽州李子雄，他们一旦反扑谁来抵御？自己倒是全力攻打关中，还是回师救援并州老巢呢？

其三，如果自己的大军汇集关中而并州又丢失，蒲津关再被切断，杨广以朝廷正统呼吁天下勤王。自己别说夺皇位，能不能自保还不一定呢！

要是再仔细想想，皇甫诞说的还真的很在理呢。想到这里，杨谅心里越来越没底，越来越后怕。于是，他又急令纥单贵拆毁蒲津黄河浮桥并坚守蒲州（今山西永济），并召回裴文安，停止进攻关中。杨谅下一步的计划是，准备回师进攻代州李景，以使其他地方惧服。蒲津关（今陕西大荔东）是天下雄关之一，也是长安通往黄河以东的交通枢纽，河东的盐、铁等又是京师不可或缺的物资。因此，夺取蒲津关和蒲州城便是杨谅能否夺取关中和京城关键一步。当时裴文安的大军离蒲津关已不足30里，听说浮桥被毁，他心知大势已去，不由扼腕长叹。杨谅造反本不得人心，只有速战才有几分胜算，然而他却放弃了速战速决。那后面等朝廷做好准备，他还会有什么机会呢？裴文安返回并州后，质问杨谅道："军事行动，必须诡秘神速，为的是要出敌人意料之外，大王既不亲征，我又被调返，使敌人计成，大事就会永去。"杨谅不回答，只是宣布了几项新的任命：王聘为蒲州刺史（今山西永济），裴文安为晋州（今山西临汾）刺史，薛粹为绛州（今山西新绛）刺史，梁菩萨为潞州（今山西长治）刺史，韦道正为韩州（今山西襄垣）刺史，张伯英当泽州（今山西晋城）刺史。这是典型的分兵防御的部署，不求进取只求自保，并且未经激战就自行分散了兵力。

　　杨谅这边畏首畏尾，改攻为守。但杨广这边可是毫不手软，他迅速派杨素率骑兵5000，袭击王聘、纥单贵据守的蒲州，并很快大获全胜。随后，他又派步兵、骑兵4万目标直指并州。杨谅派赵子开据守高壁（今山西晋中），但很快被杨素打败。杨谅得知消息大为恐惧，亲率大军在蒿泽（今山西汾阳北）布阵抵抗。不料这时下起了大雨，杨谅打算率军撤退。王頍劝谏道："杨素孤军深入我方阵地，人困马乏，大王率领精锐部队亲自出击，一定可以取胜。而今见到敌人就要退走，显示我们胆怯，使军心沮丧，更增加对方军队的气焰，大王千万不可撤退。"杨谅不听，仍然径自率军退守清源（今山西清徐）。杨素乘胜发动猛烈攻击，杨谅与之大战损失18000人，只得再退保并州。那时，杨谅的主簿豆卢毓已经将皇甫诞从牢中放出，并和他进行商议，关闭并州城门拒绝杨谅入城。杨谅愤怒异常攻破城池，皇甫诞遇害。皇甫诞因为政治立场坚定，生前身后都颇受好评。杨广认为皇甫诞这是以身殉国，赞许并哀悼了他好长时间，并专门为其下诏："褒显名节，有国通规，加等饰终，抑惟令典。并州总管司马皇甫诞，性理

唐·欧阳询《皇甫诞碑》

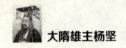

淹通，志怀审正，效官赞务，声绩克宣。值狂悖构祸，凶威孔炽，确殉单诚，不从妖逆。虽幽絷寇手，而雅志弥厉，遂潜与义徒据城抗拒。众寡不敌，奄致非命。可赠柱国，封弘义公，谥曰明。"几十年后，"初唐四家"（欧阳询、虞世南、褚遂良、薛稷）之首的大书法家欧阳询，还专门为他写了一通《皇甫诞碑》（全称《隋柱国左光禄大夫宏议明公皇甫府君之碑》，也称《皇甫君碑》），以示崇敬。

杨素将并州城团团包围，杨谅束手无策只得请求投降。王頍却是有几分骨气的，他因为自己多次进献奇谋没有被杨谅采纳，而在兵败后愤愤自杀。杨谅被押解到京师后，文武百官都请求判处其死罪。杨广却说："始终是兄弟，在情不忍心，欲饶恕免其一死。"于是只将其削为平民，除去皇家户籍。第二年，幽禁中的杨谅还是郁郁致死。他的儿子杨颢也被一同软禁，后来宇文化及杀死杨广时，杨颢一同遇害。杨颢的父亲与二伯父向来不和，他到头来却做了二伯父的殉葬者。

杨谅所发起的这场战争，由于并没有很充分的理由、很高尚的目标，也打不出争取民心、军心的有力旗帜。因此他挑起的只是一场令生灵涂炭的内战，并不能得到百姓的响应。所以，很快就被杨素统率的大军所镇压。就这样，让隋文帝引以为豪的5个儿子接连被他的次子杨广所迫害和打败。

政权稳固后的杨广，一刻也没闲着。好大喜功的他始终在大兴土木、四处讨伐，发了疯似地祸害他的人民，败坏他的帝国。杨广时代，隋朝在营建东都洛阳、开凿大运河、广设仓库、修筑驰道的同时，还多次动用数十万乃至上百万人修长城。甚至，他还因为高句丽国王高元没有亲自到涿郡（今北京）来朝见他，而不惜"偷空"征发100多万军队三次兴师讨伐。谁成想，因路途遥远、后勤补给不足、将士们的积极性不高，再加上杨广的瞎指挥，结果死伤惨重，老百姓怨声载道，而这又加速了隋的灭亡。大隋的子民们被杨广使唤得团团转，风餐露宿、朝不保夕。一时间，全国夜夜有哀号、处处闻鬼叫，隋王朝终于闪电般地坐到了火山口上。

大业七年（611年）的河北、山东犹如人间地狱，人们除了绝望没有别的感受。这里既是杨广搜刮赋税的中心，又是隋朝对高丽作战中征调物资最多的地区。不幸的是这年夏天又发了大水，一下淹没了几十个郡县；更为不幸的是，花天酒地的隋朝皇帝和各级官员根本不管灾民的死活。鲁迅先生说得好："不在沉默中爆发，就在沉默中死亡"。被抛弃的隋朝农民彻底愤怒了，一股洪流从这里涌出，即将把隋朝带走。据台湾学者柏杨先生统计：从611年王薄首义，到628年最后一支农民军梁师都被唐朝消灭，18年间兵变、民变、政变共有136起，聚集过10万以上兵力的枭雄就有50多位。他们的大名是：王薄、孙安祖、窦建德、张金称、白瑜娑、孟海公、杨玄感、朱燮、杜伏威、李弘芝、李子通、朱粲、李密、林士弘、高开道、徐圆朗、梁师都、刘武周、郭子和、薛举、李渊、李轨、萧铣、宇文化及、王世充、刘季真、宋金刚、杨政道、刘黑闼等。千百年来，中国广大农民获取知识的主要来源就是戏曲和说书艺人。1000多年以后，一部家喻户晓的历史评书《隋唐演义》，给予这段历史做了最好的民间注释。隋朝全国大部分地方都爆发了变乱，今天的湖北、山西、陕西、河南、山东、河北等地尤为严重。

大业十四年（618年）三月，连杨广最信任的禁军将领宇文化及（右屯卫将军，其父为当年与韦孝宽共同击破尉迟迥，又辅助杨广登基的宇文述）也趁机煽动兵变。拥兵自重的宇文化及，决定杀了杨广和他的子孙以绝后患。当时杨广的幼子赵王杨杲才12岁，站在父亲身旁吓得直哭，但是仍然被宇文化及的部将裴虔通残忍的当场砍头，鲜血溅了杨广一身。杨广在悲愤之余，居然想起了自己的皇帝身份，要求叛臣们给自己一个体面的死法。他说："天子有天子的死法，为什么要动刀动枪呢？快去给我端一杯毒酒来！"天作孽犹可为，自作孽不可活。失败者能有什么尊严，怎么死不是死呢？隋炀帝杨广最终被缢死，他的死于非命，标志着隋朝就此灭亡，国祚仅38年。618年五月，李渊宣布接受自己拥立的傀儡皇帝、杨广的孙子杨侑（杨广长子杨昭的第三子，在隋朝被封为代王）禅让，一个崭新而伟大的王朝——唐朝由此建立。

《隋书·越王侗传》记载，唐武德二年（619年）六月，杨广的另外一位孙子、被王世充拥立为傀儡皇帝的杨侗（杨昭的次子，史称"皇泰主"），被王世充毒杀。岂料毒性一时竟没有发作，心急的王世充又派人将其缢死，杨侗时年仅 16 岁。他在临终前发出哀叹："从今以后，愿不生帝王尊贵之家"（愿下辈子不要再生在帝王尊贵之家）。同年八月初一，杨侗的弟弟杨侑也在完成了"禅位"的历史使命后被李渊毒死，年仅 15 岁，他就是历史上所谓的"隋恭帝"。

7 世纪初叶，刚恢复统一的中国，再次发生混战，全国有三分之二以上人口死于刀锋和饥饿，或隐匿于山林。既绝顶聪明、精力充沛又残暴不仁的杨广，只用了短短的十几年工夫，就把自己的王朝、也是父亲开创的宏基伟业给消灭了。

虽然唯恐王朝寿命不够长，眼光挑剔的隋文帝不容许有一点点的"不吉利"，他甚至将国号由"随"改为了"隋"。但这个给我们留下许多惊叹和遗憾的王朝、隋文帝亲手建立的伟大帝国，还是在他去世的仅仅 14 年后就分崩离析、烟消云散了。隋朝走得是那样的匆忙，又是那样的悲壮……

千秋功过

隋文帝在位期间，成功地统一了严重分裂数百年的中国。他开创了先进的选官制度（科举制）和中央官职（三省六部），还在地方行政区划、选官制度、学校制度、史馆制度、法律、土地、赋税、府兵制等诸多方面进行了改革，有力地促进了社会的变革，在中国历史上起到了承上启下的作用。由此，在不长的时间内将中国重新置于一个强盛大国的治理下，外御强敌突厥，内令人民安居乐业，功业显赫。开皇年间的隋朝，疆域辽阔、政治清明、经济繁荣、文化昌盛，人口达到 700 余万户，是中国古代农耕文明的又一个巅峰时期。隋文帝也成为西方人眼中，最伟大的中国皇帝之一。

执政前期的隋文帝酷爱工作，经常把大量文件由大殿带回寝宫接着审阅；他还经常重新审理所有重罪判决，并以之作为自己的职责；在接见保持中央与地方联系的朝集使时，他告诫这些人要勤奋工作，成为有德之人；他还非常认真地对官员的表现进行考察和客观的褒贬，对于办事拖沓、贪赃枉法之流绝不手软；他时常巡游全国，但目的与他游乐成性的儿子杨广截然不同。在他的军事打击和政治分化下，纵横大漠又为害中原数十年的突厥分裂为东、西两部，实力大为削弱。《隋书·突厥传》记载，开皇八年（588年）的元旦朝会上，突厥处罗可汗向隋文帝进贺道："自天以下，地以上，日月所照，唯有圣人可汗。今是大日，愿圣人可汗千岁万岁常如今日也。"他由衷地表示：圣贤的、富厚的隋文帝既是隋朝皇帝，也是突厥的荣誉可汗。中原王朝的皇帝兼异族名义国君，这在历史上还是第一次。由于隋文帝开创了良好的基业，杨广继位后也继承了这一称号。东突厥启民可汗上书："大隋圣人莫缘可汗怜养，百姓蒙恩，赤心归服，或南入长城，或住白道。染干如枯木重起枝叶，枯骨重生皮肉，千世万世，长与大隋典羊、马也。"仍然是对隋朝，表达无比的尊敬和臣服。

《隋书·高祖本纪》对隋文帝的性格和治国之道，做了最全面、最权威的概括：

上性严重，有威容，外质木而内明敏，有大略。初，得政之始，群情不附，诸子幼弱，内有六王之谋，外致三方之乱。握强兵、居重镇者，皆周之旧臣。上推以赤心，各展其用，不逾期月，克定三边，未及十年，平一四海。薄赋敛，轻刑罚，内修制度，外抚戎夷。每旦听朝，日昃忘倦，居处服玩，务存节俭，令行禁止，上下化之。开皇、仁寿之间，丈夫不衣绫绮，而无金玉之饰，常服率多布帛，装带不过以铜铁骨角而已。虽啬于财，至于赏赐有功，亦无所爱吝。乘舆四出，路逢上表者，则驻马亲自临问。或潜遣行人采听风俗，吏治得失，人间疾苦，无不留意。尝遇关中饥，遣左右视百姓所食。有得豆屑杂糠而奏之者，上流涕以示群臣，深自咎责，为之撤膳，不御酒肉者殆将一期。及东拜太山，关中户口就食洛阳者，道路相属。上敕斥候，不得辄有驱逼。男女参厕于仗卫之间，逢扶老携幼者，辄引马避之，慰勉而去。至艰险之处，见负担者，遽令左右扶助之。其有将士战没，必加优赏，仍令使者就家劳问。自强不息，朝夕孜孜，人庶殷繁，帑藏充实。虽未能臻于至治，亦足称近代之良主。然天性沉猜，素无学术，好为小数，不达大体，故忠臣义士，莫得尽心竭辞。其草创元勋及有功诸将，诛夷罪退，罕有存者。又不悦诗书，废除学校，唯妇言是用，废黜诸子。逮于暮年，持法尤峻，喜怒不常，过于杀戮。尝令左右送西域朝贡使出玉门关，其人所经之处，或受牧宰小物，馈遗鹦鹉、麖皮、马鞭之属，上闻而大怒。又诣武库，见署中芜秽不治，于是执武库令及诸受遗者，出开远门外，亲自临决，死者数十人。又往往潜令人略遗令史府史，有受者必死，无所宽贷。议者以此少之。

这段论述极为重要，故全文翻译如下：

"高祖性情严肃认真，有威容，外表质朴木讷而心地聪明敏捷，有很大的谋略。即位之初，民心不向，众子幼弱，朝内有六王谋反，朝外有三方之乱。且掌握精兵、盘踞重镇的都是北周的旧臣。高祖推心置腹，使他们各展效用。不过一月，平定三方之乱。不到十年，统一四海。同时，高祖又减轻赋税，放宽刑罚，对内修明法度，对外安抚四夷。每日早朝，日西还不觉得疲倦。起居和服用玩物，一定保持节俭，令行禁止，上下同一。开皇、仁寿年间，男人不穿花绫罗绮，也没有金玉作为装饰，常穿粗麻大布，装戴也不过用铜铁骨角罢了。高祖吝惜财物，但对于赏赐有功之臣，却从不吝啬。乘车外出，路上逢表之人，高祖就令停车亲自询问。有时暗中派遣官员了解各地风俗，对于官吏的政绩，民间的疾苦，无不留意。曾遇上关中饥荒，高祖派近臣考察百姓饮食，听说他们吃豆末和糠时，竟在群臣面前流泪，深深自责，因为这事高祖整整一个月没有用酒肉。等到东拜泰山，关中百姓到洛阳就食的，沿路不绝。高祖下令，不得威逼驱赶百姓，让他们夹杂在侍卫之间。碰上扶老携幼的，高祖就引马让开，对扶携老幼表示勉励。到艰险之处，发现挑担的，就令左右侍从帮助。对阵亡将士的家属，一定进行优抚，并多次派使者到烈士家中慰问。高祖自强不息，孜孜不倦，以至人口兴旺，国家殷富。虽未达到盛世的程度，但也足以称得上近世的贤君。但高祖天性好猜忌，平素不爱好读书，又喜欢打小算盘，不识大体，所以忠义之臣没有能够竭忠尽义的。那草创之初的元勋及有功的众将，要么被杀身灭族，要么因罪被免职，要么被迫隐退，很少有幸存的。高祖又不喜爱诗书，废除了学校，只听从妇人之言，废免众子。高祖晚年的时候，执法更酷，而且喜怒无常，杀戮过当。高祖曾令侍从护送西域来朝上贡的使者出玉门关，侍从所到之处，有时接受地方长官赠送的鹦鹉、鸷皮、马鞭之类的礼物，高祖听说后也大怒。又到武库去看，发现官署里杂草丛生，荒废不堪，于是将武库令和那些接受赠物的人，推出远门外，亲自看见他们被处死，死者有几十人。又常常暗派人去贿赂令史和府史，对接受贿赂的，一定处死，没有从宽处理的。论者因此而轻视他。"

其中，"有大略"是对隋文帝杨坚一生个人素质最为凝练的概括。这既可以被他传奇一生的大量事实所证明，又是他事业获得极大成功最重要的主观条件。雄才大略的隋文帝，抓住了历史的关键时机，进而实现了改朝换代；即位后，平定南陈完成统一、反击突厥分化瓦解、营建大兴彰显国力、建章立制整顿吏治等，都最充分地显现了他的韬略和眼光。他肩负时代和社会赋予的伟大使命，承上启下、继往开来，最终成为中国历史上影响最大的帝王之一。在五胡十六国以来的乱局中，在中国由南北分裂、生灵涂炭走向统一富强的隋唐盛世的过程中，隋文帝无疑是最为重要的、具有划时代影响的领袖人物。他的一番大刀阔斧的改革创新，一举奠定了隋唐世界帝国的制度和规模，也确定了那个时代的政治运作模式。由他开创的科举制、三省六部制、建大兴城等，均对后世的发展造成了持久而深远的影响。但是，如此重要的

历史人物，千百年来却几乎没人愿意专门为他立传！这又是为什么呢？

回过头再看那段激动人心的历史，我们发现它实在太过复杂了。从隋朝建立到灭陈统一全国，短短 9 年时间，隋文帝就基本完成了全新的国家制度建设。他废寝忘食地忘我工作，终于在短时期内把一个原本杂乱无章、弊政丛生、分裂动乱的国家，给治理得井井有条、秩序井然、蒸蒸日上。而他做的每件事，只要我们稍加探讨，就发现会牵出一大堆难以理清的头绪。从他出生到病故，几乎没有一件事不需要我们从头进行整理和考证。比如，他的神奇身世、他与妻子的关系、他的性格、他的死因等等。恐怕正是因为他种种的难以言说，历史对他缺乏定论，甚或总有自相矛盾的记述，因此大家都轻易不敢、也不愿意为他立传。

在古往今来的评价隋文帝的人中，崇拜他的人被其功绩感动的稀里哗啦；而对他持有偏见和鄙视的人，对他又是咬牙切齿。究竟哪一面才是真正的隋文帝呢？我们可以简单列举一下，历代名人、史籍对隋文帝的评价，以期对他有更为准确、全面和客观的认识。

隋朝文学家薛道衡有一篇著名的《隋高祖文皇帝颂》，其虽然把隋文帝夸得有些过头了，但作为历史的见证者，他还是能反映出相当一部分当时的臣民对隋文帝的景仰和崇敬：

> 太始太素，荒茫造化之初；天皇地皇，杳冥书契之外。其道绝，其迹远，言谈所不诣，耳目所不逮。至于入穴登巢，鹑居鷇饮，不殊于羽族，取类于毛群，亦何贵于人灵，何用于心识？羲、轩已降，爰暨唐、虞，则乾象而施法度，观人文而化天下，然后帝王之位可重，圣哲之道为尊。夏后、殷、周之国，禹、汤、文、武之主，功济生民，声流《雅颂》，然陵替于三五，惭德于干戈。秦居闰位，任刑名为政本，汉执灵图，杂霸道而为业。当涂兴而三方峙，典午末而四海乱。九州封域，窟穴鲸鲵之群；五都遗黎，蹴踏戎马之足。虽玄行定嵩、洛，木运据崤、函，未正沧海之流，讵息昆山之燎！

协千龄之旦暮，当万叶之一朝者，其在大隋乎？

粤若高祖文皇帝，诞圣降灵，则赤光照室，韬神晦迹，则紫气腾天。龙颜日角之奇，玉理珠衡之异，著在图箓，彰乎仪表。而帝系灵长，神基崇峻，类邠、岐之累德，异丰、沛之勃起。俯膺历试，纳揆宾门，位长六卿，望高百辟，犹重华之为太尉，若文命之任司空。苍历将尽，率土糜沸，玉弩惊天，金芒照野。奸雄挺祸，据河朔而连海岱；猾长纵恶，杜白马而塞成皋。庸、蜀逆命，凭铜梁之险；郧、黄背诞，引金陵之寇。三川已震，九鼎将飞。高祖龙跃凤翔，濡足授手，应赤伏之符，受玄狐之箓，命百下百胜之将，动九天九地之师，平共工而殄蚩尤，翦犬契窳而戮凿齿。不烦二十八将，无假五十二征，曾未逾时，妖逆咸殄，廓氛雾于区宇，出黎元于涂炭。天柱倾而还正，地维绝而更纽。殊方稽颡，识牛马之内向；乐师伏地，惧钟石之变声。万姓所以乐推，三灵于是改卜。坛场已备，犹弘五让之心；亿兆难违，方从四海之请。光临宝祚，展礼郊丘，舞六代而降天神，陈四圭而飨上帝，乾坤交泰，品物咸亨。酌前王之令典，改易徽号；因庶萌之子来，移创都邑。天文上当朱鸟，地理下据黑龙，正位辨方，揆影于日月，内宫外座，取法于辰象。悬政教于魏阙，朝群后于明堂，除旧布新，移风易俗。天街之表，地脉之外，獯猃孔炽，其来自久，横行十万，樊哙于是失辞，提步五千，李陵所以陷没。周、齐两盛，竞结旄头，娉狄后于漠北，未足息其侵扰，倾珍藏于山东，不能止其贪暴。炎灵启祚，圣皇驭宇，运天策于帷扆，播神威于沙朔，柳室、毡裘之长，皆为臣隶，瀚海、蹛林之地，尽充池苑。三吴、百越，九江五湖，地分南北，天隔内外，谈黄旗紫盖之气，恃龙蟠兽据之险，恒有僭伪之君，妄窃帝王之号。时经五代，年移三百，爰降皇情，永怀大道，愍彼黎献，独为匪人。今上利建在唐，则哲居代，地凭宸极，天纵神武，受脤出车，一举平定。于是八荒无外，九服大同，四海为家，万里为宅。

乃休牛散马，偃武修文。

自华夏乱离，绵积年代，人造战争之具，家习浇伪之风，圣人之遗训莫存，先王之旧典咸坠。爰命秩宗，刊定《五礼》，申敕太子，改正六乐。玉帛樽俎之仪，节文乃备；金石匏革之奏，雅俗始分。而留心政术，垂神听览，早朝晏罢，废寝忘食，忧百姓之未安，惧一物之失所。行先王之道，夜思待旦；革百王之弊，朝不及夕。见一善事，喜彰于容旨；闻一愆犯，叹深于在予。薄赋轻徭，务农重谷，仓廪有红腐之积，黎萌无阻饥之虑。天性弘慈，圣心恻隐，恩加禽兽，胎卵于是获全，仁沾草木，牛羊所以勿践。至于宪章重典，刑名大辟，申法而屈情，决断于俄顷，故能彝伦攸叙，上下齐肃。左右绝谄谀之路，缙绅无势力之门。小心翼翼，敬事于天地；终日乾乾，诚慎于亢极。陶黎萌于德化，致风俗于太康，公卿庶尹，遐迹岳牧，金以天平地成，千载之嘉会，登封降禅，百王之盛典，宜其金泥玉检，展礼介丘，飞声腾实，常为称首。天子为而不恃，成而不居，冲旨凝邈，固辞弗许。而虽休勿休，上德不德，更乃洁诚岱岳，逊谢愆咎。方知六十四卦，谦捴之道为尊，七十二君，告成之义为小，巍巍荡荡，无得以称焉。而深诚至德，感达于穹壤，和气薰风，充溢于宇宙。二仪降福，百灵荐祉，日月星象，风云草树之祥，山川玉石，鳞介羽毛之瑞，岁见月彰，不可胜纪。至于振古所未有，图籍所不载，目所不见，耳所未闻。古语称圣人作，万物睹，神灵滋，百宝用，此其效矣。

既而游心姑射，脱屣之志已深；铸鼎荆山，升天之驾遂远。凡在黎献，具惟帝臣，慕深考妣，哀缠弓剑，涂山幽峻，无复玉帛之礼，长陵寂寞，空见衣冠之游。若乃降精熛怒，飞名帝箓，开运握图，创业垂统，圣德也；拨乱反正，济国宁人，六合八纮，同文共轨，神功也；玄酒陶匏，云和孤竹，禋祀上帝，尊极配天，大孝也；偃伯戢戈，正礼裁乐，纳民寿域，驱俗福林，至政也。张四维而临万宇，侔三皇而并五帝，岂直锱铢周、汉，么麽魏、晋而已。虽五行之舞，每陈于清庙，九德之歌，无绝于乐府，而玄功畅洽，不局于形器，懿业远大，岂尽于揄扬。

臣轻生多幸，命偶兴运，趋事紫宸，驱驰丹陛，一辞天阙，奄隔鼎湖，空有攀龙之心，徒怀蝼蚁之意。庶凭毫翰，敢希赞述！昔埒海之禽不增于大地，泣河之士非益于洪流，尽其心之所存，望其力之所及，辄缘斯义，不觉斐然。乃作颂曰：

悠哉邃古，邈矣季世，四海九州，万王千帝。三代之后，其道逾替，爰逮金行，不胜其弊。戎狄猾夏，群凶纵慝，窃号淫名，十有馀国。怙威逞暴，悖礼乱德，五岳尘飞，三象雾塞。玄精启历，发迹幽方，并吞寇伪，独擅雄强。载祀二百，比祚前王，江湖尚阻，区域未康。句吴闽越，河朔渭浍，九县瓜分，三方鼎跱。狙诈不息，干戈竞起，东夏虽平，乱离瘼矣。五运叶期，千年肇旦，赫矣高祖，人灵攸赞。圣德迥生，神谋独断，瘅恶彰善，夷凶静难。宗伯撰仪，太史练日，孤竹之管，云和之瑟。展礼上玄，飞烟太一，珪璧朝会，山川望秩。占揆星景，移建邦畿，下凭赤壤，上叶紫微。布政衢室，悬法象魏，帝宅天府，固本崇威。匈河瀚海，龙荒狼望，种落陆梁，时犯亭障。皇威远慑，帝德遐畅，稽颡归诚，称臣内向。吴越提封，斗牛星象，积有年代，自称君长。大风未缴，长鲸漏网，授钺天人，豁然清荡。戴日戴斗，太平太蒙，礼教周被，书轨大同。复禹之迹，成舜之功，礼以安上，乐以移风。忧劳庶绩，矜育黔首，三面解罗，万方引咎。纳民轨物，驱时仁寿，神化隆平，生灵熙阜。虔心恭己，奉天事地，协气横流，休徵绍至。坛场望幸，云亭虚位，推而不居，圣道弥粹。齐迹姬文，登发嗣圣，道类汉光，传庄宝命。知来藏往，玄览幽镜，鼎业灵长，洪基隆盛。崆峒问道，汾射窅然，御辩遐逝，乘云上仙。哀缠率土，痛感穹玄，流泽万叶，用教百年。尚想睿图，永惟圣则，道洽幽显，仁沾动植。爻象不陈，乾坤将息，微臣作颂，

用中罔极。

《隋书·炀帝本纪》记载：大业三年（607年）六月，杨广在诏书中这样歌颂父亲："高祖文皇帝受天明命，奄有区夏，拯群飞于四海，革凋敝于百王，恤狱缓刑，生灵皆遂其性，轻徭薄赋，比屋各安其业。恢夷宇宙，混壹车书。"

《隋书·越王杨侗传》记载：隋文帝的曾孙杨侗曾对其赞美道，"高祖文皇帝圣略神功，载造区夏。张四维而临万宇，侔三皇而并五帝。"

唐初李延寿在《北史·隋本纪上》称："皇考美须髯，身长七尺八寸，状貌瑰伟，武艺绝伦；识量深重，有将帅之略。"

北宋名臣李纲在《李忠定公文集·论秦隋势之相似》中也说：（隋文帝）"有雄才大略，过人之聪明。其所建立，又有卓然出于后世者。"

理学的集大成者南宋朱熹，在提到隋文帝时，激动地说道："地凭宸极，天纵神武，开运握图，创业垂统，圣德也；拨乱反正，济国宁人，六合八纮，同文共轨，神功也；玄酒陶匏，云和孤竹，禋祀上帝，尊极配天，大孝也；偃伯戢戈，正礼裁乐，纳民寿域，驱俗福林，至政也。"

《明太祖实录》记载，明太祖朱元璋于洪武七年八月初一（1374年9月7日），亲自前往南京的"历代帝王庙"祭祀三皇、五帝、夏禹、商汤、周武王、汉高祖、汉光武帝、隋文帝、唐太宗、宋太祖、元世祖等17位帝王。其中，对隋文帝的祝文是："惟隋高祖皇帝勤政不怠，赏功弗吝，节用安民，时称奔驰。有君天下之德而安万世之功者也。元璋以菲德荷天佑人助，君临天下，继承中国帝王正统，伏念列圣去世已远，神灵在天，万古长存，崇报之礼，多未举行，故于祭祀有阙。是用肇新庙宇于京师，列序圣像及历代开基帝王，每岁祀以春、秋仲月，永为常典。今礼奠之初，谨奉牲醴、庶品致祭，伏惟神鉴。尚享！"

明末清初的著名学者王夫之在其《读通鉴论》中，赞评道："隋文之待威也，固以古大臣之任望之；威之所以自见者，亦以平四海、正风俗为己功。"

并且他还认为，隋文帝是中国历史上第一个黄袍加身（确定龙袍的颜色为黄色）的皇帝。"开皇元年，隋主服黄，定黄为上服之尊，建为永制。"

近代历史学家吕思勉也指出："隋文帝何如主也？贤主也。综帝生平，惟用刑失之严酷；其勤政爱民，则实出天性，俭德尤古今所无，故其时国计之富亦冠绝古今焉。其于四夷，则志在攘斥之以安民，而不欲致其朝贡以自夸功德。既非如汉文、景之苟安诒患，亦非如汉武帝、唐太宗之劳民逞欲。虽无赫赫之功，求其志，实交邻待敌之正道也。"

中国当代诗人王志清有一首《赞隋文帝杨坚》，也对其一生的主要功绩做了较为全面和通俗的概括：

　　　　安民安边疆，国富足称强。

　　　　开皇盛世现，丁户遍城乡。

　　　　公认才智高，威范入锦囊。

　　　　琉球来归顺，突厥藩属郎。

　　　　建城惊环宇，开河指长江。

　　　　气象恢宏出，固本削强梁。

　　　　识量乎深重，将帅之略刚。

　　　　盼顾娴雅至，英武绝伦皇。

总之历代对隋文帝的肯定，多是就其统一大业、建章立制、勤政和躬行节俭等而言的。这些说的确实没错，但我们不能就此认为隋文帝的帝王大业就是完美的。因为，隋文帝时代后期也有不少措施伤害了人民的利益，损害了自己的威信。

在历史上，对隋文帝还有截然相反的评价。他的"罪状"，总结起来主要就是：

其一，"天性沉猜，素无学术"。

唐朝朱敬则说隋文帝："天性既猜，素无学术，意不及远，政惟目前"。

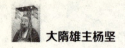

"好为小数，不达大体"。就是说他喜欢打小算盘，不识大体，目光短浅。但他可能还经常以为自己的小聪明是大智慧而自鸣得意呢。"小数"古人也称"小道"，孔子的得意门生子夏曾就此有过一段精辟的论断："虽小道，必有可观焉。致远，恐泥。是以君子不为也。"（虽然是小道理，也必定有可以观取、借鉴之处。但是，用小道理来达到深远的目的，如治理国家并使之长治久安，恐怕会泥难不通，所以君子不采用小道理，并不把它奉为处理重大问题的理论武器。）

正如前说所提到的，他废除学校就被认为是"素无学术"和"好为小数，不达大体"的表现。《隋书·高祖本纪》对他的"不悦诗书，废除学校"，意见就很大。隋文帝一度对儒家经典很不感兴趣，而这些经典恰好被两汉以来的封建帝王视为治国安民的理论武器和制胜法宝。汉高祖刘邦、唐太宗李世民等著名帝王，都特别看重这些宝贵财富。仁寿元年（601年）六月、也是隋文帝去世前三年，他下达了一道废除学校的诏令。而正是这道诏令，使他颇受非议。实际上，隋文帝时代前期对振兴学校教育非常重视，在传统的国子学、太学、四门学之外，又设立了书学、算学和律学，使之形成了所谓的"六学"系统。《隋书·儒林传》记载：当时，"京邑达乎四方，皆启黉（hóng）校。齐、鲁、赵、魏，学者尤多，负笈追师，不远千里，讲诵之声，道路不绝。中州儒雅之盛，自汉、魏以来，一时而已。及高祖暮年，精华稍竭，不悦儒术，专尚刑名，执政之徒，咸非笃好。既仁寿间，遂废天下之学，唯存国子一所，弟子七十二人。"他仅以各级学校的在校生"徒有虚名，空度岁时，未有德为代范，才任国用"为名，就敢把全国各级学校一律废除，只保留国子学的72名学生。这确实做得太过分了，未免有些因噎废食，也难怪后人对他反感啊！

当然，这种事情在隋文帝身上发生过很多次。《资治通鉴》就记载道："上性猜忌，不悦学，既任智以获大位，因以文法自矜，明察临下，恒令左右覗视内外，有过失则加以重罪。又患令史赃污，私使人以钱帛遗之，得犯立斩。"也就是说，隋文帝猜忌成性，又不喜好学术，用智谋获得帝位，因而舞文弄法，用法律条文来监视、整治百官。他经常命令左右近臣监视朝中百官，发现有过失的就治以重罪。他认为官吏贪赃枉法是个严重的问题，便私下派人向官吏行贿，如果有接受贿赂的，当即斩首。这种用阴谋诡计来整顿吏治，确实不怎么光明正大，终究不是正道啊！

《北史·隋本纪》记载：为防止江南百姓聚众滋事造反，开皇十八年（598年）春，隋文帝下诏："吴越之人，往承弊俗，所在之处，私造大船，因相聚结，致有侵害。其江南诸州，人间有船长三丈以上，悉括入官。"吴越水乡濒临东海，船只是重要的交通工具，在海外贸易中尤其必不可少。事实上并不可能禁止大船的建造，因为社会上有需求。毛泽东在看到这段记载时就认为，吴越人私造大船是商业发展的需要，而隋文帝下令把大船都收缴官府，无疑是阻碍民间经济贸易和交通运输发展的蠢事。这也是其"好为小数"的短视行为之一。

历史证明，凡是自作聪明、爱耍小聪明的人，最终都会搬起石头砸自己的脚的。哪怕你是皇帝，也不会逃脱历史规律的惩罚。隋文帝在废立太子问题上，也是不识大体、有失偏颇，最终弄得骨肉相残，刚刚建立起来的隋朝也变得危机四伏。而杨广正是利用了父亲的这一弱点来赢得父亲的喜欢，进而取代大哥杨勇而做了太子，最后又做了皇帝的。

这些都是事实，任谁都不能否认。话虽如此，然而我们却不能就此认为隋文帝真的是个目光短浅的俗人，否则他统一南北、兴科举、用三省六部、建大兴城、大索貌阅等鸿图巨制，又当作何解释呢？他甚至也不是个不学无术的人。事实上，隋文帝是位多才多艺的帝王，说他"不学无术"真的言过其实了。他也有较高的文学才能和艺术才华，当然他的才艺是远不能与他儿子隋炀帝杨广，尤其是不能和陈后主陈叔宝相媲美的。但他在文学艺术方面的才能，比起绝大部分帝王至少不会逊色。有文艺才能对他来说是锦上添花，即便没有，我们也不能再苛求。即便比不上那些亡国之君，没什么不好意思的。因为，在国民眼里他是一位伟大的帝王，社会意义更大一些，我们最不能忽视的是他卓越的治国才能。切莫说人家隋文帝，还是有才华的。

开皇十年（590年），隋文帝巡幸并州，并宴请他的儿子秦孝王杨俊、柱国王韶等。席间，他留下了一首《宴秦孝王于并州作》：

　　红颜讵几，玉貌须史。

　　一朝花落，白发难除。

　　明年后岁，谁有谁无？

这首四言诗仅有六句，明白如话、毫无文饰。但是，字里行间却流露出隋文帝对岁月无情、青春难再的忧思和对人生的感慨，而这应该是他感情的真实流露。尤其是写此诗后的第三年王韶便去世（享年67岁），10年后杨俊去世（享年30岁），更增加了这首诗既现实又神秘的色彩。

隋文帝的书法造诣也比较高，尤其行书很有气势。坐落于今浙江义乌的双林寺，始建于南朝梁普通元年（520年），因历史悠久、底蕴深厚、高僧辈出，在中国古代占有极其重要的地位。其规模之大、影响之深，也非一般寺院可比。1500年以来，双林寺屡劫屡兴、香火不灭、佛事鼎盛，受到历代帝王将相、文人学士的重视和护持。尤其是因历史上陈、隋两代帝王曾为其护法，而名声大震。据史料记载：隋文帝杨坚，于595年、598年、601年三次御书慰问双林寺大士弟子慧则，并为此留下墨宝。《全隋文·下书释慧则》对其中一次留下的文字，有完整的记载："皇帝敬问婺州双林寺慧则法师：朕尊崇圣教，重兴三宝，欲使一切生灵，咸蒙福力。法师舍离尘俗，投志法门，专心讲诵，宣扬妙典，精诚如此，深副朕怀。既利益群生，当不辞劳也。犹寒，道体如宜。今遣使人，指宣往意。"

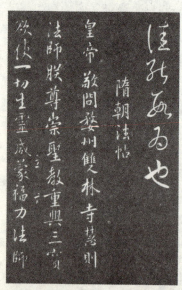

隋文帝行书《双林寺慧则法师帖》

其二，"喜怒不常，过于杀戮"。

《隋书·刑法志》记载，隋文帝时代后期"执法虽严，但邪奸不止"。以至于在京城的闹市中，盗贼公然横行；民间还往往出现强盗为患。但隋文帝的解决之道竟然是自作聪明地下了一道"禁盗诏令"，规定：凡有检举揭发者，一经查实便没收盗贼家的全部财产，并将这些财物赏给检举人。这记损招，虽然在短时间内使盗贼大为收敛，"时月之间，内外宁息"。然而，弊端很快就显现了：一些地痞无赖，钻了这条诏令的空子。他们在富家子弟途径的路段，故意丢弃一些财物。只要这些富家子弟偶然拾起，便会被早已埋伏在隐蔽处的地痞无赖扭送到官府，进而向其索要赔偿。很多一念之差的本分人因此倾家荡产，反而白白地便宜了那些真正无良的人。为此，隋文帝又制定了更为严酷的法令：凡盗窃 1 钱以上者，便要处以"弃市"（在闹市执行死刑，并将犯人暴尸街头）的死刑。这样一来，行之路人无不早起早睡，全国都人心惶惶。因为"捡钱"和"盗窃"有的时候真的很难界定，尤其是数额不大时。隋文帝还规定，地方官接受 1 钱以上贿赂，知情不报者，也要被连坐处死。此外，4 个人一起偷一根椽子（榱桷，cuī jué），或 3 个人一起偷了一个瓜，在被失主告发、被官府抓获后也要被处死。这般暴虐，已然超过了秦始皇啊！人常说"乱世用重典"，这难道是隋文帝在间接地承认，自己所处的还是个"乱世"吗？

《隋书·高祖本纪》记述道："其草创元勋及有功诸将，诛夷罪退，罕有存者。"那些为他立下赫赫功勋的开国元勋、功臣名将，大多数被诛杀灭族，或被安插某项罪名后贬为平民。这就使得忠臣义士难以尽心尽力地辅佐他，最后竟使杨素之流的奸佞受到重用！刘昉、郑译、卢贲等人，虽然也是开国功臣，但是缺乏治理国家的真才实学又恃功自傲，其被"罪退"倒也无可厚非。但问题是，很多为隋朝的建立和发展做出过重大贡献的功臣名将，最终由于隋文帝的猜疑成性、听信谗言，而"飞鸟尽，良弓藏"般地惨遭毒手。

李德林因为不赞成其尽屠宇文皇族而被骂做书呆子，后来遭到疏远和贬官。

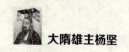
郇国公王谊（540—585年）曾为隋文帝讨平司马消难，但因被杨素弹劾"恩礼稍薄""言论丑恶"而被赐死家中。

战功卓著的上柱国元谐，因为和王谊来往密切，也在几年后被人诬陷为"谋反"而遇害。

跟随韦孝宽平定尉迟迥的上柱国王世积（？—599年），原本就是位谨慎的人，为向皇帝表明自己没有野心而纵酒，并且从不当众讨论国事。但他还是被属下皇甫孝谐诬告，意图在凉州（今甘肃武威）发动叛乱，而隋文帝竟然也不核实，就当即下令将王世积处死。

宰相（尚书右仆射）虞庆则（？—597年）本来很受隋文帝器重。但是开皇十七年（597年）岭南人李贤叛乱，他被任命为桂州（今广西桂林）道行军总管前往平叛，结果就出事了。虞庆则的小舅子赵什柱和虞庆则的爱妾私通，他怕事情败露就时时处处想除掉姐夫以绝后患。《隋书·虞庆则》记载：李贤叛乱被平定后，在回师途经潭州（在今湖南）时，虞庆则眺望当地山川地形，不由得感慨了一句："此城险固，加以足粮。若守得其人，攻不可拔。"赵什柱回京后，就凭这句话向隋文帝密报他姐夫想谋反，连根据地都选好了。隋文帝倒也痛快，直接命人处死了浴血奋战、凯旋归来的重臣虞庆则。

为大隋南征北战，立下赫赫战功的名将史万岁，受到杨素的诽谤也倒霉了。《隋书·史万岁传》记载，史万岁征讨突厥战功卓著，但在杨素的嫉贤妒能之下，隋文帝受到欺瞒，也没对其进行封赏。开皇二十年（600年），适逢废立太子的敏感时刻，隋文帝从仁寿宫返回京师，正要彻查杨勇的党羽。他在朝堂上没有见到史万岁便问杨素，杨素见到皇帝怒气冲冲，便趁机谎称：史万岁前往东宫拜见太子杨勇去了。当时又正值史万岁的数百名部下在朝堂外喊冤，因此史万岁在稍后拜见皇帝时，只知道大谈将士有功而无故被朝廷压抑。"词气愤厉"的史万岁，全然不知即将大祸临头。怒火中烧的隋文帝，当即下令将史万岁当庭乱棍打死，以儆效尤。事后，隋文帝虽有些悔意，但见其已死事情不可挽回，便索性下诏历数史万岁的所谓"罪状"。这纯粹就是为了挽回自己面子的将错就错而已，是"杀鸡给猴看"的。但天下人不管认识还是不认识史万岁的，都为他感到冤屈。

众所周知，高颎是隋文帝的第一重臣，曾有很多人在隋文帝跟前说他的坏话，隋文帝都没有理睬。但是在废立太子的问题上，高颎还是犯了忌讳，再加上受王世积案子的牵连，而被免官。也有很多高颎的政敌想置他于死地，建议皇帝将其斩首。这次隋文帝自己倒不好意思了，"去年杀虞庆则，今兹杀王世积，如更诛颎，天下其谓我何！"于是，位高权重、功高震主的高颎被撤销一切职务，而后方免于一死。

看来不管是谁，也不管他立有多大的功勋，只要涉及到"谋反"的底线时，隋文帝便立刻会失去理智、痛下杀手啊。这就是伴君如伴虎，这就是典型的"可以共患难却不能同富贵"。

其三，"唯妇言是用"。

唐人马总在其《通历》中，保留了一段初唐名臣、大书法家虞世南关于隋文帝的论述，评价甚低。"隋文因外戚之重，值周室之衰，负图作宰，遂膺宝命，留心政理，务从恩泽，故能抚绥新旧，缉宁遐迩，文武之制，皆有可观。及克定江淮，一同书轨，率士黎庶，企仰太平。自金陵绝灭，王心奢汰，虽威加四海，而情坠万机，荆璧填於内府，吴姬满於椒掖，仁寿雕饰，事埒倾宫，万姓力殚，中人产竭。加以猜忌心起，巫蛊事兴，戮爱子之妃，离上相之母，纲纪己紊，礼教斯亡，牝鸡晨响，皇枝剿绝，废黜不幸，树立大量所，功臣良佐，剪灭无践，季年之失，多於晋武，卜世不永，岂天亡乎？"

《全唐文·隋高祖论》中，唐朝大臣朱敬则也说："是以牝鸡司晨，谗人罔极。"

"牝鸡晨响"也称"牝鸡司晨"，出自《尚书·牧誓》，本是周武王姬发讨伐商纣王时的说辞，现在都给隋文帝用上了。难道隋文帝真的和商纣王一样，独孤皇后也像妲己一样了吗！这话说得也太离谱了吧。隋文帝夫妇，真的有那么差劲吗？滑天下之大稽也。

其四，靠阴谋夺权。

古往今来，也有很多人对隋文帝从北周孤儿寡母手中谋取江山嗤之以鼻。

例如，唐朝诗人周昙有一首《隋门隋文帝》，就明显表达出了这种憎恶。

> 孤儿寡妇忍同欺，辅政刚教篡夺为。
> 矫诏必能疏昉译，直臣诚合重颜仪。

《全唐文·隋高祖论》中，朱敬则也称："昔孙资阴谋，晋宣入辅；郑译矫制，隋文受遗。自此而有魏人。从斯以迁周鼎，盖天厌乱德，神诱其衷。若妄指河冰，遂成王业；误击金鼓，仍启霸国也。"

其实，这话说的既没什么道理，也没什么意思。因为，要这样说起来，那所有的政权就差不多都是"来路不正"了。古往今来的改朝换代，有几个不是靠计谋策略、武力强势，而是光明正大、温良恭俭让地夺权？哪一个政权又愿意大大方方地退出历史舞台呢？本就是与虎谋皮的事情，再怎么冠冕堂皇也是虚的！从曹魏、西晋到南北朝，再到隋唐五代、北宋等等，有几个朝代可以例外呢？因此，我们是不能这么看待隋文帝的，他这样得江山的套路无可厚非。既有前车之鉴，又有后世来者！

关于对隋文帝的评价，千百年来的争论一直在继续着。《旧唐书·太宗本纪》中，记载了一段李世民和宰相萧瑀关于隋文帝的一段对话：

> 贞观四年，太宗问萧瑀曰："隋文帝何如主也？"对曰："克己复礼，勤劳思政，每一坐朝，或至日昃，五品已上，引坐论事，宿卫之士，传飧而食，虽性非仁明，亦是励精之主。"太宗曰："公得其一，未知其二。此人性至察而心不明。夫心暗则照有不通，至察则多疑于物。又欺孤儿寡妇以得天下，恒恐群臣内怀不服，不肯信任百司，每事皆自决断，虽则劳神苦形，未能尽合于理。朝臣既知其意，亦不敢直言，宰相以下，惟即承顺而已。朕意则不然，以天下之广，四海之众，千端万绪，须合变通，皆委百司商量，宰相筹划，于事稳便，方可奏行。岂得以一日万机，独断一人之虑也。且

日断十事，五条不中，中者信善，其如不中者何？以日继月，乃至累年，乖谬既多，不亡何待？岂如广任贤良，高居深视，法令严肃，谁敢为非？”因令诸司，若诏敕颁下有未稳便者，必须执奏，不得顺旨便即施行，务尽臣下之意。

也就是说，萧瑀认为隋文帝能克制自己的私欲，使每件事都归于"礼"。其全心全意地考虑国家大事，每天坐朝听政，有时会持续到太阳西斜。五品官员以上，会赐座讨论事情，还给晚上守夜的卫兵赐予食物。即使本性不是仁义明智，也算是励精图治的人了。但李世民却不以为然，他认为隋文帝"性至察而心不明"，并没那么优秀，其执政的问题很大。

毛泽东在读《隋书》时，也特别注意到了隋文帝的种种不足，并写下了"这些做法蕴藏大乱"的批语。在他看来，隋朝的短命，不只是败在昏庸残暴的隋炀帝杨广手中，隋文帝也要付一定的责任。这也算得一家之言，更从一个侧面反映出，毛泽东读史很注重体会国家的治乱兴衰之道。

《隋书·高祖本纪》最后有一段史臣曰：

高祖龙德在田，奇表见异，晦明藏用，故知我者希。始以外戚之尊，受托孤之任，与能之议，未为当时所许，是以周室旧臣，咸怀愤惋。既而王谦固三蜀之阻，不逾期月，尉迟迥举全齐之众，一战而亡，斯乃非止人谋，抑亦天之所赞也。乘兹机运，遂迁周鼎。于时蛮夷猾夏，荆、扬未一，勤劳日昃，经营四方。楼船南迈，则金陵失险，骠骑北指，则单于款塞，《职方》所载，并入疆理，《禹贡》所图，咸受正朔。虽晋武之克平吴会，汉宣之推亡固存，比义论功，不能尚也。七德既敷，九歌已洽，要荒咸暨，尉候无警。于是躬节俭，平徭赋，仓廪实，法令行，君子咸乐其生，小人各安其业，强无凌弱，众不暴寡，人物殷阜，朝野欢娱。二十年间，天下无事，区宇之内晏如也。考之前王，足以参踪盛烈。但素无术学，不能尽下，无宽仁之度，有刻薄之资，暨乎暮年，此风逾扇。又雅好符瑞，暗于大道，建彼维城，权侔京室，皆同帝制，靡所适从。听哲妇之言，惑邪臣之说，溺宠废嫡，托付失所。灭父子之道，开昆弟之隙，纵其寻斧，剪伐本枝。坟土未干，子孙继踵屠戮，松槚才列，天下已非隋有。惜哉！迹其衰怠之源，稽其乱亡之兆，起自高祖，成于炀帝，所由来远矣，非一朝一夕。其不祀忽诸，未为不幸也。

翻译成白话文就是："高祖是真命天子，龙颜堂堂，早年深深地隐藏自己，因而知道他的人很少。当初以皇后之父的高贵身份，受命辅助幼主，许多好的治国之策都不被当时之人接受，因此北周的旧臣都心怀愤懑。不久，王谦仗恃三蜀的地势公开反叛，但坚持不到一个月；尉迟迥又率领原来齐国的兵士谋反，但只一战就平定了他们，这实在不仅仅是人的谋略，而是另有老天的帮助。高祖又乘着机运，引周静帝退位，于是建立隋朝。当时天下分割，荆州、扬州未统一。高祖废寝忘食，日理万机，图谋天下统一之策。等到楼船南渡，金陵失去天险，陈朝便灭亡了；当铁骑向北，单于便俯首称臣。《职方》和《禹贡》上所描绘的地盘，一起成为隋的疆土。这些，即使是晋武帝平定吴地、会稽，汉宣帝推亡固存的奇功大业，也是无法相提并论的。高祖广施仁政，大讲礼仪，至使天下太平，人民和睦。在这时，高祖亲自节俭，公平赋敛和徭役，使仓库充实，法律推行，使君子和小人都安居乐业，强不欺弱，众不欺少，人丁兴旺，物产丰富，朝廷和百姓都欢喜。二十年间，天下太平而无战事。考察前代帝王，高祖可算盛烈之君，但高祖一向不问学问，又天性爱猜忌，使臣子难尽其才，又缺乏宽广仁厚的气度，办事刻薄，到了晚年，愈演愈烈。高祖又信奉迷信，不明大理，分封诸子，使他们权力很大，可与京师相比，与皇帝差不多，致使臣子无所适从。高祖又听从皇后之言，被奸臣迷惑，溺爱杨广而废除长子，以致皇位错传。高祖不念父子之情，引起儿子们之间的矛盾，使他们兄弟之间互相残杀，如同握住斧头砍自己的枝丫。其结果是高祖坟土未干，子孙便同室操戈，国家刚刚开始兴旺，就被别人夺走，可惜呀！考察隋朝衰亡的起源，从高祖就开始了，到炀帝时就完了，它由来已久，不是一朝一夕能够形成的。如果他们早早地重视这一点，就不会出现这种不幸的结局了。"

这是一段珍贵的史料，代表了唐初史学家对隋文帝的基本评价和认识，也算是一段"总结陈词"。因为《隋书》的作者魏征、颜师古、孔颖达、许敬宗等人，都是这段历史的见证者；他们同时也是唐初的饱学之士，并且掌握着大量翔实的原始史料。因此这是一段比较权威、比较客观的论述，给我们留下了深刻的启示。总体看也是比较公道的，比较客观地代表了那个时代的人的看法。但是，由于《隋书》编修的目的就是以隋为鉴，因此难免对隋文帝父子的评价稍有贬低。

这也不能怪别人，怪就怪多重性格的隋文帝，前期和后期的表现反差实在太大了。人们在评价隋文帝时，会很不自觉地陷入两个误区：要么被他前期的辉煌业绩所蒙蔽而忽视他的不足，要么被他后期的过失所误导而低估他的历史贡献。所以，只要我们勇敢的跳出功利主义的评判局限，深入、全面的研究隋文帝的一生，才能还原一个历史上真实的隋文帝杨坚。也惟有这样，我们才能从浩瀚的历史中汲取更多的智慧和借鉴。

帝王将相灿若星河，但似隋文帝这般功绩显赫、伟岸传奇者能有几人？

王朝帝国恍若云烟，但似隋王朝如是云诡波谲、永垂不朽者凤毛麟角！

隋文帝和他的伟大帝国，将永远值得我们凭吊和追寻。

隋文帝杨坚生平大事年表

541 年		六月十三日，杨坚出生
554 年	14 岁	开始做官生涯，并逐渐升迁。
556 年	16 岁	与独孤伽罗结婚。
561 年	21 岁	长女杨丽华出生
568 年	28 岁	父亲杨忠去世，继承随国公爵位。
569 年	29 年	次子杨广出生。
573 年九月	33 岁	长女杨丽华成为北周太子宇文赟的妃子。
577 年	37 岁	北周灭北齐，杨坚因功被加封为柱国。
578 年六月	38 岁	宇文赟即位，杨丽华被封为皇后。杨坚进位上柱国、大司马。
579 年	39 岁	被任命为大前疑，位居四大辅臣之首。
580 年	40 岁	宇文阐即位，杨坚被任命为大丞相、大冢宰、隋王。
		十二月，任相国、受九锡。
581 年	41 岁	二月十三日，称帝，建立隋朝，实行三省六部制。降周静帝为介国公，大肆屠杀北周宗室。
		五月二十日，派人害死周静帝。突厥进犯边境。
		九月，反击陈朝收复江北。
		十二月二十日，颁布《开皇律》。

582 年	42 岁	六月，下令营建大兴城。
		七月，宣布继续推行均田制。
583 年	43 岁	三月，下令大举讨伐突厥。
		十月，重修《开皇律》。
		十二月，下令废郡，实行州、县两级制。在陕州、卫州、华州设置大型粮仓。
584 年	44 岁	六月二十一日，令宇文恺主持开凿广通渠。
585 年	45 岁	五月，颁布新的户籍制度，重新统计人口；实行输籍定样，完善征税制度。
587 年	47 岁	八月，命梁主萧琮入朝。
		九月十九日，下诏废除梁国，降萧琮为柱国、莒国公。
588 年	48 岁	三月初九，下诏伐陈。
		十一月初二，举行出征仪式。
589 年	49 岁	正月，隋军渡江攻占建康，陈朝灭亡，一统天下。
		四月十二日，举行三军凯旋仪式，拜晋王杨广为太尉。
590 年	50 岁	对府兵制进行改革，命军人所开垦田地、户口，均归所在州县管辖。
592 年	52 岁	七月，罢除尚书右仆射苏威等人。
		十二月十四日，任命杨素为尚书右仆射。
593 年	53 岁	五月，禁止私撰国史；派安义公主和亲突厥。
594 年	54 岁	闰十月，陈后主陈叔宝、晋王杨广等上表，请求皇帝封禅。
		十二月初五，开始东巡。

595 年	55 岁	正月，祭祀于泰山。
		三月二十九日，临幸刚刚落成的仁寿宫。
		七月初九，晋王杨广献毛龟，以示祥瑞。
596 年	56 岁	六月，下诏工商不得仕进。
		十一月，派光化公主下嫁吐谷浑伏可汗。
597 年	57 岁	平定桂州李世贤叛乱。
598 年	58 岁	二月初四，高句丽联合靺鞨进犯辽西，命汉王杨谅率 30 万大军前往讨伐。
		九月十六日，隋军遭遇瘟疫损失惨重，无功而返。高句丽王派人来京谢罪。
599 年	59 岁	四月，突厥突利可汗归附。突厥达头可汗进犯，被史万岁击败。
		十月，以突利可汗为启民可汗，在朔州筑大利城进行安置。
		八月初十，罢免上柱国、尚书左仆射高颎。
600 年	60 岁	三月，评定熙州李英林叛乱。
		四月，突厥进犯，被晋王杨广率兵打败。
		十月，废皇太子杨勇为庶人。
		十一月初三，立晋王杨广为太子。
		十二月十六日，下令尊崇佛、道两教。
601 年	61 岁	元旦，改年号为仁寿。任命杨素、苏威为尚书左、右仆射。下令废除太学、州县学等天下所有学校。
602 年	62 岁	八月二十四日，独孤皇后病逝。
		十二月二十日，将蜀王杨秀废为庶人。
603 年	63 岁	六月二十三日，为丧葬礼制下诏，强调孝义。

突厥发生内乱，达头可汗投奔吐谷浑。

604 年	64 岁	正月二十七日，巡幸仁寿宫，下令将大小事务交由太子处理。

四月，病情加重。

七月十三日，崩于仁寿宫大宝殿。

七月二十一日，太子杨广即位。

十月十二日，安葬于太陵，庙号高祖。

主要参考书目

一、古籍

[1] 魏征（唐）等：《隋书》，中华书局，1973 年。

[2] 李延寿（唐）：《北史》，中华书局，1974 年。

[3] 姚思廉（唐）：《陈书》，中华书局，1972 年。

[4] 令狐德棻（唐）：《周书》，中华书局，1971 年。

[5] 司马光（北宋）：《资治通鉴》，中华书局，1956 年。

[6] 袁枢（南宋）：《通鉴纪事本末》，中华书局，1979 年。

二、今人著作

[1] 朱绍侯、张海鹏、齐涛主编：《中国古代史》，福建人民出版社，2000 年。

[2] 赵毅、赵轶峰主编：《中国古代史》，高等教育出版社，2010 年。

[3] 柏杨（台湾）：《柏杨曰·读通鉴·论历史》，中国友谊出版公司，1999 年。

[4] 柏杨（台湾）：《中国人史纲》，中国友谊出版公司，1998 年。

[5] 翦伯赞主编：《中国史纲要》，北京大学出版社，2006 年。

[6] 谭其骧主编：《中国历史地图集》，中国地图出版社，1996 年。

[7] 岑仲勉：《隋唐史》，河北教育出版社，2000 年。

[8] 史念海主编：《中国通史第六卷：中古时代 隋唐时期（上册）》，上海人民出版社，1997 年。

[9] 黄永年：《六至九世纪中国政治史》，上海书店出版社，2004 年。

[10] 费正清、崔瑞德主编:《剑桥中国隋唐史》,中国社会科学出版社,1990 年。

[11] 周一良:《魏晋南北朝史札记》,中华书局,1985 年。

[12] 金宝祥等:《隋史新探》,兰州大学出版社,1985 年。

[13] 王仲荦:《隋唐五代史》(上册 1988 年,下册 1990 年)上海人民出版社。

[14] 陈寅恪:《隋唐制度渊源史论稿》,中华书局,1977 年。

[15] 蒙曼:《蒙曼说隋:隋文帝杨坚》,江西人民出版社,2011 年。

[16] 韩升:《隋文帝传》,人民出版社,1998 年。

[17] 胡戟:《隋炀帝新传》,上海人民出版社,1995 年。

[18] 黄中业:《隋文帝杨坚传》,吉林人民出版社,2001 年。

[19] 贾玉英:《中国古代监察制度发展史》,人民出版社,2004 年。

[20] 邹逸麟:《中国历史地理概述》,福建人民出版社,1999 年。

[21] 吕宗力等:《中国历代官制大辞典》,北京出版社,1994 年。

[22] 戴均良主编:《中国古今地名大辞典》,上海辞书出版社,2005 年。

[23] 柏桦:《中国政治制度史》,中国人民大学出版社,2011 年。

[24] 蓝勇:《中国历史地理学》,高等教育出版社,2002 年。